El
ÚLTIMO REFUGIO

Roxane Van Iperen

El ÚLTIMO REFUGIO

Las hermanas judías que crearon un escondite en el bosque, rescataron a decenas del nazismo y lograron lo imposible: sobrevivir a Auschwitz

Título original: *'t Hooge Nest*

Roxane Van Iperen

Traducción: Jahel Merediz

Diseño de portada: Planeta Arte & Diseño / Daniel Bolívar
Fotografía de portada: © Ildiko Neer / Trevillion Images
Diseño de mapas: Carmen Gutiérrez
Diseño de interiores: Moisés Arroyo Hernández

Bajo el sello editorial PLANETA M.R.
Avenida Presidente Masarik núm. 111,
Piso 2, Polanco V Sección, Miguel Hidalgo
C.P. 11560, Ciudad de México
www.planetadelibros.com.mx

Primera edición en formato epub: abril de 2021
ISBN: 978-607-07-6896-5

Primera edición impresa en México: abril de 2021
ISBN: 978-607-07-6895-8

Impreso en los talleres de Litográfica Ingramex, S.A. de C.V.
Centeno núm. 162-1, colonia Granjas Esmeralda, Ciudad de México
Impreso y hecho en México – *Printed and made in Mexico*

ÍNDICE

TERCERA PARTE

SOBREVIVIENTES

MAPAS

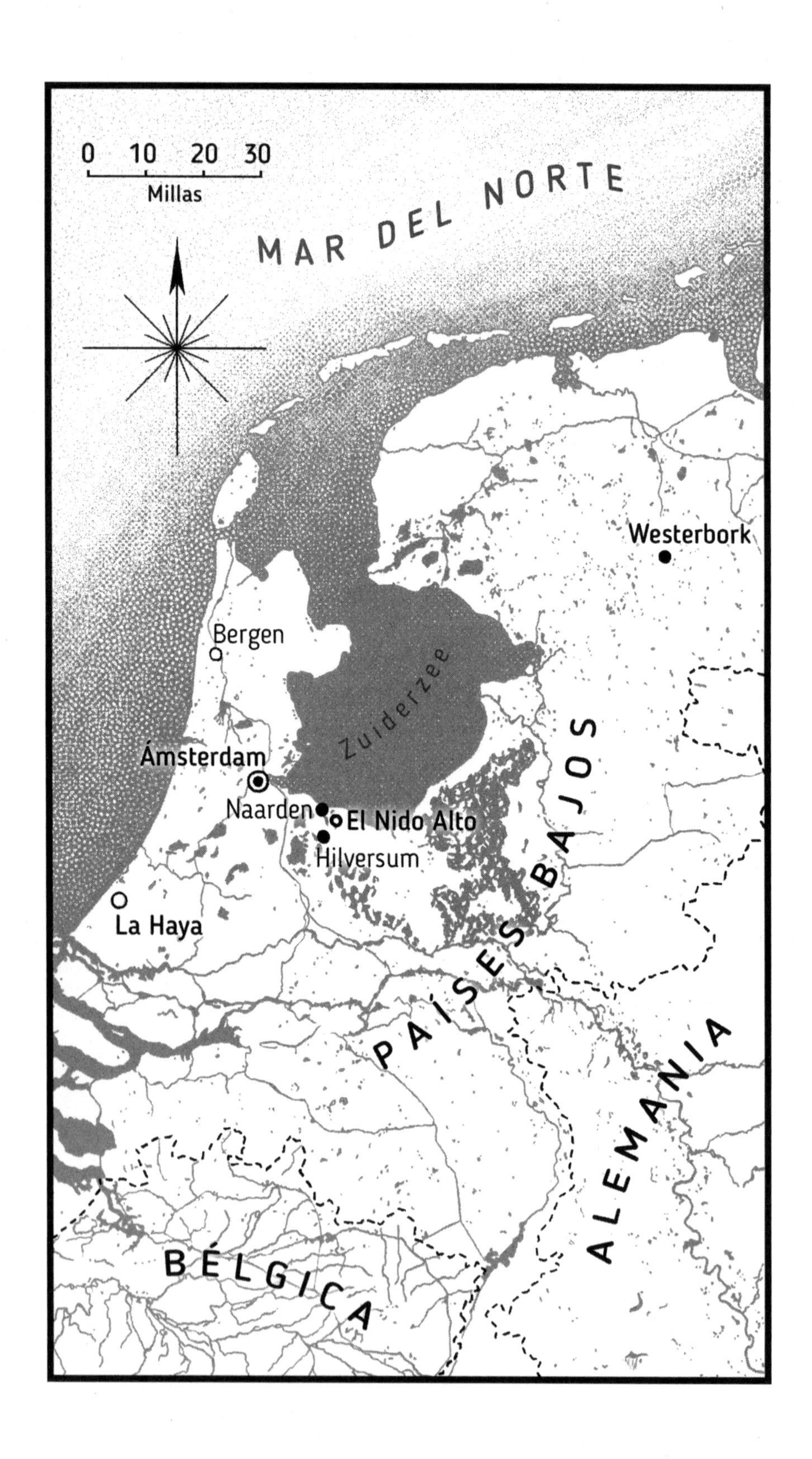

0 10 20 30
Millas
MAR DEL NORTE
Westerbork
Bergen
Zuiderzee
Ámsterdam
Naarden
El Nido Alto
Hilversum
La Haya
PAÍSES BAJOS
ALEMANIA
BÉLGICA

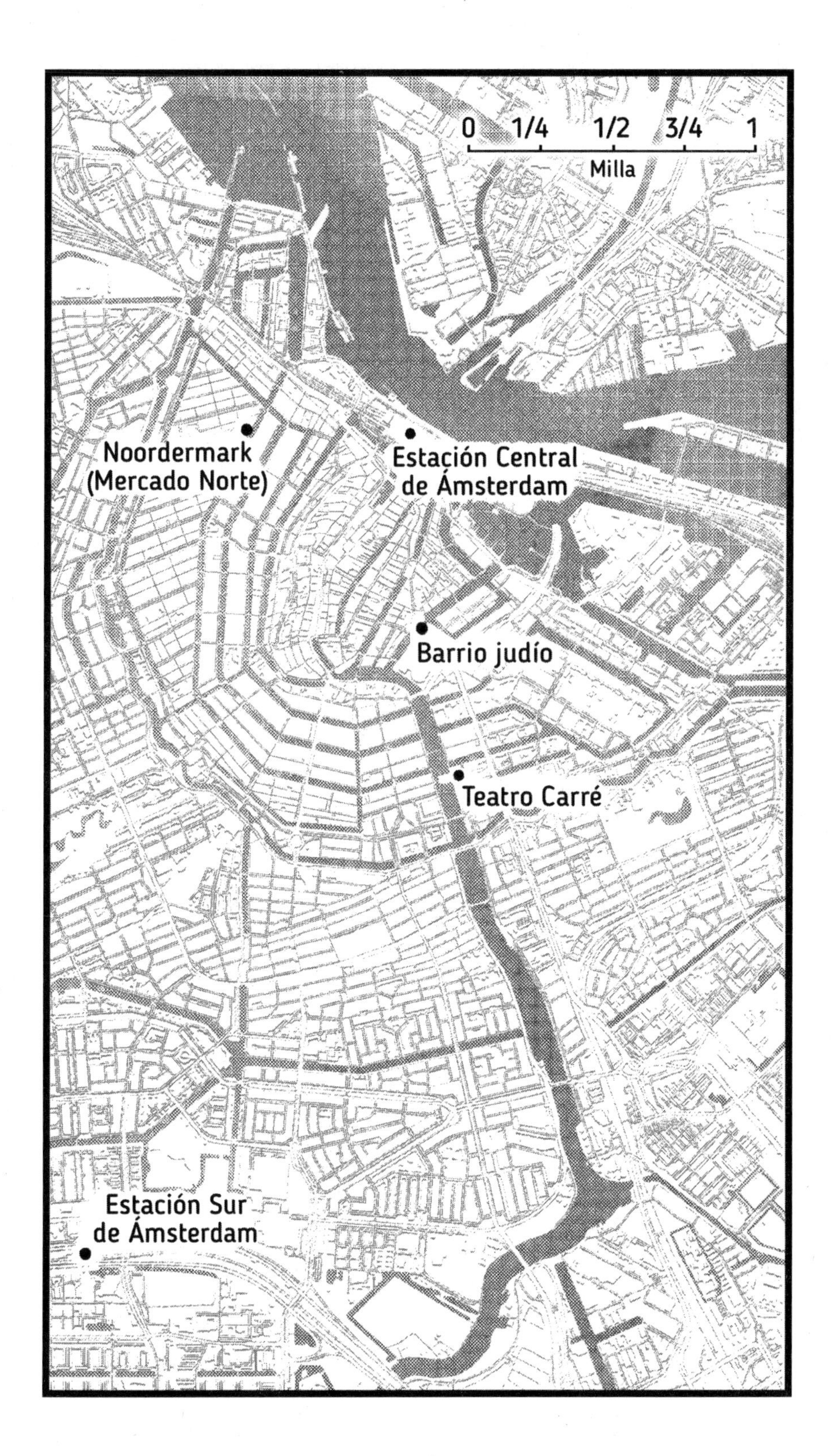
0
1/4
1/2
3/4
1
Milla
Noordermark
(Mercado Norte)
Estación Central
de Ámsterdam
Barrio judío
Teatro Carré
Estación Sur
de Ámsterdam

PREFACIO

En el instante en que la casa emerge entre los árboles mientras conducimos por el camino del bosque, nos enamoramos. No es exactamente la «pequeña cabaña en el campo» que estábamos buscando; esta casa es enorme e incluso tiene un nombre: Hooge Nest, el Nido Alto. Nuestros ojos recorren la majestuosa fachada, muros de ladrillo cubiertos de hiedra, ventanas enmarcadas por viejas persianas. Tiene un aire de historia y grandeza, pero sin ser fría o pretenciosa. Por el contrario: el jardín boscoso y salvaje, la hierba alta, las escaleras de cuerda colgando aquí y allá y el huerto al fondo nos invitan a correr, jugar, encender hogueras y pasar interminables noches conversando bajo las estrellas, sin que nos perturbe la civilización. Nos miramos unos a otros y pensamos exactamente lo mismo. Qué afortunados seríamos si pudiéramos vivir aquí.

Lo imposible sucede. A finales del verano de 2012, mi marido, yo, nuestros tres hijos pequeños, un viejo pastor alemán y tres gatos caminamos en procesión por el jardín del Nido Alto. Nos embarcamos en un largo viaje por devolverle a este extraordinario lugar su antigua gloria. Se renovaron los muros, se lijaron las escaleras, se retiraron los paneles del techo dejando al descubierto las ingeniosas estructuras de vigas. Con nuestras propias manos retiramos las alfombras y casi en todas las habitaciones descubrimos puertas ocultas en los pisos de madera, escondites secretos detrás de los paneles. Ahí descubrimos cabos de velas, partituras, viejos periódicos de la resistencia. Y así, junto con la renovación del Nido Alto comienza la reconstrucción de su historia. Una historia sorprendente que resultó ser un episodio importante de los años de guerra en Holanda, desconocidos para la mayoría de las personas, incluso en los alrededores de la casa.

Me entrevisto con el dueño anterior, locatarios, comerciantes de los pueblos aledaños; me sumerjo en los registros catastrales y archivos, y voy de sorpresa en sorpresa. En el apogeo de la Segunda Guerra Mundial, cuando los trenes hacia los campos de concentración corrían a todo vapor y la *Endlösung der Judenfrage*, la «Solución final de la cuestión judía», iba a toda marcha, el Nido Alto fue un importante centro para ocultar a los perseguidos y también un bastión de la resistencia, administrado por dos hermanas judías. Aquellos que de niños se ocultaron ahí regresan a la casa. Me brindan sus recuerdos y documentos personales para que pueda darle vida a la historia y voz a las hermanas.

Lento pero seguro, habitación por habitación, las piezas del rompecabezas comienzan a formar la increíble historia que ahora, seis años después, se plasma en papel. Es una historia que confirma mi primera impresión: esta casa es más grande que nosotros. Somos simples transeúntes, muy afortunados de poder vivir aquí.

PRIMERA PARTE

LA GUERRA

Si hay que pelear, que así sea. No puedes ser falsa contigo misma. Tampoco puedes engañarte. Hicimos lo que tuvimos que hacer, lo que podíamos hacer. Ni más ni menos.

JANNY BRANDES-BRILLESLIJPER

1

LA BATALLA DE NIEUWMARKT

ÁMSTERDAM, 1912. SI LA BATALLA de Nieuwmarkt se hubiera desarrollado de manera distinta, la familia Brilleslijper tal vez jamás habría existido. Ahí, en el corazón del barrio judío, a los pies de la antigua puerta de la ciudad, el joven Joseph Brilleslijper luchó por la mano de Fietje Gerritse.

Sus familias son totalmente opuestas: Joseph desciende de una familia de cirqueros y músicos itinerantes que hablan yidis y, aunque su padre es ahora un importador de frutas, todavía celebran veladas excéntricas los viernes en su casa en Jodenbreestraat donde todos los integrantes de la familia se reúnen para actuar y cantar. Por otra parte, Fietje Gerritse proviene de una familia de devotos judíos frisios;[1] personas altas, secas y pelirrojas que crían a sus seis hijos con disciplina de hierro en medio de la podredumbre del barrio rojo de la ciudad, con sus estibadores, marineros y prostitutas. Desde muy pequeña, Fietje trabajaba en la tienda nocturna de sus padres en Zeedijk, parada sobre un cajón detrás de la caja registradora, custodiada por sus tres hermanos. Ahora, Fietje se ha enamorado locamente del siempre alegre Joseph, pero sus padres no lo soportan: lo creen un bueno para nada; un chico sin trabajo que escapa a la menor provocación para visitar a su abuelo viajero en el circo.

[1] El mar de Frisia (en lengua frisona Waadsee) está situado a lo largo de la costa oeste de Europa que va del norte de Holanda al sur de Dinamarca, pasando por Alemania. [N. de la T.]

Los tres hermanos Gerritse han apaleado a Joseph, sin piedad, más de una vez, y cuando se presenta en casa de sus padres para pedir la mano de Fietje, incluso lo echan de bruces contra las baldosas. Joseph se da cuenta de que solo queda una opción. Convoca a los invictos gigantes de Zeedijk para que desciendan de su trono con el fin de mostrarle a la familia Gerritse, de una vez por todas, su verdadero temple. Con su hermano mayor, Ruben, reúne a algunos amigos del barrio, incluido el Bruto Öpie, quien a pesar de no haber pronunciado una sola palabra jamás, es tan fuerte como un toro, así que nadie habla sobre su falta de elocuencia. Con puños y mandíbulas apretados, se dirigen hacia la antigua puerta de la ciudad. Frente a los puestos de pesca en Nieuwmarkt, se desata una espectacular pelea. Por primera vez en sus vidas, los hermanos Gerritse se arrodillan. Joseph se limpia la sangre de los nudillos, recoge a su Fietje de la tienda de sus padres y juntos se mudan con Ruben y su esposa.

Haya sido un movimiento estratégico, fuerza bruta o buena fortuna, la victoria marca el comienzo de una amorosa relación. Se casan el 1 de mayo de 1912 y el padre de Joseph encuentra para la joven pareja un pequeño lugar para vivir en la parte más pobre del barrio judío. El 13 de diciembre de 1912 su hija Rebekka, «Lien», Brilleslijper ve la luz del día por primera vez.

La familia no tiene un centavo, pero son felices. Pocos años después, y con un poco de ayuda de Opa (abuelo) Jaap, el padre de Joseph, se hacen de una pequeña tienda en Nieuwe Kerkstraat; se mudan en el departamento que está arriba de la tienda con la pequeña Lien. Mientras Fietje trabaja en la tienda día y noche, Joseph ayuda a Opa Jaap en el negocio de mayoreo. Pasarán otros cuatro años antes de que los padres de Fietje —a solo dos cuadras de ellos, pero a un mundo de distancia— se acerquen a su hija. El motivo es el nacimiento de la segunda hija de Fietje; Marianne, «Janny», lleva el nombre de su abuela materna. Cinco años más tarde, en el verano de 1921, nace el tan esperado hijo, Jacob, «Japie», y la familia está completa.

Mientras Joseph y Fietje trabajan las 24 horas para salir adelante, el barrio judío cría a sus hijos. Familias numerosas viven en habitaciones largas y estrechas, hay niños durmiendo debajo del lavabo o a lo largo del zoclo en la sala, por lo que la mayoría de sus vidas transcurre en la calle. A la vuelta de la esquina del hogar Brilleslijper se encuentra el teatro Royal Theatre Carré; Lien y Janny pasan horas observando el río de gente vestida con ropa hermosa que se dirige a ver los espectáculos. Más abajo, en la Jodenbreestraat está el Tip Top Theatre, un popular lugar de reunión donde se proyectan películas mudas y se presentan artistas famosos como Louis y Heintje Davids.

Todos en la zona se conocen; los hermanos ayudan a ganarse el pan, las hermanas ayudan a criar a los más pequeños y en las calles alrededor de la casa siempre huele a comida. De Waterlooplein a Jodenbreestraat, los puestos venden castañas asadas, pescado fresco, especias y pepinillos en vinagre. Los viernes, Fietje y otras mujeres del vecindario tienen una olla grande de sopa en la estufa para los pobres. En los años de guerra de 1914 a 1915, cuando los refugiados belgas empezaron a aparecer en la tienda, Fietje les daba a las angustiadas madres sus víveres, incluso si no podían pagarlos. «Se lo anoto», decía, despidiéndolas con una sonrisa.

El viernes por la noche, la familia se une al resto de los Brilleslijper en la casa de Opa Jaap en Jodenbreestraat. Comen sopa de pollo, tocan música y actúan al lado de todos los tíos, tías y primos; una tradición que Joseph, después de que su padre fallezca, perpetuará con su propia esposa e hijos.

Y así se desarrolla la primera infancia de los niños Brilleslijper en los empobrecidos pero acogedores alrededores del barrio judío de Ámsterdam, en el seno de una familia llena de amor y música. Pero la vida se hace más difícil a medida que avanza la década de

1920. El desempleo va en aumento, las familias se quedan sin comida y un viernes cuando Fietje visita a su vecina, la tradicional olla de sopa para los pobres no es más que una olla llena de burbujeante agua caliente.

El edificio donde tienen su tienda y su hogar es vendido a una gran empresa y se ven obligados a mudarse a Rapenburgerstraat. Está tan solo a una cuadra de su antigua casa, pero la pérdida de la tienda le pesa mucho a Fietje. Por su parte, Joseph no gana lo suficiente para pagar el alquiler y la familia se muda de nuevo, y termina ocupando dos pequeñas habitaciones a la vuelta de la esquina de Marnixstraat, en la periferia de la zona de Jordaan. Cada mañana, cuando rompe el alba, Fietje y Joseph salen juntos de casa para ganarse la vida en el comercio de frutas y verduras.

En 1925 la marea cambia lentamente cuando, para su pesar, Opa Jaap muere. Con la ayuda de su hermano Ruben, Joseph se hace cargo del negocio de mayoreo y traslada a su familia a una casa grande, habitada por otras familias, en Marnixstraat. Viven en el primer piso, donde Janny y Lien comparten una hermosa habitación. Pero el querido barrio judío se siente a kilómetros de distancia; las chicas extrañan su antiguo vecindario, su gente, el familiar sonido del yidis de Ámsterdam con su sibilantes «eses». Apartadas del barrio judío, las chicas comienzan a entender por qué el creciente número de refugiados judíos de Rusia y Polonia se mantienen unidos en estrechas casas, tal como lo hacen ellos. Por las calles de Nieuwe Prinsengracht, cerca de su antigua tienda, donde muchos judíos orientales le compraban pescado fresco a Fietje, forman un frente unido: las mujeres con pañuelos en la cabeza, los hombres con sus largos rizos de tirabuzón en caftanes negros.

Las hermanas son inseparables y se parecen tanto que es difícil distinguirlas. Disfrutan de la libertad que les brinda el amoroso descuido de sus padres. En la madrugada, cuando Joseph y Fietje se han marchado al mercado en la oscuridad y Japie sigue profundamente dormido, sacan sus bicicletas del cobertizo y pedalean rumbo al estadio olímpico, con los hombros hacia adelante, juegan a las carreras en Amstelveenseweg y luego giran a la derecha en IJsbaanpad. En la base del puente de madera que atraviesa las vías del ferrocarril hacia Aalsmeer, tienen que bajarse porque el puente es demasiado empinado y alto. Deben reunir fuerzas para empujar sus bicicletas hacia arriba con los brazos extendidos, entrecerrando los ojos para no ver los rieles abajo.

Donde el río Schinkel desemboca en el Nieuwe Meer, sobre pilotes altos, está Schinkelbad, una piscina al aire libre construida con madera y alimentada con agua de la ciudad. Sudorosas por el ciclismo y la subida final, saltan rápidamente al agua fría y siempre nadan un poco de más, así que deben volver a toda prisa para asegurarse de que Jaap, a quien a veces llaman de cariño Japie, llegue a tiempo a la escuela.

Janny y Lien se convierten en dos hermosas jóvenes. Son pequeñas y de piel oscura, con nariz recta, pómulos altos, cejas como colas de zorro y una gran mata de cabello negro atada tras su nuca. Al concluir la escuela primaria termina su educación; mamá y papá no tienen dinero para que continúen sus estudios, además necesitan su ayuda. Eso no importa; las hermanas son curiosas y tienen una mirada muy aguda para observar el mundo que las rodea. Ámsterdam les ofrece todo lo que necesitan para aprender.

Ayudan a Fietje con el cuidado de la casa, trabajan tiempo completo como costureras y cuidan a su hermano menor. A medida que crecen, la diferencia de edades parece disolverse, pero las diferencias en su temperamento se hacen más evidentes. Lien es espontánea, extrovertida, alegre como su padre y soñadora. Janny tiene los pies bien plantados sobre la tierra, a veces es reservada y tiene una voluntad férrea, como su madre.

Lien resulta tener un gran talento para la música. Desde temprana edad canta en un coro de niños y en las veladas con Opa Jaap está siempre al frente del escenario. En su adolescencia, toma clases en la escuela de danza de Florrie Rodrigo. Florrie es una bailarina judeoportuguesa que se hizo de fama en los espectáculos de Jean-Louis Pisuisse y luego como bailarina expresionista en Berlín. Fundó su academia de danza en el barrio judío de Ámsterdam, tras haber huido de una Alemania cada vez más antisemita.

Joseph no ve con buenos ojos el frívolo pasatiempo de su hija y le prohíbe tomar más clases. Pero los genes tercos de Joseph son más fuertes que su autoridad; a través de Florrie, Lien entra en contacto con la coreógrafa Lili Green y, alrededor de su decimosexto cumpleaños, comienza a tomar en secreto lecciones con ella. Lili es una pionera en el mundo de la danza, moderniza las técnicas del ballet clásico; ve un futuro prometedor para Lien como bailarina.

Y así, la pequeña Lien trabaja como costurera durante el día, por la tarde corre al estudio de Lili Green en Pieter Pauwstraat para ensayar, y por la noche actúa en los clubes alrededor de Rembrandtplein. Cuando una que otra mañana vuelve a casa al amanecer y se topa con su preocupada madre en las escaleras, Fietje rápidamente lleva a Lien a su habitación antes de que Joseph la vea.

Janny, la hermana menor, no dura más de seis meses en el taller de costura. Es impaciente y rebelde, tal y como era en la escuela. Dice que es espiritual, pero no religiosa. Creció en el corazón del barrio judío, pero jamás va a la sinagoga. Proviene de una familia de abarroteros, pero se une a la organización sionista Hatzair, donde la mayoría de los miembros son hijos de doctores y abogados. Tan pronto se da cuenta de que tratan diferente a las personas, protesta indignada, inspirada, obviamente, por la historia de sus abuelos Gerritse, que pensaban que su padre no era lo suficientemente bueno como para casarse con su madre.

Después de la fracasada aventura en el taller de costura, Janny pasa por innumerables trabajos antes de terminar en un laboratorio. Con el dinero que gana, de vez en cuando toma cursos: aprende a hablar un poco de inglés, francés y alemán, y toma un curso de primeros auxilios, algo que podría salvarles la vida a Lien y a ella.

Deja el movimiento sionista, porque cree que debe luchar por una sociedad mejor para todos, no para asegurar los derechos de la clase media alta solamente. Se sumerge en el comunismo, en Marx, en los principios socialdemócratas —en casa, sus padres leían el periódico socialista *Het Volk*—[2] y debate con todos, por todo. Le preocupa ver que el número de europeos orientales y otros emigrantes en el barrio judío aumenta, a pesar de que cada vez es más difícil para ellos cruzar la frontera. Janny intenta convencer a su padre de la amenaza marrón: el fascismo. Joseph piensa que las cosas no se pondrán tan mal, pero la chica ve un peligro evidente en la alianza de Hitler, Mussolini y Franco y cuando, en el verano de 1936, comienza la guerra civil española, Janny, de diecinueve años, se convierte en miembro activo de la resistencia.

Trabaja principalmente para el Socorro Rojo Internacional,[3] quienes apoyan a los voluntarios holandeses que luchan en España con diversas actividades. Janny también es miembro del comité de Ayuda para España, y trabaja con un grupo de jóvenes que viven en un centro comunitario en Keizersgracht 522, a quienes Lien le presentó: el periodista Mik van Gilse, los fotógrafos Eva Besnyö y Carel Blazer, y el cineasta Joris Ivens. Desde Ámsterdam, Janny contribuye al recolectar dinero para vendajes y otros artículos escasos, pasa de contrabando una ambulancia a través de la frontera y ayuda a

---

[2] El pueblo, en holandés. [N. de la T.]

[3] Servicio social internacional organizado por la Internacional Comunista en 1922. Creado para que funcionara como una Cruz Roja internacional independiente de cualquier organización o religión. [N. de la T.]

encontrar casas para el creciente número de refugiados de Alemania. Le cuentan historias del creciente odio hacia judíos y «bolcheviques». La derrota de Alemania en la Primera Guerra Mundial, la caída de Wall Street del 29 que ocasiona la crisis mundial y golpea a Alemania con fuerza, la atmósfera cada vez más abiertamente antisemita: todos estos factores han llevado a la abrumadora victoria del partido nazi de Hitler, el Partido Nacionalsocialista Obrero Alemán (NSDAP).

La situación en los Países Bajos también se deteriora. La recesión económica deja a muchos en la pobreza, la tasa de desempleo se eleva y el primer ministro Colijn implementa una dura política de austeridad. La familia Brilleslijper enfrenta reveses en casa también: Joseph ha tenido varias operaciones delicadas de los ojos y no se está recuperando bien. Fietje y los tres hijos aportan el dinero, hasta que mamá también se enferma y termina en el hospital.

Hay, sin embargo, una luz al final de esos problemáticos años treinta: ambas hermanas conocen a un hombre que cambiará su vida.

Mientras tanto, Lien se ha mudado, principalmente para escapar de la ira de Joseph por sus actividades como bailarina. Ahora con veinticuatro años, vive en una comuna de artistas con un colorido grupo de estudiantes en Bankastraat en La Haya, la ciudad holandesa más grande de la costa del Mar del Norte y sede del Parlamento, alrededor de setenta kilómetros al sur de Ámsterdam. Hay una cocina compartida, un fondo comunal para cubrir gastos y en la sala hay una pizarra para residentes donde se colocan los anuncios administrativos. Cuando Lientje, debido a una conmoción, está postrada en la cama —se había caído camino a la clase de danza— aparece un nuevo inquilino que le trae un ramo de flores que él mismo recogió. Lien está encantada con este chico alto y rubio de ojos azules y cautelosa sonrisa. Su nombre es Eberhard Rebling y es un musicólogo alemán y pianista concertista que huyó del nacionalsocialismo y de su padre militarista en su tierra natal.

Eberhard, a su vez, está fascinado con esta pequeña mujer morena con una inteligencia mordaz. A simple vista, no podían ser más diferentes y aun así se enamoraron profundamente. En la música, rápidamente se convierten también en pareja. Tan pronto como Lien vuelve a ponerse de pie, imparte lecciones de baile y actúa en funciones acompañada por Eberhard en el piano.

Hacen amistad con otros estudiantes que visitan la casa y durante noches enteras discuten el siniestro clima político en los países vecinos. Entre sus amigos se cuentan Gerrit Kastein, un joven médico, el músico y oboísta Haakon Stotijn y su esposa Mieke y Bob Brandes, estudiante de economía, hijo de una famosa familia de arquitectos de La Haya.

En el verano de 1938 Lien protagoniza un espectáculo y alquila de forma temporal una habitación en Leidseplein en Ámsterdam; su hermana menor, Janny, a menudo viene después del trabajo para comer juntas. Una tarde, cuando Janny visita a Lien, conoce a Bob Brandes, quien desafía burlonamente sus puntos de vista políticos. Bob es miembro de la Fraternidad Socialdemócrata y trabaja en Ámsterdam como pasante en la editorial comunista Pegasus. Enfurece a Janny tanto que comienza a lanzarle almohadas en lo más álgido de la discusión con tal de callar a este sabelotodo. Unas semanas más tarde Lien le da las llaves de su habitación en La Haya, y ella comienza a usarla para ver a Bob. «Este lugar es como burdel de la izquierda», murmura uno de los inquilinos al ver que una pareja más se ha formado en esa casa.

La señora Brandes, madre de Bob, se entera del romance y llama a aquel agradable pianista que una vez dio un concierto en su casa, Eberhard Rebling, para pedirle que hable con su amigo Bob:

esa chica de cuestionable entorno familiar mercante no está, desde luego, a la altura de su hijo. Eberhard escucha sonriendo, tranquiliza a la señora Brandes y le asegura que las hijas de la familia Brilleslijper son gente valiosa. En enero de 1939 Bob lleva a Janny al cine en La Haya, la acompaña a su casa y nunca se va.

Los padres de Bob se niegan a dar su consentimiento para el matrimonio. Consideran que tanto la condición social de Janny como su ascendencia judía son demasiado arriesgadas en tiempos como estos. Aunque triste por su actitud, Janny sigue el ejemplo de sus testarudos padres: en septiembre de 1939, con casi veintitrés años, se casa con Bob, de veintiséis años, en casa de su padre en Ámsterdam. Sin la presencia de los señores Brandes, pero con la asistencia de las hermanas de Bob, incluida Aleid, con quien Janny se lleva muy bien. Joseph hace sándwiches para todos, Fietje ha regresado del hospital y la radiante novia, con su vientre redondo, imposible de ignorar, es el centro de atención. Bob publica con malicia un anuncio de su matrimonio en el periódico de La Haya y, como era de esperarse, sus padres reciben un alud de felicitaciones de su distinguido círculo de conocidos.

Un mes después de la boda, el 10 de octubre de 1939, nace Robert Brandes. Janny, Bob y el bebé se mudan a dos habitaciones en Bazarlaan en La Haya. Es un secreto a voces que su casera, la señorita Tonnie de Bruin, trabaja como prostituta en Prinsenstraat.

La joven pareja está en la luna, pero también necesita llevar comida a la mesa. Antes de quedar embarazada, Janny trabajó en una fábrica, detrás de una máquina de tejer. Le dieron una modesta pensión de maternidad, pero se está acabando rápidamente. Bob abandona sus estudios y se une al servicio civil; Janny se queda en casa para cuidar del pequeño Robbie.

La familia crece con rapidez; en el invierno de 1939 el primer fugitivo se oculta con ellos. Alexander de Leeuw es un eminente abogado de Ámsterdam, miembro de la junta del Partido Comunista Holandés (PCN) y director de Pegasus Publishers, donde conoció a Bob. De Leeuw es conocido por su temperamento hosco, pero también por su feroz cruzada contra el fascismo y por sus bien recibidas publicaciones. Como destacado abogado comunista del PCN, se ha convertido en blanco fácil en una Ámsterdam cada vez más hostil.

Los muchos años de política de austeridad del gobierno de Colijn no han ayudado al país a superar la crisis económica. Por el contrario, la recuperación es casi nula y la persistente escasez hace que las tensiones aumenten. Al mismo tiempo, cientos de miles de judíos y socialistas intentan escapar de Alemania y los países del Este; huyen de la orgía de violencia desatada en la *Kristallnacht*,[4] en noviembre de 1938, cuando lincharon a los judíos en las calles. El gobierno holandés, por temor a contrariar a Alemania, ha cerrado las fronteras a los refugiados que estén catalogados como «indeseables». Además, bajo la lógica del primer ministro Colijn, una afluencia masiva de refugiados judíos solo agravaría el antisemitismo ya existente en el país.

«Debe evitarse toda acción que conduzca a un asentamiento permanente en nuestro país, ya de por sí densamente poblado, debido a que la invasión de elementos extraños sería perjudicial para la preservación del carácter del pueblo holandés. Es la opinión del gobierno que nuestro territorio debería, en principio, permanecer reservado para nuestra propia población», escribió en 1938 el gobierno holandés.

El suelo holandés resulta, también, ser terreno fértil para culpar a un chivo expiatorio y los despliegues de odio público aumentan. En el invierno de 1939 varios cines en Ámsterdam proyectan

---

[4] La llamada «Noche de los Cristales Rotos» fue una serie de ataques y linchamientos en Alemania y Austria contra ciudadanos judíos perpetrados por las tropas de asalto de las SS y población civil durante la noche del 9 de noviembre de 1938. [N. de la T.]

Olympia, el documental de Leni Riefenstahl, comisionado por Adolf Hitler, sobre los Juegos Olímpicos de Berlín de 1936 que es, en realidad, una propaganda e idealización de los atléticos cuerpos arios. La película atrae a jóvenes y revoltosos miembros del Partido Nazi Holandés (Nationaal-Socialistische Beweging in Nederland, NSB) y en la ciudad estallan luchas entre grupos de fascistas y jóvenes de izquierda y judíos.

Cuando Alexander de Leeuw deja de sentirse seguro incluso en su pub favorito, el Café Reynders en Leidseplein, comienza a buscar un sitio para esconderse. Duerme en el ático de Janny y Bob en La Haya, y se baña sigilosamente en la habitación del recién nacido Robbie. Janny está sorprendida por lo introvertido y extraño que resulta su inquilino. Cuando, una mañana, Lien hace una visita sorpresa a su hermana y encuentra a De Leeuw desayunando en el comedor de Janny, se miran el uno al otro en estado de shock. De Leeuw murmura algo, toma sus cosas y corre cabizbajo hacia el ático. Lien arquea las cejas en un gesto inquisitivo, pero Janny aprieta los labios y se encoge de hombros, como si jamás hubiera visto al hombre.

Cuando, el 10 de mayo de 1940 a las 3:55 a. m., trenes blindados alemanes cruzan la frontera holandesa y los escuadrones de la Luftwaffe entran al espacio aéreo, Janny no está sorprendida. Es el día en que la ilusión de la neutralidad holandesa se hace añicos. El día en que la reina Wilhelmina emite el siguiente comunicado:

> A pesar de que nuestro país, con absoluta conciencia, mantuvo una estricta neutralidad todos estos meses y no tuvo otra intención más que la de mantener esta neutralidad a pie firme y con todas sus consecuencias, las tropas alemanas, sin previo aviso, perpetraron un ataque repentino a nuestro territorio anoche. Esto ocurrió a pesar de la solemne promesa de que la neutralidad de nuestro país sería respetada siempre y cuando nosotros la mantuviéramos.

Los primeros días, Janny y Bob albergan aún la esperanza de que los británicos expulsen a los alemanes, pero no pasa nada. Desde su pequeña casa en Bazarlaan, casi pueden tocar los establos reales del Palacio de Noordeinde, por lo que, el 13 de mayo, cuando ven un convoy de autos de lujo salir, enfrentan la cruda realidad: los Países Bajos están ocupados.

Esa noche, mientras el pequeño Robbie duerme, Janny y Bob comentan la situación. Conocen las historias de los refugiados del Este, los traumas de quienes lucharon en España. Son conscientes de la hostilidad en su país previa a este momento. Y aun así están decididos: resistirán el fascismo. Aunque no son ingenuos respecto a las posibles consecuencias, no imaginan lo que se avecina.

A los pocos días, Janny lleva a Robbie a dar un paseo en su carriola cuando de pronto suena la sirena antiaérea; corre por las calles de La Haya en busca de ayuda. Un estruendo siniestro invade el espacio aéreo, ronda a su alrededor, bajo y pesado al principio, para luego abrir fuego, una y otra vez; el miedo le hace un nudo en el estómago y los disparos golpean los adoquines bajo sus pies. Janny ve una fachada que le resulta familiar, toca el timbre de la puerta de conocidos de la familia Brandes y, sin aliento, les pide refugio. Avergonzados, pero decididos, le niegan a Janny y a su bebé la entrada.

2

LA PESTE PARDA

LA PRIMERA A QUIEN PIERDEN, después de la capitulación, es a Anita, una alegre joven que vive con ellos en Bankastraat.

El 14 de mayo de 1940, Lien, Eberhard y sus amigos están en la ventana del salón; en silencio miran a la distancia las estelas de humo negro sobre Rotterdam, un pequeño error de los alemanes, quienes olvidaron llamar a sus escuadrones aéreos de vuelta cuando los holandeses hubieron capitulado.

De pronto oyen que alguien se queja en el primer piso. Lien se apresura a subir con Eberhard detrás; encuentran a Anita tendida en su cama, blanca como la cal, agonizante, con un frasco de vidrio a su lado.

La chica había huido de Alemania debido a las manifestaciones de antisemitismo que eran cada vez más violentas. Alguna vez le contó a Lien sobre la dosis de arsénico que le había dado su padre, un médico judío, cuando se despidieron. Aunque la historia confirmaba, una vez más, la gravedad de la situación en Alemania, les había parecido un gesto un tanto dramático. Hasta ahora. «Primero muerto que en manos de los nazis», decía enfáticamente el padre de Anita.

Muchos en el resto de los Países Bajos concuerdan: después de que la capitulación se hace pública, cientos de personas se quitan la vida.

A pesar de todo, la vida pública retoma su curso con bastante rapidez; la gente va a trabajar, las tiendas abren, los periódicos siguen publicándose. Janny y Lien visitan con frecuencia a sus padres y a su hermano menor en Ámsterdam, y ahí, también, todo parece sospechosamente normal. Inspirada por la comuna en La Haya, la hermana de Bob, Aleid, comienza algo similar en Ámsterdam: una casa comunitaria en Nieuwe Herengracht, cerca de los jardines botánicos, repleta de varios de los amigos mutuos de las hermanas. No es hasta que visitan a Aleid que se percatan de que casi ninguno de sus amigos esta allí, que se dan cuenta de que algunos tienen ya un pie en la resistencia: se quedan aquí y allá, y solo vuelven ocasionalmente a la casa para recoger algunas cosas.

Janny y Lien se enteran de las listas que ahora circulan con nombres de voluntarios en la guerra civil española, juventud de izquierda, socialdemócratas, comunistas y otros antifascistas que los alemanes vigilan de cerca. Para ubicarlos, dependen en gran medida de la información de la quinta columna: ciudadanos simpatizantes del fascismo dispuestos a contribuir y compartir información muy apreciada. Esta facción abarca desde empresarios holandeses que exponen a sus clientes «rojos» hasta sirvientas alemanas que delatan a las familias cuya ropa sucia lavaron durante años. Janny se preocupa de que ella, Bob y sus amigos estén registrados en la lista y lo comenta con su esposo. Pero él no hace más que encogerse de hombros:

—Si lo estamos, pronto lo descubriremos.

La espera comienza.

El 29 de mayo de 1940 el comisionado del Reich Arthur Seyss-Inquart da su primer discurso como el más alto funcionario de las fuerzas de ocupación, en el Salón de los Caballeros del Parlamento holandés. El abogado austriaco con el cabello engominado y pequeñas gafas redondas enfatiza que el pueblo holandés no tiene nada que temer de los alemanes:

> No hemos venido aquí para oprimir y destruir el espíritu nacional y privar a un país de su libertad. [...] Esta vez no se trata de espíritu

> nacional ni de dinero ni libertad. Los bienes de esta tierra nunca han estado bajo amenaza. Esta vez la cuestión era si se abusaría de los holandeses como un escalón para un ataque contra la fe, la libertad y la vida del pueblo alemán. [...] Esas son las palabras que tengo que decir a los holandeses el día de hoy, cuando me hago cargo de la autoridad de los Países Bajos. Hemos venido con la fuerza de las armas a nuestro pesar, queremos ser protectores y promotores para seguir siendo amigos; todo esto a la luz del deber superior que nosotros, los europeos, tenemos, pues debemos construir una nueva Europa, donde el honor nacional y el trabajo colectivo sean los principios que nos guíen.

El país entero suspira aliviado. Las cosas serán diferentes aquí que en los países ocupados del Este: los alemanes al menos mostrarán respeto por este país occidental civilizado. Hitler siempre ha manifestado que considera al pueblo eslavo como basura que debe ser retirada de su patio trasero, donde quiere crear *Lebensraum*,[5] y espera que sus hermanos germánicos occidentales lo ayudarán a lograr este objetivo. Holanda no interfiere con la política de opresión alemana y se le ofrece un tratamiento suave a cambio, o al menos eso esperan los holandeses. Incluso los soldados alemanes resultan no ser tan malos: en el verano brillante se les puede ver paseando por las calles, y en la playa de Scheveningen, curiosamente, disfrutan de chocolate caliente con crema batida.

En la comuna de Bankastraat hay una sensación de optimismo también: sin duda una de las superpotencias aliadas derrotará rápidamente a Hitler, la pregunta es si tomará uno o dos años. De cualquier forma, habrá muy pocas consecuencias para el pueblo judío

---

[5] Término que en alemán significa «espacio vital». Este concepto establecía la relación entre territorio y población; sostenía que la existencia de un Estado quedaba garantizada cuando dispusiera del suficiente espacio para atender a las necesidades de la población. [N. de la T.]

en los Países Bajos; están integrados por completo en la sociedad y el resto del país no permitirá que les pase nada.

Cuando la optimista y alegre Lien visita la casa de su hermana para tomar café, Janny no está de acuerdo con su visión positiva. Se le ve ausente y cortante.

—No deberías venir tan a menudo —dijo antes de ofrecerle a su hermana algo de beber.

Lien piensa en los extraños hombres que ve a menudo en el pequeño departamento, los periódicos ilegales, las reuniones secretas. Seguramente Janny confía en su propia hermana, ¿cierto?

—¿Es por Eberhard? —Lien apenas si puede decirlo. Entrecierra los ojos, inclina la cabeza y mira a su hermana menor.

Lien sabe que Janny solo ve blanco y negro en esta ocupación; ella cree que cada nuevo día con los alemanes dentro del país es un peligro. Y Eberhard es alemán.

—¿Qué te hace pensar *eso*? Confío en Eberhard como en mi propia familia.

Janny presiona a Lien contra su pecho y suspira. Después, la sostiene con los brazos extendidos y la mira directamente a los ojos.

—Este es un lugar peligroso, Lientje. No tienes idea de lo que son capaces de hacer esos *Krauts*.[6] Créeme, mientras menos estés aquí, será mejor. Para ambas.

Poco tiempo después de esta conversación, Lien está fuera del estudio de baile, esperando la próxima clase, cuando un hombre extraño se le acerca. Se sobresalta cuando comienza a hablarle, pero luego reconoce su voz. Se trata de uno de sus estudiantes judíos orientales; se ha afeitado la larga barba y los rizos de tirabuzón, está irreconocible con su rostro liso y pálido y su ropa nueva. Apenas si

[6] Término peyorativo para designar a los alemanes. La palabra se usa en sustantivos compuestos para nombrar productos derivados de la col. [N. de la T.]

se atreve a mirar a Lien. Con gran dificultad esboza una sonrisa y comienza alegremente con la lección, pero pasa el resto de la tarde con el estómago tenso y siente las extremidades tan pesadas que apenas puede levantarlas.

Una noche de octubre, Bob regresa a casa del trabajo con un formulario. Se trata de un formato de declaración aria, que todos los funcionarios civiles de los Países Bajos están obligados a llenar para declarar si ellos o su familia son judíos.

En cuanto acuestan a Robbie, se sientan y leen cuidadosamente la declaración:

El que suscribe: ...
Ocupación: ...
Puesto: ...
Nacido en ... el ...
Habita en: ...
Declara que, a su leal saber y entender, ni él/ella, ni su esposa(o)/novia(o), ni ninguno de sus padres o abuelos es o ha sido parte de la comunidad judía.

Sea del conocimiento del abajo firmante que él/ella, si la anterior declaración probara ser falsa, estará sujeto(a) a destitución sumaria.

..., 1940.
(firma)

Sus ojos permanecen sobre el papel, fijos en la última oración. Se miran el uno al otro. Ha comenzado. Bob no dice nada, hace una mueca irónica, toma el papel por una esquina, abre la tapa de la estufa de hierro redonda y mete despacio el formulario al fuego.

—¿Qué estás haciendo? —pregunta Janny.

—No voy a llenar ninguna declaración y tú tampoco. No quiero saber nada de esto. Ya veremos qué sucede cuando llegue el momento.

Un mes después de que Bob prendiera el fuego con su declaración aria, todo aquel en el servicio civil que se presume judío es despedido. Entre ellos está el padre de su amiga Tilly, presidente del Tribunal Supremo, Lodewijk Visser. Ninguno de sus colegas objeta a su despido.

Janny y Bob aún no se percatan de qué es lo que preludia el cuidadosamente organizado registro de judíos y no se preocupan más por la declaración. Mucho más interesantes son los alentadores signos de resistencia a su alrededor. Escuchan sobre las docenas de alumnos en Vossius, un reconocido colegio en Ámsterdam, que inician una huelga y también oyen los comentarios sobre la desobediencia civil del profesor Rudolph Cleveringa de la Universidad de Leiden. Los estudiantes distribuyen por toda Holanda de manera ilegal miles de copias del discurso de Cleveringa. Janny y Lien obtienen una copia también. Cleveringa, como Bob, es parte del muy pequeño grupo de funcionarios del país que decide no firmar la declaración aria por solidaridad con dos colegas judíos, los profesores Meijers y David, quienes acaban de ser despedidos. Todos aquellos que se niegan a llenar el formulario también corren el riesgo de perder su trabajo. Cleveringa no es un hombre impulsivo: es muy consciente de las posibles consecuencias; no obstante, está decidido a tomar una postura clara.

El 26 de noviembre de 1940 Cleveringa asiste por la mañana a la Universidad de Leiden, supuestamente para tomar la cátedra de su colega Meijers. Frente a sus estudiantes desprevenidos, pronuncia un discurso de protesta, que aún se considera una de las mejores arengas pronunciadas en los Países Bajos. En su discurso, Cleveringa, como homenaje a su maestro Meijers, discute la diversidad de su obra y así la ley holandesa cobra vida. Examina los cimientos de varias áreas de la ley y los méritos de Meijers a lo largo de su impresionante carrera, y luego hace un llamamiento a la razón, la conciencia y el sentido de justicia de su joven público:

> Meijers, este holandés, este noble y verdadero hijo de nuestro pueblo, este *mensch*,[7] este padre de sus alumnos, este erudito a quien los extranjeros que actualmente gobiernan sobre nosotros con hostilidad ¡«separan de su cargo»!
>
> Dije que no hablaría de mis sentimientos; cumpliré con mi promesa, aun cuando esos sentimientos son como lava hirviendo que fluye a través de todas las grietas que parecen estallar en mi cabeza y mi corazón.
>
> Pero en la facultad que, acorde con su objetivo, se persigue el cumplimiento de la justicia, *esto* no puede silenciarse: de acuerdo con la tradición holandesa, la Constitución establece que todo holandés puede servir a su país de cualquier manera y puede ser designado a cualquier posición o puesto, disfrutando de igualdad civil y derechos ciudadanos, sin importar su religión.

Después de que Cleveringa hubo pronunciado la palabra final, el público estalla en aplausos y varios estudiantes comienzan a entonar el himno nacional, seguidos por aquellos que se encontraban en los pasillos. El espíritu de solidaridad recorre las calles de Leiden, pero es brutalmente aplastado al día siguiente con el arresto de Cleveringa, quien pasará el resto de la guerra en una Casa de Detención en Scheveningen como castigo a su oposición. Cierran la Universidad de Leiden.

---

[7] En yidis, persona de integridad y honor. [N. de la T.]

Janny y Lien discuten el plan de acción con su amiga Tilly, para alentarla y enfatizar el valor de su padre, Lodewijk Visser, quien es presidente de la Suprema Corte holandesa. Admiran su determinación, incluso después de haber sido despedido por los nazis y sus colaboradores, abandonado por sus colegas jueces. Cuando se le pregunta sobre su despido, él declara que no es válido; la reina lo nombró y solo ella está autorizada a despedirlo de su cargo; cualquier otra acción es ilegal. Lodewijk Visser no abandona la causa y ofrece resistencia activa contra los alemanes. Colabora con el periódico ilícito *Het Parool* y se convierte en el presidente del Comité de Coordinación Judía, una organización independiente fundada por dos sociedades religiosas judías.

Para Lien, personajes como Lodewijk Visser establecen un parámetro para la resistencia; una actitud ejemplar que, seguramente, hará que las masas se muevan contra las fuerzas de ocupación, quienes inicialmente podrían haber pensado que los holandeses les ofrecerían carta blanca pero que, finalmente, se llevarían una desagradable sorpresa. Janny, sin embargo, no cuenta con la piedad de los alemanes ni con el pueblo holandés para la salvación. Así que cuando en enero de 1941, algunos meses después de la declaración aria obligatoria para los funcionarios públicos, todos los judíos en los Países Bajos son obligados a registrarse, ella no se registra. Una de las pocas personas entre sus conocidos que se niega a llevar la *J* mayúscula negra para los judíos estampada en su cédula de identidad. De lo único de lo que luego se arrepentirá es de no haber instado a los demás a hacer lo mismo; de no haberle dicho a Lien, quien no opone resistencia a esta burocracia, y ahora tiene una *J* estampada en su documento de identidad, al igual que otros 160 820 judíos en los Países Bajos. Esta pequeña acción administrativa demuestra ser de gran utilidad para el sistema de deportación masiva que pronto comienza a funcionar, facilitada por la eficiencia y profesionalismo de los holandeses que los alemanes tanto elogian.

Tan solo en Ámsterdam, unos setenta mil judíos están registrados, lo cual equivale al diez por ciento de la población de la ciudad. Más tarde durante la guerra, en el Zentralstelle für Jüdische Auswanderung, la Oficina Central de Emigración Judía, en Adama van Scheltemaplein, basta con un par de cajas para dar seguimiento a aquellos que han sido deportados y aquellos que necesitan ser removidos aún. Cuando cada tren sale, se envía una copia de la lista de pasajeros al Zentralstelle, donde un empleado transfiere la tarjeta correspondiente al nombre de cada pasajero de una caja a la otra. Una tarjeta por cada hombre, mujer o niño transportado hasta que la caja de judíos registrados en Ámsterdam queda casi vacía y la caja con los deportados, llena.

3

¡HUELGA! ¡HUELGA! ¡HUELGA!

ES UN INVIERNO HELADO, el primero desde la invasión alemana, y, dirigidos por Anton Mussert, los escuadrones paramilitares del Movimiento Nacional Socialista en los Países Bajos (NSB),[8] conocidos como «los camisas negras», se vuelven más audaces. El NSB se ha montado en el tren de las fuerzas alemanas; antes de la ocupación extranjera, el partido tenía muy poca voz en el panorama político holandés. A pesar de una campaña fanática que presentaba a Mussert como el salvador de la amenaza bolchevique («¿Mussert o Moscú?»), los nazis holandeses obtuvieron menos de cuatro por ciento de los votos en las elecciones nacionales de 1937.

La audacia de los nazis holandeses, protegidos por el brazo armado de Hitler, se vuelve cada vez más tangible en la vida cotidiana. El partido organiza provocaciones en barrios predominantemente judíos y entre la gente del barrio judío de Ámsterdam, en el centro de la ciudad, el ambiente es tenso.

Los alemanes han emitido nuevas directrices para la policía holandesa, para brindar una mejor protección a los nazis holandeses en los enfrentamientos contra judíos y civiles rebeldes. Además, ya no está permitido arrestar a los camisas negras.

Janny va a menudo a Ámsterdam. Ve los rostros tensos, oye los susurros en los callejones, siente cómo crece la tensión en ciudad y

[8] En neerlandés Nationaal-Socialistische Beweging. [N. de la T.]

sus alrededores. Todo el mundo parece tener prisa y todos aquellos que no tengan un motivo para estar afuera, permanecen adentro.

Los propietarios de los cafés que aún no han puesto un cartel de «no se permiten judíos» reciben la visita de grupos de camisas negras, y no se trata de una visita precisamente amable. Todas las ventanas del Café Restaurant De Kroon, en Rembrandtplein, han sido destrozadas y en otros cafés los escuadrones han destruido todo el mobiliario. Los soldados alemanes los apoyan, mientras los policías holandeses observan indefensos.

—Esto va a terminar mal, Bob —Janny le dice a su esposo, en su casa en La Haya—. La gente común no soporta esto tampoco. Ha habido enfrentamientos con los nazis holandeses, incluso uno de ellos murió.

Janny se refiere a Hendrik Koot, un camisa negra que murió en el hospital el martes 11 de febrero tras una brutal pelea en el barrio judío. Koot es el mártir que los fascistas necesitan para dar el siguiente paso.

Esa misma noche el rincón judío, el corazón del barrio judío, donde viven 25 000 personas, queda sellado herméticamente. Levantan los puentes y se instala una cerca de alambre de púas para bloquear la entrada, la Grüne Polizei (Policía Verde) y oficiales de policía nazis montan guardia.

Un día después, las fuerzas de ocupación exigen la constitución de un consejo judío: un organismo central que actúe en nombre de los judíos para comunicarse con los alemanes, que pronto se convierte en un vehículo para ejecutar sus órdenes.

Lodewijk Visser, líder del Comité de Coordinación Judía, objeta de inmediato al consejo y las políticas de sus presidentes, Abraham Asscher y David Cohen. Asscher y Cohen creen que pueden negociar, en nombre de la comunidad judía, con los alemanes y tal vez incluso ejercer una influencia positiva, pero Visser cree que su actitud es demasiado cooperativa. Se niega, en nombre del Comité de Coordinación Judía, a comunicarse con los alemanes y solo habla con el gobierno holandés.

Más tarde ese año, los alemanes ordenan al Comité de Coordinación que cese sus actividades y nombran al Consejo Judío como el único representante nacional de la comunidad judía. Tras la muerte de Koot, la máquina de propaganda nazi va a toda marcha. El semanario del NSB, *Volk en Vaderland* (Gente y País), dice:

> ¡Judea se ha quitado la máscara! [...] el sargento Hendrik Evert Koot es asesinado. ¿Asesinado? No, ¡pisoteado con sádico deleite! Aplastado bajo los pesados pies de un pueblo nómada, cuya sangre es diferente a la nuestra. Este método de matanza oriental es típicamente judío [...]. Que se avise a los criminales que esta es la última, la última vez que uno de nosotros es asesinado por judíos.

Durante las semanas siguientes, artículos en el mismo tono comienzan a aparecer en diversos periódicos holandeses. Mencionan las numerosas mordidas que, al parecer, presentaba el cuerpo de Koot y peor aún: que un judío le mordió la garganta. En cuestión de días, la muerte de Koot cobra proporciones míticas; Joseph y Fietje Brilleslijper no pueden más que observar impotentes cómo el barrio judío es aislado del resto de Ámsterdam. Por todas partes, alrededor de su hogar también, hay letreros con la leyenda «JUDENVIERTEL/JOODSE WIJK» (Sección judía).

Pero esto aún no ha terminado. El 19 de febrero hay una pelea frente a la heladería Koco entre la Grüne Polizei y un grupo de clientes habituales que desde hace algún tiempo han estado protegiendo a los propietarios, Alfred Kohn y Ernst Cahn, dos judíos alemanes refugiados. Rocían a los alemanes con una botella de amoníaco especialmente preparada. Arrestan a propietarios y clientes y el incidente se informa directamente a Heinrich Himmler, líder de Schutzstaffel, las SS.

Con la primera pelea el viernes 9 de febrero, seguida de la muerte de Koot y el incidente del gas en Koco, los alemanes ahora tienen excusas suficientes para lanzar una gran ofensiva contra los judíos sin esperar mucha oposición por parte de los ciudadanos holandeses. Solo les queda una cosa por hacer: instruir al Consejo Judío para que desarme a su comunidad. Los recién asignados presidentes del consejo, el distribuidor de diamantes Asscher y el profesor de historia antigua Cohen, piden a la población judía que entregue todas sus armas antes del viernes 21 de febrero de 1941. «Si no se obedece este llamado, el gobierno tomará medidas estrictas».

Ese fin de semana los holandeses conocen un fenómeno con el que pronto se familiarizarán: las redadas. Sacan a la gente a rastras de sus hogares; tiran a los hombres que parecen judíos de sus bicicletas y apartan con lujo de violencia a las mujeres que interfieren.

Durante estas primeras redadas, el 22 y 23 de febrero de 1941, detienen a un total de 427 hombres judíos de entre veinte y treinta y cinco años, muchos de ellos alrededor de las sinagogas en Jonas Daniël Meijerplein en Ámsterdam, un pequeño triángulo entre Waterlooplein y el canal. La policía holandesa no había sido informada y muchos civiles no judíos, de camino al mercado de los domingos, son testigos de la acción. Los hombres judíos son detenidos; los obligan a arrodillarse en el suelo con las manos en alto o detrás de la cabeza. Sus rostros están blancos como la cera, sus pupilas dilatadas. Los vigilan soldados que los patean con las botas para mantenerlos en su lugar, mientras que otros soldados escoltan a los recién llegados hacia la plaza, golpeándolos con las culatas de sus fusiles. Los camiones se detienen, apresuran a un grupo para que suba, el conductor acelera y se van. Muévete, brazos arriba, gritos, un golpe. Son hombres judíos con ropa de trabajo, hombres con sus mejores galas de domingo, un hombre con abrigo. Los transeúntes miran, petrificados; otros corren a casa. Cuando el último camión sale del barrio judío ese domingo por la noche, el silencio es ensordecedor.

Entre los hombres arrestados se encuentran amigos de Janny y Lien. La mayoría de los deportados termina en el campo de trabajo de Mauthausen, un campo de concentración en Austria donde se extrae granito. Una vez más, es Lodewijk Visser quien apela, en más de una ocasión, a los secretarios generales, los mismos secretarios generales que le dieron la espalda cuando lo despidieron, para que alcen la voz por el destino de los hombres judíos arrestados y transportados. Visser ha escuchado que los prisioneros en el campo de trabajo mueren en masa como resultado de su trabajo en la cantera, por hambre, enfermedad o tortura, y cree que el gobierno holandés debe intervenir. Pero, de nuevo, nadie lo escucha.

Mientras tanto, los alemanes están tan molestos con Visser que amenazan con enviarlo a un campo de concentración si no se calla. Se preocupan en vano. A principios de 1942 Lodewijk Visser muere de una hemorragia cerebral. Ninguno de sus antiguos colegas de la Suprema Corte asiste a su funeral.

El grupo de hombres deportado de los Países Bajos durante el fin de semana del 22 y 23 de febrero de 1941 muere a los pocos meses, con la excepción de dos «afortunados», a quienes envían al campo de concentración de Buchenwald y logran sobrevivir.

Ernst Cahn, de la heladería Koco, recibe un disparo de un escuadrón de asalto en las dunas cerca de La Haya en marzo, lo que lo convierte en el primer civil en la Segunda Guerra Mundial en ser asesinado de esta manera. Su compañero, Alfred Kohn, no regresa de Auschwitz jamás.

Entonces sucede algo extraordinario. Un día después de las redadas, entrada la noche, el proscrito Partido Comunista distribuye folletos por toda la ciudad. En letras negras mecanografiadas y plagado de signos de exclamación hay un llamado público, en una hoja de papel, para ir a la huelga y mostrar solidaridad con los judíos:

¡¡¡Organiza la huelga de protesta en todas las empresas!!!
¡¡¡Luchemos como uno contra el terror!!!
¡¡¡Exige la liberación inmediata de los judíos arrestados!!!
[...]
¡¡¡Mantén a los niños judíos alejados de la violencia nazi, llévalos con tu familia!!!

¡¡¡CONCIENTÍZATE DEL ENORME PODER DE TU ACCIÓN UNIDA!!!
¡¡¡Esto es muchas veces mayor que la ocupación militar alemana!!!

¡¡¡HUELGA!!! ¡¡¡HUELGA!!! ¡¡¡HUELGA!!!

Unas horas antes, en la tarde del 24 de febrero, alrededor de cien miembros del Partido Comunista, en su mayoría funcionarios públicos, se dieron cita en el Noordermarkt (Mercado Norte) cerca de la Estación Central de Ámsterdam, donde comienza el canal de Prinsengracht, para celebrar un mitin al aire libre. Llegaron a la plaza de todas las direcciones, desafiando el frío con gruesos abrigos y los sombreros bajados hasta las orejas. Una nube de aliento humano mezclado con humo de cigarrillos flota sobre los hombres reunidos al pie de la iglesia mientras los iniciadores dan un discurso brillante.

Una huelga anterior, cuando los trabajadores metalúrgicos holandeses fueron enviados a Alemania, había sido suspendida, pero los líderes del PCN esperan una mayor base para tomar acción después de la reciente cadena de violencia antisemita. Todos los presentes en Noordermarkt, enfatizan los líderes del partido, deben no solo obedecer el llamado a la acción, sino también alentar a otros para participar en una protesta colectiva contra el trato de los alemanes y la deportación masiva de los judíos de Ámsterdam, sus judíos de Ámsterdam.

La furia por lo que sucedió en Jonas Daniël Meijerplein —el terrible maltrato hacia los hombres judíos— ha despertado algo en ellos; esa noche, muchas personas están a favor de organizar una protesta masiva. Al final de la reunión se entregan montones de folletos. Las personas se dispersan y regresan a diversos puntos de la ciudad para difundir aún más el mensaje.

A la mañana siguiente estalla la huelga de febrero: una protesta a gran escala, organizada y abierta contra la persecución de los judíos. Un primer acto crucial es la huelga de los choferes de Ámsterdam; la gente que espera los tranvías se pregunta por qué no aparecen y no puede ir a trabajar. La acción tiene un efecto dominó y la noticia pronto se propaga por la ciudad.

Para muchos, el comienzo de la huelga es estresante, un acto de desobediencia antinatural, pero en cada empresa solo se necesita una persona para poner en marcha el proceso. Un niño en la fábrica de sombreros apaga la gran caldera con un balde de agua; sin vapor para hacer sombreros, toda la producción se detiene y los trabajadores abandonan en masa el edificio. Una joven costurera ha preparado un plan con su esposo; en el estudio de costura en el primer piso, espera junto a la ventana a que él le indique que la huelga ha comenzado. Luego se vuelve nerviosa a la habitación llena de mujeres, se aclara la garganta y las alienta a dejar su trabajo y atacar a las fuerzas de ocupación y su trato criminal hacia los judíos. Para su sorpresa, todas las otras costureras se levantan y la siguen afuera.

Una vez que los primeros trabajadores, sin permiso, dejan su lugar de trabajo y aparecen en las calles, con sus abrigos y sus sombreros sobre las orejas, las compuertas están abiertas. En todas partes de la ciudad, la gente se reúne afuera en el frío invernal; hombres y mujeres, oficinistas y trabajadores viales. Al principio dudan y se agazapan juntos, pero a medida que más casas y fábricas se vacían y su número aumenta, se paran erguidos con los hombros hacia atrás, esperando una reacción inevitable.

Los alemanes están sorprendidos por la resistencia y al segundo día la huelga se propaga a otras partes del país: el norte, Utrecht y, con cautela, también La Haya. El sentido de solidaridad es abrumador. La tensión reinante en todo el territorio después de los recientes acontecimientos violentos da paso a la esperanza y la valentía.

Pero no por mucho tiempo.

Ya desde el primer día de la huelga, la Policía Verde dispersa la manifestación en Noordermarkt y la gente siente que su temor vuelve.

El segundo día se moviliza una gran fuerza policial, al igual que las SS, los camisas negras alemanes, hermanos mayores de los escuadrones nazis holandeses. Se declara el estado de emergencia y la resistencia de los huelguistas se rompe con fuerza bruta.

En La Haya, Lien y Janny siguen los eventos, emocionadas en un principio, pero pronto se preocupan. Las patrullas de la policía pasan a toda velocidad, las sirenas aúllan y se les pide a las personas a través de altavoces que permanezcan dentro y vuelvan de inmediato al trabajo. Es obvio: los fascistas entran en pánico. No ha ocurrido una huelga como esta en ninguno de los territorios ocupados.

En Ámsterdam, los callejones se llenan de batallones, desplegados a toda prisa para conducir a los civiles de vuelta al interior. Mientras que en el primer día de la huelga miles de botas de trabajo abarrotaron las calles, estas ahora están repletas de botas militares. Al menos nueve personas mueren, decenas están heridas de gravedad y cientos de hombres son arrestados. Los alemanes multan a las ciudades participantes; tan solo Ámsterdam debe pagar quince millones de florines y el alcalde Willem de Vlugt es reemplazado por un proalemán: Edward Voûte. Y, por último, el recién instalado Consejo Judío debe instar a todos los empleados a reanudar sus labores.

Cuando Janny y Lien se enteran del sangriento final de la huelga por boca de sus amigos comunistas, están en desacuerdo sobre el efecto que tendrán los eventos recientes. Por primera vez desde las redadas, Lien confía de nuevo en que tienen posibilidades; la huelga de dos días en Ámsterdam ha demostrado que se puede resistir incluso el peor terror. Pero Janny, como siempre, no cree en nada de esto; ella predice que sus acciones serán contraproducentes para los judíos.

—El Consejo Judío está tratando de calmar a la gente —le dice a su hermana—, y eso es justo lo que a los *Krauts* les gusta ver.

Inmediatamente después de la guerra, en 1946, se celebra la primera conmemoración de la huelga y en esa ocasión la reina Wilhelmina anuncia que, inspirado por las huelgas de febrero, el lema «Valiente, Resuelto, Misericordioso» se agregará al escudo de armas de Ámsterdam. A pesar de la naturaleza no recurrente de esta protesta organizada contra la persecución de los judíos, o quizá gracias a ella, el crédito legítimo por haberla iniciado se disputará durante las décadas siguientes. El liderazgo del PCN o bien se niega o se mantiene en silencio. En los primeros años después de la guerra se vende el mito de que la gente salió de forma espontánea a las calles, enfurecida por las políticas nazis. Durante la Guerra Fría los miembros del partido fueron, por muchos años, excluidos de la conmemoración oficial de la huelga.

Hasta el día de hoy, la conexión entre el PCN y la famosa acción no es ampliamente conocida. Curiosamente, un símbolo de justicia se ha convertido en un símbolo de injusticia.

En la plaza Jonas Daniël Meijerplein en Ámsterdam, el lugar donde las víctimas de la primera redada fueron agrupadas y mantenidas de rodillas en el frío durante horas, una escultura conmemora la huelga: *De Dokwerker*, el trabajador de los muelles, un hombre fuerte e indomable con las mangas enrolladas y la barbilla levantada, pero impotente y con las manos vacías.

4

HIJOS DE LA GUERRA

CUANDO SE PRODUCE LA HUELGA DE FEBRERO, Janny está literalmente sobre el enemigo. El apartamento en Bazarlaan está encima de la imprenta donde se produce una revista nazi holandesa; mientras la propaganda fascista se imprime abajo, Bob y ella usan un esténcil para producir de forma ilegal panfletos para la resistencia en una máquina monstruosa, ubicada un piso arriba. Como una impresora consumada, Janny produce su primer periódico clandestino, *Het Signaal* (La Señal): un guiño a la revista de propaganda de la Wehrmacht, *Señal*, que aparece quincenalmente en veinte idiomas con una circulación de dos y medio millones de ejemplares. Janny no está aún a ese nivel, pero ella, valiente, continúa imprimiendo, con el pequeño Robbie dormido a su lado.

Para expandir sus actividades, Janny alquila un espacio a media milla de La Haya, donde instala una imprenta clandestina apropiada. El miedo y la desconfianza crecen día a día. Después de la huelga de febrero todos sus intermediarios y contactos con Ámsterdam han sido arrestados, y cada vez más a menudo Janny debe tratar con perfectos desconocidos. Esto la pone nerviosa. En cada contacto visual, en cada nota sin remitente, en cada reunión en la esquina de una calle para intercambiar información, ella nunca sabe a quién se enfrenta. ¿Son soplones?, ¿aventureros ingenuos que pueden ponerla en riesgo?, ¿o gente como ella, que se ha dedicado a la causa después de pensarlo con mucho cuidado? Con cada nueva cara que mira sospechosamente debajo de un sombrero, se pregunta si se puede confiar en esa persona. Por fortuna, ambas partes reciben palabras clave para manifestar el propósito de su encuentro de manera rápida y clara.

Hay una buena razón para la creciente paranoia: las historias sobre los campos de trabajo en el país y en el extranjero, donde llevan detenidos a los hombres judíos, son cada vez más frecuentes. Los rumores atribuyen la muerte de las personas a las duras condiciones, el frío, la enfermedad o los trabajos forzados. Los judíos ahora tienen prohibido visitar cines, cafeterías o mercados y en Ámsterdam tienen que declarar exactamente cuántas casas y tiendas poseen, el lugar a donde sus hijos asisten a la escuela, qué tranvías o autobuses toman y qué instituciones culturales visitan. Viajar es casi imposible para ellos.

El siguiente objetivo de las fuerzas de ocupación es reunir a tantos judíos como sea posible, primero de Ámsterdam, luego de todos los Países Bajos, en una ubicación central. El barrio judío, aislado del resto de la ciudad, parece ideal, pero la zona no basta; hay demasiados judíos en Ámsterdam como para que quepan en esa pequeña área y al menos 6 000 ciudadanos no judíos viven detrás de la zona de los puentes levadizos. Forzarlos a irse no es tan fácil. También quieren seguir recibiendo invitados e ir a trabajar a otra parte de la ciudad. Se eliminan las barreras, pero los letreros permanecen: JUDENVIERTEL/JOODSCHE WIJK.

A los judíos ya no se les permite mudarse de casa. Con cada uno fijo en su residencia, el mapeo de toda la comunidad puede comenzar.

Una noche de diciembre de 1941, Lien da una función de danza. Mientras guarda sus cosas, discute la situación actual con su amiga íntima Ida Rosenheimer, quien tocó el piano en la función. Lien es optimista y no puede imaginar que los países ocupados permitan que Hitler siga adelante con sus planes: la logística para transportar decenas de miles de personas le parece casi imposible, pero Ida es mucho menos optimista. Su familia le dijo que los judíos en Polonia y Checoslovaquia están aglomerados en guetos y que a cualquiera que oponga la menor resistencia lo trasladan a los nuevos campos de concentración. Ida observa que su amiga es demasiado ingenua e intenta advertirle: durante veinte años Hitler ha dicho que quiere destruir a los judíos. Ya ha comenzado en el Este y no hay duda de que lo mismo sucederá en los Países Bajos.

La hermana menor de Lien no necesita advertencias; Janny está expandiendo rápidamente sus actividades clandestinas. Bob trabaja en la abastecedora central de alimento, situación que será de gran valor más adelante, y Janny, además de imprimir y distribuir periódicos de resistencia, también está involucrada en otras formas de salvar la vida de la gente. De ser necesario, su pequeño hogar ofrece refugio a las personas en peligro: refugiados políticos y miembros de la resistencia que ya han llamado la atención de los alemanes.

Pronto, los primeros comunistas llaman a su puerta. Entre ellos se encuentra Kees Schalker, exmiembro de la cámara baja. Es uno de los líderes del ahora ilegal PCN y está en las listas alemanas. Disfrazado como un anciano, con sombrero y barba gris, intenta pasar desapercibido, pero al igual que Alexander de Leeuw, quien se escondió con ellos anteriormente, Schalker no vivirá para ver el fin de la guerra.

Lo único que Robbie sabe es que a veces hay amigos de sus padres que se quedan un rato, y cuando Lien visita a su hermana y encuentra a otro extraño leyendo el periódico en la diminuta cocina, ya no hace más preguntas.

Falsificar y robar tarjetas de identidad se ha convertido también en un asunto apremiante. Los documentos falsos son de vital importancia para quienes buscan refugio; cuando los detienen en la calle, durante una redada o cuando viajan, deben poder identificarse como no judíos o demostrar que son residentes oficiales en la dirección que fingen ser la suya. La llamada a principios de ese año para que los judíos presentaran un registro adicional tuvo mucho éxito, más de 160 000 judíos en el país se han registrado, personas con una gran *J* estampada en la página izquierda de su documento de identidad, al lado de su fotografía. Solo unos pocos, como Janny, no tienen la *J*.

Las credenciales de identidad se han convertido, por lo tanto, en un poderoso instrumento; un pequeño trozo de papel que, en momentos cruciales, puede ser la diferencia entre la vida y la muerte. Una tarjeta falsificada puede ayudar a un hombre, mujer o niño judío pasar la inspección, viajar para llegar con familiares y amigos, encontrar refugio en un escondite. La información personal en la página derecha de la tarjeta de identidad a menudo también se falsifica; de un nombre típicamente judío a uno que suena holandés, de Simon Wallach a Hendrik Akkerman.

Además de las tarjetas de identidad falsificadas, un mercado secundario importante se desarrolla: el comercio de cupones y tarjetas de racionamiento. Debido a la ocupación, el comercio internacional está detenido casi por completo, con la escasez de bienes y provisiones como resultado. Cada hogar necesita una tarjeta de distribución para que se registre exactamente qué cupones de distribución se han emitido. En el margen izquierdo de la tarjeta se enumeran varias categorías —provisiones, zapatos, nacimiento, enfermedad, combustible, misceláneo— con recuadros junto a ellas para tachar qué y cuánto se ha distribuido.

Aunque a simple vista la tarjeta parece una sencilla herramienta administrativa, es también un arma importante. La primera tarjeta de distribución se introdujo al comienzo de la guerra, seguida en 1943, cuando las deportaciones están a toda marcha, mediante una segunda tarjeta de distribución, solo disponible para holandeses «comunes». Esto excluye a todas las personas ocultas o con una tarjeta de identidad falsificada. Numerosas familias que tienen escondidas a personas en sus hogares —a veces una sola, a veces toda una familia— ponen la condición de que esas personas no se alimenten de sus tarjetas, y que gestionen sus propias tarjetas y cupones. Una manera efectiva para continuar matando de hambre a quienes no se han presentado para los transportes o para sacarlos de su escondite.

Así pues, las tarjetas de distribución y los cupones también son robados y los miembros de la resistencia los hacen circular a gran escala. Janny tiene una red completa de contactos permanentes y confiables con quienes trabaja. Viaja de ida y vuelta entre La Haya, Ámsterdam y Utrecht, con papeles escondidos en el sostén o debajo de la falda.

Las peleas contra los escuadrones de camisas negras, así como las primeras redadas, han evidenciado que tanto el NSB como las fuerzas de ocupación han dejado de mostrar misericordia. Pero todavía le toma tiempo a Janny darse cuenta de qué tan peligroso es lo que Bob y ella hacen.

La caza de comunistas está en marcha. Personas que trabajan de incógnito para el PCN son arrestadas y desaparecen sin juicio. El siguiente blanco son los voluntarios holandeses que lucharon contra los fascistas en la guerra civil española. Entre estos «excombatientes de España» están muchos amigos de las hermanas Brilleslijper. La mayoría de ellos están activos de nuevo o, mejor dicho, lo hacen de manera clandestina. Existe una buena razón por la cual llaman a la guerra civil española el ensayo general de la Segunda Guerra Mundial. Excombatientes de España contribuyen en periódicos clandestinos como *Het Parool*, *Vrij Nederland* y *De Waarheid* y forman nuevos grupos de resistencia.

Janny está en cada una de las categorías de enemigos fascistas y tres veces en riesgo: es judía, comunista y estuvo, aunque basada en Holanda, involucrada en la guerra civil española.

En mayo de 1941 se anuncia que todos los excombatientes de España serán deportados a Alemania. A partir de ese momento serán considerados criminales apátridas. Serán transportados desde toda Europa hacia el campo de concentración de Dachau, donde se instalan barracas especiales: el Interbrigadistenblock.

Janny se entera de esta noticia por sus amigos y comienza a vislumbrar las consecuencias que podrían tener sus acciones. Esto no la detiene y continúa su trabajo; ayudar a judíos y a otras personas en necesidad se vuelve cada vez más urgente y expande su red tanto como puede, con personas en las que confía. Para eliminar la *J* de «judío» de las tarjetas de identidad ella viaja, por ejemplo, a ver a Hans Verwer en Ámsterdam. Hans es una bailarina y una amiga cercana de Lientje, bailaron juntas con Lili Green hasta que la guerra comenzó. Las habilidades motrices finas y la gracia que la convirtieron en una bailarina tan buena resultan muy útiles durante la guerra; Hans y su esposo son grandes falsificadores.

Los contactos útiles también llegan a través del hogar de los padres de Janny, a pesar de que su padre a menudo se muestre preocupado por las actividades de su hija. En el piso arriba de Joseph y Fietje, en Nieuwe Achtergracht, viven sus amigos Leo y Loes Fuks. Leo tiene una gran red de intelectuales judíos y pone a Janny en contacto con las personas que necesita para su trabajo clandestino. Obtiene, por ejemplo, un contacto en el ayuntamiento que imprime papeles del registro municipal para ella, y otro que le proporciona documentos de identidad reales con sellos auténticos. Janny los cambia por falsos, que luego se usan para recién nacidos.

En el verano de 1941 los preparativos para el cerco y mapeo de todos los judíos holandeses están en pleno apogeo. Además de estar registrados, su libertad de movimiento es limitada; ya no se les permite visitar mercados, piscinas o playas. Les arrebataron sus empresas, les confiscaron sus radios.

Se les ha ordenado a los funcionarios civiles en Ámsterdam, donde viven más de 80 000 judíos, hacer un «mapa con puntos»: un mapa de Ámsterdam donde cada punto, con una precisión de unos cuantos metros, muestra dónde viven los judíos y cuántos son; cada punto representa diez habitantes judíos. A simple vista, se puede apreciar que hay mucho trabajo por hacer: algunas áreas están repletas de puntos, otras tienen un patrón más relajado.

Poco a poco y sin una oposición significativa por parte del gobierno holandés, una población entera es privada de sus derechos y su dignidad, aislada del resto de la sociedad y mapeada a gran detalle. Sin embargo, para la mayoría, la vida continúa. Imaginar un futuro mejor después de la guerra, sin el terror nazi, es lo que mantiene a muchos en pie; entre los conocidos de las hermanas, varias parejas incluso están esperando un bebé.

Para su pesar, Lien y Eberhard no están casados. Las leyes de Nuremberg de 1935 determinaron que los judíos ya no podían casarse con personas de sangre alemana. Lien está aún locamente enamorada y la abruma pensar si debe o no tener familia. Janny y Bob, a pesar de todas sus actividades clandestinas, son muy felices con el pequeño Robbie, al igual que Haakon y Mieke Stotijn con su bebé René. Haakon, hijo del mundialmente aclamado oboísta y director de orquesta Jaap Stotijn, trabajó primero en una orquesta sinfónica de la radio en Hilversum. Cuando le ofrecen un puesto como oboísta solista en la Royal Concertgebouw Orchestra de Ámsterdam, acepta orgulloso este importante trabajo y con su familia, se muda al número 26 de Johannes Verhulststraat. Ubicada justo detrás del Concertgebouw, esta dirección será después de gran importancia para las hermanas.

Muchas personas siguen construyendo su vida, asumen que la ocupación no durará mucho más. Cuando Lien visita a Haakon y Mieke en Ámsterdam, sus dudas se disipan tan pronto sostiene en sus brazos al bebé recién nacido de sus amigos.

Poco después, ambas hermanas están embarazadas: Lien de su primer hijo y Janny de su segundo.

A veces Eberhard y Lien bromean sobre su padre alemán y lo horrorizado que estaría si pudiera ver ahora a su hijo. Aquel orgulloso oficial prusiano del ejército imperial que odiaba toda la música, excepto las marchas militares, engendró un hijo que creció para convertirse en todo lo que detestaba: marxista, pianista promovido a musicólogo, sin casarse, pero viviendo con una mujer judía embarazada en una comuna de artistas en los Países Bajos.

Eberhard aborreció el temperamento militar de su padre desde temprana edad: las historias sobre el gran imperio alemán, el romanticismo de la Primera Guerra Mundial, cuando su padre estaba destacado en Bélgica, la vigorosa música que vino con eso. Eberhard nunca olvidará cómo su padre intentó inculcar con un palo la obediencia y sus ideas en su hijo.

Una vez, durante una velada con sus viejos camaradas del regimiento, su padre le había pedido que tocara. Cada año, en el cumpleaños del emperador, los hombres alquilaban un salón para celebrar el feliz evento con tres ovaciones, discursos y el intercambio de recuerdos gloriosos de esa magnífica guerra. Fue en una de esas celebraciones imperiales que su padre, Rebling, le había pedido a Eberhard, de dieciséis años, que tocara algo lindo en su piano y el adolescente vio la oportunidad de interpretar la sonata «Waldstein» de Beethoven, una pieza que había estado practicando por mucho tiempo. Rebling y sus amigos golpearon y aplaudieron apasionadamente al ritmo de la música. Entonces su padre preguntó si Eberhard, después de aquella música sensiblera y barata, podía tocar una marcha militar decente. Con la cara roja, Eberhard se atrevió a negarse, a pesar de la insistencia de su padre. Argumentó como pretexto que su maestro le había ordenado que solo interpretara lo que había estudiado correctamente.

Eberhard tuvo la suerte de que el director Otto Klemperer lo tomara bajo su tutela y se convirtió en un pianista superdotado. Klemperer lo introdujo al mundo de Stravinsky, Hindemith, Wagner y Beethoven. Eberhard estudió historia de la música, alemán y filosofía en Berlín, y se sintió atraído cada vez más por las ideas comunistas. En 1935, a los veinticuatro años, obtuvo su doctorado con la tesis *Los fundamentos sociológicos del cambio de estilo musical en Alemania alrededor del siglo XVIII*. Durante ese periodo él ya está trabajando para el Partido Comunista y la situación que se vivía en su país y en su familia lo asfixiaba cada vez más.

Cuando el NSDAP tomó el poder dos años antes y la República de Weimar llegó a su fin, Adolf Hitler asumió poderes dictatoriales para poner en marcha sus planes para generar el Reich alemán. El hermano mayor de Eberhard, Dietrich, quien, a los ojos de su padre, cuando menos se convirtió en un hijo honorable, se une a los nacionalsocialistas. Eberhard toma una decisión: tan pronto pague sus préstamos estudiantiles, se irá del país que ha establecido un curso del cual no quiere ser parte y se alejará de la familia encantada de subirse en la tanqueta de Hitler.

Un año después, en 1936, Eberhard deja su tierra natal y llega, con su máquina de escribir y unos cuantos centavos, a La Haya, donde conoce a su gran amor, Lientje.

El resto es historia.

5

EL CATEO DE LA CASA

El departamento de Janny y Bob en La Haya es un semillero de actividades clandestinas. Alojan a los enemigos del Estado: judíos perseguidos, personas de la resistencia, miembros del ahora ilegal Partido Comunista. Primero el abogado malhumorado Alexander de Leeuw, luego el político Kees Schalker, y a veces su amigo Frits Reuter se queda con ellos. Frits, además, es un notable comunista y uno de los iniciadores de la huelga de febrero. Con su ayuda, Janny opera la imprenta clandestina. Sigue imprimiendo y distribuyendo panfletos, folletos y revistas ilegales. Con Robbie en la carriola y su gran barriga, hace sus rondas en La Haya. A veces está sola, otras veces alguien vigila mientras pega panfletos en los postes y bardas.

No solo guarda las llaves de la imprenta clandestina en su casa, también esconde todo el archivo del Partido Comunista. Gerrit Kastein, ahora miembro de la resistencia comunista, dejó los documentos bajo la custodia de Janny inmediatamente después de la ocupación. Tanta actividad en una sola dirección es demasiado buena para durar y, en efecto, ese verano, la situación se complica.

Los alemanes han interceptado panfletos con textos antifascistas en La Haya. Arrestan a alguien que, probablemente de manera involuntaria, da los nombres de Janny y Bob. Entonces él, o ella, les da la dirección del departamento donde Janny, jadeando por el calor, con los tobillos hinchados, cuenta las últimas semanas antes de dar a luz a su segundo hijo.

El domingo 17 de agosto de 1941, un húmedo día de verano, un grupo de hombres irrumpe en la casa y sube por las escaleras con gran estruendo. Son agentes del SD, el Servicio de Inteligencia del Estado alemán, acompañados por un puñado de oficiales de la policía holandesa. Janny llega con Robbie y una carriola llena de artículos para bebés; había ido al Servicio de Enfermería a recoger una palangana, una sábana ahulada y soportes para afianzar las patas de la cama. No hay tiempo de dar marcha atrás. Afortunadamente, Bob está en la oficina. Algunos de los hombres que aún están abajo la detienen.

—¿Aquí vive Bob Brandes? —ladra uno de ellos.

—Vivía aquí, pero se mudó hace ya varios años —Janny dice lo primero que se le viene a la mente.

Se siente intimidada por estos hombres y el pequeño Robbie se aferra a ella llorando. Un policía holandés se inclina hacia ella, su nariz casi toca su cara.

—Usted es la esposa de Bob Brandes.

Janny está demasiado asustada para hablar y levanta la llave en silencio, como si fuera un escudo. Si le hubieran preguntado con amabilidad, no habrían tenido que patear la puerta.

Los hombres guían a Janny y Robbie escaleras arriba y la sientan en una silla en la pequeña cocina. Otros policías registran la casa: abren los armarios, hurgan entre la ropa, saquean los estantes. Janny comienza a entrar en pánico. Intenta elaborar un plan a prisa para evitar que encuentren todas las cosas ilegales; parece imposible con tantos hombres dentro de tan pocos metros cuadrados. Se toma el vientre y grita que su embarazo está muy avanzado y pregunta qué quieren de ella. Cuando nadie le responde, les dice que el bebé está por nacer. No es del todo una mentira: a solo unas pocas semanas más para que dé a luz, su barriga es tan redonda como una pelota. Los hombres están alarmados; un nacimiento es lo último que necesitan y cuando Janny les ruega que le permitan llamar a un médico, uno de los agentes del SD accede.

Con Robbie de la mano, se apresura a cruzar la calle hacia la tienda de abarrotes donde hay un teléfono. Janny llama a su amiga Joop Moes, es médico del hospital Volharding. Joop atendió el parto del bebé de Lientje una semana antes. La doctora comprende la situación de inmediato y salta sobre su bicicleta. Janny lleva a Robbie de regreso a casa, logra tomar las llaves de la imprenta, se acuesta en el dormitorio y espera, con las llaves entre su puño apretado y la mano de Robbie en su otra mano. Mientras escucha a los hombres poner todo de cabeza con fuerza bruta, reza para que no encuentren el archivo: está escondido en la pequeña cocina, en varias sartenes y una cubeta.

El clima es cálido y el aire pesado entre las paredes del departamento. Janny escucha cómo los hombres van seguido a la cocina para beber agua. Cada vez que alguien abre el grifo para llenar su vaso, piensa en todo el archivo del Partido Comunista, solo unos centímetros por encima de su cabeza. Si lo encuentran, será su fin. Presiona a Robbie más cerca y escucha con la respiración contenida cómo se vacía el vaso con grandes tragos. Cada vez que vuelven a la cocina por agua, está segura de que el policía verá los estantes encima de su cabeza. Pero una vez más el vaso golpea contra la barra y el hombre continúa su búsqueda.

Entonces aparece Joop, se apresura a subir las escaleras hacia el dormitorio y saca a los agentes alemanes.

—Caballeros, la dama necesita un examen interno. ¿Serían tan amables de retirarse de inmediato?

Mientras Janny se quita los pantalones, solo para hacer más creíble la situación, le desliza a Joop las llaves de la imprenta. El socio de Janny, Frits Reuter, se queda en casa de la doctora, cerca de la playa; las llaves están a salvo con él.

Joop se marcha, pero antes escribe una receta. Se asegura de que los hombres la escuchen darle instrucciones a Janny: «Esta es una receta para sedantes, que debes recoger en la farmacia de inmediato, o de lo contrario el bebé está en peligro».

Son casi las cinco. A las cinco en punto, Bob saldrá de su oficina.

Janny toma a Robbie y sale volando por la puerta. La farmacia está frente al trabajo de Bob y debe interceptarlo antes de que camine a directo a las fauces de los policías.

Uno de ellos la sigue.

La farmacia está en una pequeña plaza. La oficina de Bob está al otro lado. Janny camina por la plaza, con Robbie de la mano y con el hombre justo detrás de ella, cuando de pronto comienza a llover a cántaros. En un minuto, el chubasco veraniego les da un brillo oscuro a los opacos adoquines.

Janny se escabulle en una entrada y espera a que el policía pase de largo bajo la lluvia. Una puerta se abre al otro lado de la calle y ella ve a su marido salir de la oficina. Bob mira sorprendido a su esposa e hijo parados en el rellano de la puerta. Camina alrededor de la plaza, se cruza con el policía, sin que ninguno caiga en cuenta de quién es la otra persona, y les da un beso a Janny y Rob.

—¿Qué están haciendo ustedes dos aquí? —pregunta. Entonces se percata de lo turbada que está ella—. ¿Qué diablos está pasando?

—Debes salir de aquí. ¡Ahora! —responde Janny.

Bob se da vuelta y salta en un tranvía sin mirar atrás. El policía aparece detrás del vagón. Había estado buscando a Janny en la plaza.

—¿Se dirigía a la farmacia, señora?

—Sí, señor, solo me estaba guareciendo.

Janny recoge la medicina y regresan a la casa a donde Bob jamás volverá.

Los agentes ponen la casa de cabeza, incluso echan a Janny fuera de la cama para que abra el colchón. Toman casi todos los libros de su colección, la mayoría de Bob, pero también se llevan un libro que Janny atesoraba cuando niña. Una de sus amigas, una encuadernadora, lo había empastado en un hermoso cuero rojo, razón suficiente para que los alemanes sospecharan.

Los libros se han ido, todas las alacenas de la cocina están vacías, pero nadie ha mirado en las sartenes de los estantes. A medida que cae la noche y no hay una sola cosa en la casa que esté en su lugar, con excepción de los archivos del partido, los hombres se van.

La tensión provoca que Robbie llore con fuerza; aúlla y grita, hasta que le viene fiebre. Janny lo acuesta, preocupada. Entonces suena el timbre. Abajo en la oscuridad, un chico está en la puerta. Le dice en secreto que sabe lo que sucedió.

—Dame las llaves —susurra.

Janny responde que no sabe de qué está hablando.

—Tengo que contactar a nuestro intermediario; ¿me puedes dar su dirección?

—No —responde Janny—, no puedo. Nos vemos en Noordeinde mañana, frente a la tercera estatua de Willem.

Y cierra la puerta.

Con su pesado vientre corre escaleras arriba, envuelve a Robbie, que está demasiado cansado para caminar y brilla como un calentador eléctrico, lo pone en la parte trasera de su bicicleta y se dirige a la casa de Joop.

Allí, sin aliento, consulta a Frits Reuter. ¿Qué puede hacer? Es obvio que están en problemas; alguien los ha delatado. El nombre de Bob está en una lista y probablemente también el de ellos. ¿Qué tanto saben? ¿Quién era ese chico en la puerta? ¿Saben de la imprenta o es solo una búsqueda al azar?

No han encontrado nada incriminatorio en el piso de Janny y Bob, por lo que sabe ha escapado a salvo. Deciden que Janny irá a Noordeinde al día siguiente. Esperará a cierta distancia para ver si se trata de personas de confianza.

Después de una noche inquieta, tanto para el pequeño Rob como para ella, Janny se dirige a Noordeinde por la mañana, exhausta y tensa. Tan pronto se acerca, recuerda lo prometido a Frits: «Cuando haya *Krauts*, dame una señal para que pueda largarme». Janny le envía una señal. La detienen y finge ignorancia. Guarda silencio, incluso cuando la presionan y Robbie comienza a llorar. Los alemanes dieron con su dirección porque uno de sus contactos ha hablado, por lo que Janny adopta una postura inquebrantable: mantén la boca cerrada, siempre.

Los alemanes la dejan ir, pero dejan en claro que la están observando.

A partir de ese momento, Bob se esconde con Haakon y Mieke en Johannes Verhulststraat, en Ámsterdam. Janny se queda en el piso de La Haya con el pequeño Robbie y su enorme vientre. Quema todos los papeles comprometedores en la estufa.

Poco después, nace Liselotte.

6

EL EJE DE LA RESISTENCIA

JANNY HA SIDO MIEMBRO ACTIVO DE LA RESISTENCIA desde el comienzo de la guerra. Mientras tanto, Lien, con Eberhard a su lado, se ha enfocado en las artes. Fue invitada de la comunidad de artistas de Keizersgracht en Ámsterdam. Pero, a medida que la ocupación se prolonga, la demanda de artistas y bailarines disminuye y, además, está embarazada.

Mik van Gilse le pide ayuda: las personas escondidas necesitan con urgencia tarjetas de identidad falsas. Gracias a que sus actividades la mantienen en movimiento constante, Lien conoce a mucha gente en diferentes ciudades. Mik le pide que visite a tantos amigos como le sea posible y los persuada para que reporten su documento de identidad como perdido. Pueden solicitar uno nuevo en su consejo local, mientras que las tarjetas de identidad «perdidas» entran al circuito clandestino.

Y así, en 1941 comienza la labor clandestina de Lien. En primera instancia, recurre al joven escultor que hace las máscaras para sus espectáculos. Él duda en aceptar la petición, pero en ese momento su padre entra y pregunta de qué están hablando. Lien le explica y el viejo estalla en carcajadas.

—¿Estás diciendo que aún no has perdido tu identificación, hijo? ¡Qué vergüenza! Dásela ahora mismo. Aquí tienes. Ahora ve al ayuntamiento y solicita otra. No pueden rechazarte, ¿verdad?

El anciano le guiña un ojo a Lien, y a partir de ese momento su labor comienza a toda marcha. Lien trabaja rápido; no tendrá tanta experiencia como Janny, pero comparten las características principales para desempeñar esta labor: no le temen a nada y ambas saben que son tiempos desesperados.

La carrera de Lien como bailarina está en pausa, pero su agilidad cumple un propósito mucho más importante. Por ejemplo, con frecuencia va a nadar en la piscina pública, ignorando los letreros de «No se permiten judíos». Aprovecha entonces para escabullirse por el piso en los vestidores de otras personas, con su enorme vientre enfundado en un traje de baño raspando los azulejos resbalosos, para robar los documentos de identidad de los bolsos. A medida que su embarazo avanza y le impide deslizarse por el piso, opta por trepar y entrar por arriba. Las mamparas son tan delgadas que teme que se rompan con su peso.

Primero, toma todas las tarjetas de identidad que puede. Es más complejo cuando tiene que encontrar documentos muy específicos como, por ejemplo, un documento para una mujer de cincuenta y cinco años con cabello negro. Algunos judíos han sido atrapados con papeles falsificados, así que la resistencia debe ofrecer un trabajo mejor y más detallado. El documento de identidad holandés es uno de los documentos más difíciles de falsificar en toda Europa; contiene una foto y una huella dactilar y, para evitar falsificaciones, las tarjetas también están vinculadas a un registro central. La tinta es difícil de falsificar; mediante una reacción química es sencillo rastrear cambios en el papel y, si se retira la foto del documento, se rompe un sello invisible en la parte posterior que contiene la huella dactilar.

Lien consulta a Mik, quien ya ha encontrado una solución. Su diseñador gráfico ha desarrollado una técnica ingeniosa para separar la foto del documento sin alterar el sello y la huella en la parte posterior. La nueva foto, tan delgada como el papel, se adjunta a la tarjeta y luego se repara el sello. El equipo ya ha falsificado hábilmente cientos de tarjetas de identidad. A pesar de que las huellas dactilares no coinciden, el documento es lo suficientemente seguro para las revisiones aleatorias que se realizan en las calles.

En una ocasión, Mik le da a Lien tarjetas de identidad falsificadas para que las lleve a la oficina de abasto en Laan van Meerdervoort en La Haya. Le dice que allí encontrará un aliado de la resistencia. Mik lo describe a gran detalle. «Recuerda: solo a *él*, porque trabaja para nosotros; si ves a alguien más, te das la vuelta de inmediato».

El hombre le dará tarjetas de racionamiento para el mes siguiente para que se distribuyan en el circuito clandestino. Las tarjetas de racionamiento pueden cambiarse a su vez por cupones.

La primera vez que Lien camina rumbo a la pequeña oficina, el corazón le late con fuerza. Una vez dentro, reconoce al hombre y le entrega los documentos falsos. Cuando él la mira, teme por un instante que todo salga mal. Pero el hombre no titubea y le entrega las tarjetas. Lien recordará este momento el resto de su vida. Dos personas que no se conocen, pero que simplemente tienen que confiar. Dos personas que tienen que actuar con naturalidad a pesar del riesgo que corren para ayudar a otros, quienes corren un riesgo aún mayor.

Durante los primeros meses de su embarazo, Lien todavía ofrece algunos recitales y da clases a la par de su trabajo con la resistencia. En Ámsterdam, actúa en espectáculos para audiencias judías. Comparte el escenario con artistas judíos que ya no tienen permitido trabajar. Es un grupo destacado con varios actores y artistas de cabaret reconocidos que huyeron de Alemania, como Max Ehrlich y Otto Wallburg. Max Hansen, el tenor danés, es también parte del grupo. En 1932 escribió una canción satírica homoerótica sobre Hitler: «War'n Sie schon mal in mich verliebt» (¿Aún no te has enamorado de mí?), ocasionando la ira eterna de los nazis. Otro miembro del grupo es la artista de cabaret holandesa Henriëtte Davids, mejor conocida por su nombre artístico, Heintje Davids, tanto del musical como de la película *De Jantjes*.

Lien es ampliamente reconocida por su interpretación de canciones yidis y la gente la conoce por todos los espectáculos que ha protagonizado. Le encanta actuar con una compañía tan importante; se siente muy molesta cuando su embarazo es demasiado avanzado para seguir dando funciones.

—Al fin contamos con esta joven y talentosa artista —Max Ehrlich se burla de ella—. ¡Y entonces se le ocurre tener un bebé!

Lien se retira de la compañía, un contratiempo que resultará ser, trágicamente, un golpe de buena suerte. Todo el grupo, con excepción de Heintje Davids y Max Hansen, es cercado y enviado al campo de tránsito de Westerbork. Sus integrantes terminan en Auschwitz; ninguno de ellos regresa.

Las contracciones comienzan el 8 de agosto de 1941. Eberhard está fuera, tocando en algún lugar con una orquesta. Lien balancea su gran vientre sobre su bicicleta y pedalea al hospital de Volharding. Su amiga Joop Moes la asiste en el parto. Cuando Eberhard llama para ver cómo van las cosas durante el intermedio de su concierto, Joop le dice con orgullo que acaba de convertirse en padre.

El 12 de agosto de 1941 Eberhard le escribe a un amigo en Nueva York:

> Es una niña, Kathinka Anita, 3.4 kilogramos, cabello oscuro, cejas claras, ojos azul oscuro, la nariz de su madre y la boca de su padre. Afortunadamente, todo salió bien. A Lien la consienten todos nuestros estudiantes famosos y ricos, le mandan flores, frutas y trufas de chocolate (¡realmente muy buenas!).

Es la última carta que le escribirá a su amigo: primero se suspende el tráfico postal al extranjero y, cuando el 7 de diciembre acontece el ataque japonés a Pearl Harbor y Estados Unidos se involucra directamente en la guerra, cualquier otra conexión con el resto del mundo se rompe.

Janny se alegra de haber tenido una hija al mismo tiempo que su hermana Lien; son un gran consuelo la una para la otra. En un principio estaba preocupada por las nuevas actividades clandestinas de Lien, pero ahora Janny está agradecida de trabajar con su hermana. Bob aún está en Ámsterdam, escondido con Haakon y Mieke Stotijn, por lo que ella opera la imprenta clandestina sola desde el piso de arriba, con el pequeño Robbie de la mano y la bebé Liselotte a la cadera. Janny guarda parte de los periódicos en casa de Lien, dentro del piano de cola Bechstein de Eberhard, situación que a las hermanas les parece divertida. La dueña de la afamada marca de pianos de cola, Helene Bechstein, es una conocida amiga y patrocinadora de Hitler, a quien ella considera como un hijo y lo llama afectuosamente «mein Wölfchen».[9] Si tan solo la dama supiera para qué servían sus instrumentos.

Janny está orgullosa de que Lien cruce toda la ciudad con la recién nacida Kathinka en la carriola, el colchón debajo del bebé abultado con montones de las revistas ilegales que imprime su hermana: *Signaal*, *De Waarheid*, *De Vrije Katheder*. Lien prefiere encontrarse en la clínica infantil, donde se reúne con una amiga y su bebé. Hablan sobre el desarrollo de los niños, levantan a los pequeños de sus carriolas e intercambian sus gruesas mantas de lana, llenas de paquetes de plantillas y revistas para distribuir más tarde. Después de la revisión, los bebés vuelven a cubrir el contrabando y cada mujer retoma su camino.

---

[9] Mi pequeño lobo. [N. de la T.]

Pero el trabajo no está exento de riesgos; están empezando a perder más y más amigos. La amiga de Lien de la clínica infantil es arrestada; ella y su bebé son transportados a Auschwitz y no sobreviven.

Aunque Janny está sola ahora, por fortuna ve muy seguido a su familia. Papá Brilleslijper y su hermano Japie a menudo la visitan y luego pasan el día con Lien, Eberhard y la pequeña Kathinka en el piso de Janny, en Bazarlaan. Su hermano Jaap, la luz de sus ojos, es cinco años más joven que Janny y tan hábil como un relojero suizo. Cuando Fietje dio a luz a Janny, la partera dijo que vio la cabeza de un niño. Cuando salió una niña, Joseph, que estaba convencido que tendría un hijo, estaba tan decepcionado que le dio un pequeño golpe en la cabeza a la mujer. Desde luego que después fue muy feliz con su hija.

Japie se parece mucho a sus hermanas. Pómulos altos, labios carnosos y cejas pobladas y negras; no es de extrañarse que mucha gente piense que Jaap y las chicas vienen de las Indias Orientales Holandesas. Pero, a diferencia de sus hermanas, quienes tienen la cara redonda, la de Jaap es alargada y con sus gafas con aros de metal redondos se ve como un inventor. El chico tiene la imaginación de su padre y la ética de trabajo de su madre. Desde que tienen memoria, Jaap inventa y diseña las creaciones más extrañas y, de hecho, las fabrica con sus propias manos.

Según Janny, Japie es el inventor de la primera radio para bicicleta. Pasó semanas en su habitación hasta que un día construyó una verdadera radio. La cosa chirrió y chirrió, pero al fin se escucharon voces. Sonaban revueltas y nasales pero inteligibles y, cuando sintonizó una estación de Inglaterra, todos acudieron para escuchar *Daventry calling!* De un tablón, unas tapas y un cristal, Japie fabricó la radio que luego montó en la parte delantera de su bicicleta. El contacto estaba en el manubrio, la antena era un delgado alambre de cobre y un dinamo suministraba la energía. Pedaleaba hasta la escuela cantando la música que provenía de su manubrio.

Mientras que sus hermanas mayores tienen hogares e hijos, Jaap, a los veinte años, aún vive con sus padres en Ámsterdam. No había dinero para que terminara la educación secundaria; fue durante la crisis y su padre había estado sin trabajar durante algún tiempo, pues su vista se había deteriorado demasiado. Jaap había comenzado un curso nocturno de intercambio comercial, pero a finales de agosto de 1941 todos los estudiantes judíos fueron expulsados de los colegios.

Varios años atrás, para ganar algo de dinero extra, Jaap había montado un negocio de estacionamiento de bicicletas frente a la casa paterna. Tomando el ejemplo de sus hermanas, opera un centro de distribución clandestina allí. Con el estacionamiento como encubrimiento, recibe correo, paquetes o mensajes de la resistencia y los distribuye por todo el país.

Mientras que a los judíos los aíslan cada vez más y el resto de la población se retrae gradualmente, haciéndose de la vista gorda, la red clandestina de la familia Brilleslijper se extiende poco a poco hasta abarcar un área más amplia del territorio holandés. Poniendo sus vidas en riesgo, construyen un eje de resistencia entre Ámsterdam y La Haya.

7

LA ESTRATEGIA DEL HAMBRE

RESULTA QUE NI LAS HERMANAS JUDÍAS ni el desertor alemán fueron los primeros en verse obligados a esconderse, sino el holandés. Parecía una broma; habrían reído si no fueran conscientes de que cualquiera podía ser el próximo.

Su preocupación se justifica cuando Eberhard es reclutado para el ejército. Lien y él apenas han pasado una quincena con su hija, Kathinka, cuando llega una carta informándole que debe reportarse en las oficinas del ejército alemán en La Haya cuatro semanas después. Si pasa el examen médico este otoño, Eberhard tendrá que unirse a la Wehrmacht en enero de 1942.

Esa noche, los jóvenes padres quieren discutir sobre la carta y su plan de acción. Le piden a Jolle Huckriede, la clarinetista que vive en la habitación de al lado, que les ayude a dormir a Kathinka. Jolle está feliz de poder tocar para la pequeña; además le conviene que la bebé deje de llorar. Todos en la casa están encantados con la llegada de una nueva vida, pero la niña heredó el temperamento de su madre.

Solo una vez Kathinka ha estado callada por unas cuantas horas seguidas; fue cuando Lientje, antes de amamantar a su bebé, se tomó una botella de vino espumoso para celebrar su nacimiento.

Tan pronto Kathinka se duerme, Jolle se marcha y Eberhard y Lientje comienzan a analizar las opciones. ¿Debe ocultarse? ¿Pero dónde? ¿O debería reportarse al llamado del ejército y ver si pasa el examen? Tal vez, si no lo aceptan, puede regresar a casa. No saben qué hacer y por primera vez en mucho tiempo su actitud positiva flaquea. Si Eberhard va al frente, podría ser su fin; tal vez tendría alguna justificación si estuviera peleando su propia batalla y no la del enemigo.

—Ve a ver a Rhijn —dice finalmente Lien—. Él sabrá qué hacer.

Rhijn es su querido amigo Rhijnvis Feith, a quien conocieron a través de Janny y Bob. Hijo de la adinerada familia Feith, es neurólogo en La Haya y ha sido una figura fundamental en la resistencia holandesa desde el principio. Un hombre marcado de por vida por la polio: encorvado, jorobado, con una enorme cabeza sobre sus angostos hombros, pero conocido, sobre todo, por su intachable brújula moral.

Rhijn es también quien, junto con Gerrit Kastein, creó el Fondo Solidaridad para recaudar dinero para fines de la resistencia y distribuirlo donde sea necesario. Es muy lógico que Lien envíe a Eberhard con él: ayuda a muchos necesitados. Su consultorio médico sirve como una dirección de contacto para quienes trabajan con la resistencia, y solo son registrados como «pacientes». También fue una gran ayuda para Janny cuando Bob tuvo que esconderse unas semanas antes.

La mañana después de la terrible búsqueda en la casa de Janny, Rhijn caminó hasta Bazarlaan desde su consultorio, con una taza de café en una mano y un paquete de cigarrillos en la otra. Subió las escaleras hasta su piso y le dijo a Janny:

—Bueno, heme aquí. Ahora, prepara café fresco para ambos y luego discutiremos cómo vamos a arreglar este asunto.

Mientras Rhijn fumaba y Janny sorbía el café caliente, le preguntó directamente cómo pagaría las facturas ahora con Bob escondido, un pequeño a su lado y un bebé en camino. Janny no supo qué responder. No lo había pensado aún, pero si Bob no se presentaba al trabajo, era obvio que no recibiría su salario.

—¿Cuánto gana este Bob tuyo? —preguntó Rhijn.

Janny no sabía con exactitud, pero le dijo de cuánto, más o menos, eran sus gastos. Rhijn también quería saber el número de su cuenta y si ella tenía acceso a ese dinero. Luego se marchó.

Unos días después, Janny recibió el salario completo de Bob en su cuenta, no de la oficina de Bob, sino de un tal P. G. Jonker, seudónimo de Rhijnvis Feith Esq. Hasta que Bob volvió a ganar dinero, Janny recibió el equivalente de su salario de Rhijn, quien todas las mañanas iba a su casa, bebía una taza de café, se fumaba exactamente dos cigarrillos, se marchaba a su consultorio y se ponía a trabajar.

En el otoño de 1941 Eberhard va a ver a Rhijn. Es de vital importancia que se le declare no apto. Rhijn va directo al grano.

—¿Cuánto pesas ahora?

—Sesenta y siete kilogramos, más o menos, y mido un metro con setenta y nueve centímetros.

—Entonces usaremos una estrategia de hambre. Quiero que bajes a cincuenta kilos, cincuenta y cuatro como máximo, tendrás una apariencia tan patética que nadie te querrá. Ahora solo tenemos que pensar en una enfermedad para ti.

—Recuerdo que mi hermano mayor tenía un problema renal, y no pasó el examen médico de la Wehrmacht en ese momento.

—Muy bien —dice Rhijn—. Te daré una medicina de ruibarbo diez días antes del examen, para que tu orina muestre que tuviste una infección renal. Te lo advierto: el proceso es desagradable, pero sobrevivirás.

Eberhard acepta de inmediato el plan y Rhijn le prescribe una dieta estricta; le dice a Eberhard cómo transformarse de un apuesto y atlético joven en una triste bolsa de huesos lo antes posible.

—Harás lo siguiente: trabaja hasta las tres de la mañana, luego toma varias tazas de café cargado, duerme una o dos horas, no más.

Luego sube a tu bicicleta y pedalea por toda la ciudad lo más rápido que puedas por ocho o, mejor aún, quince kilómetros. Ven a verme dos veces por semana para una revisión. De ahora en adelante eres mi paciente.

Eberhard comienza a entrenar de inmediato. Levantarse temprano es lo más duro; a las cinco de la mañana, cuando la casa todavía está callada, arrastra su cuerpo hambriento para recorrer La Haya en bicicleta. Con el estómago rugiéndole y las piernas suaves como goma de mascar, acelera sobre los adoquines como un ciclista profesional y luego, al amanecer, regresa con Lien y Kathinka, la cama está todavía caliente. Está agotado y sudoroso, ve estrellas y casi se desmaya, pero se centra en su objetivo: no ser enviado a la Wehrmacht, lejos de su esposa y de su hija recién nacida.

A medida que Eberhard pierde peso rápidamente, llegan informes de la ofensiva de Hitler en la Unión Soviética. Las tropas alemanas han comenzado la acción militar más grande de la historia: la Operación Barbarroja. El objetivo final de Hitler es el este, donde hay suficiente *Lebensraum* para llevar a cabo sus planes para el pueblo alemán. En su libro *Mein Kampf* ya había expresado su desprecio por el pueblo eslavo, los *Untermenschen*,[10] y su reprobable ideología, el comunismo.

El 22 de junio de 1941, sin declaración de guerra previa, la Wehrmacht había invadido la Unión Soviética con cuatro millones de hombres, seiscientos mil caballos y dos mil aviones. Eberhard, y por lo tanto también Lientje, habían sido optimistas desde el primer día de la ocupación holandesa; creían que la guerra no duraría mucho. Pero, con la apertura del Frente Oriental y los informes de que el

[10] En alemán, *subhumano*. Término empleado por la ideología nazi para referirse a aquellos a quienes consideraba inferiores, particularmente los pueblos del Este, es decir, judíos, gitanos y eslavos, principalmente polacos, serbios y más tarde también rusos. [N. de la T.]

Blitzkrieg[11] había tomado por sorpresa a los soviéticos, las primeras cuarteaduras en su visión positiva comienzan a aparecer.

Unas semanas después, un triste día de otoño, una sombra del antiguo Eberhard se presenta en el comité de La Haya. Se ha formado un gran espacio entre sus piernas, su piel está dolorosamente pegada a sus huesos y sus mejillas chupadas. Las bolsas amarillentas debajo de los ojos y una capa brillante de sudor en la frente lo hacen verse enfermo. Una línea de hombres bien alimentados con uniformes ajustados lo miran con desaprobación mientras se quita los pantalones para el examen. Lo miden y lo pesan.

—¡Cincuenta kilos! —grita una voz.

—Muy poco peso, ¿algo anda mal? —le pregunta otro.

—Sí, soy miope — responde Eberhard.

—¡Irrelevante!

—Tengo piernas débiles y no puedo caminar grandes distancias.

—Entonces a la infantería no, pero necesitamos hombres en los cañones antiaéreos.

Eberhard comienza a dudar. Se ha sentido miserable durante días, pero cobró valor con los comentarios de sus vecinos sobre lo terrible de su apariencia. Esperaba que el plan tuviera éxito si tan solo persistía. Mientras los hombres miran sin la más mínima afectación, comienza a comprender que cualquier cosa con un corazón que lata pasará el examen; simplemente necesitan carne de cañón.

—Tuve tres infecciones graves de oído cuando era niño, así que… —Eberhard intenta.

—Eres músico, así que no hay nada malo con tu audición, ¿correcto?

---

[11] En alemán, *guerra relámpago*. Nombre popular de una táctica militar de ataque que implica un bombardeo inicial, seguido del uso de fuerzas móviles que atacan con velocidad y sorpresivamente para impedir que el enemigo pueda llevar a cabo una defensa ordenada. [N. de la T.]

—He tenido infecciones renales graves al menos dos veces.

Sus objeciones suenan cada vez más endebles; entiende que todos sus esfuerzos han sido en vano.

—*Beding kriegsverwendungsfähig!* ¡Condicionalmente apto para la guerra! —gruñe un hombre en uniforme al otro que llena las formas.

—Estaremos en contacto.

Se retiran; el examen ha terminado. Los hombres antes y después de él son declarados aptos y enlistados en el acto. Eberhard alberga una pizca de esperanza: «condicionalmente apto para la guerra». Su destino pende de un hilo. Tendrán que esperar de nuevo.

Las semanas siguientes, Eberhard se come cualquier cosa que Lien le sirva para ganar algo de peso. Revisa el buzón al menos diez veces al día y discuten los posibles escenarios cuando reciba la noticia. ¿Debería ponerse el odioso uniforme y luchar por el enemigo, esperando algún día volver vivo con Lien y Kathinka? ¿O debe ocultarse, como tantas personas a quienes ha ayudado? Quizá todos podrían haberlo previsto, pero igualmente es una decisión difícil de tomar: si Eberhard es reclutado, se esconderá.

El 6 de diciembre de 1941 llega la carta que oficialmente convertirá a Eberhard en un desertor. Enemigo público número uno. Hitler siempre ha sido claro acerca de la traición o *fahnenflucht*: en el frente uno podría morir; como desertor, uno debe morir. Debe reportarse el 15 de enero de 1942 en un regimiento en Wolfenbüttel, en Alemania, donde ha sido asignado al NSDAP para trabajo de oficina. La carta tiene adjunto un boleto de tren de ida. Lo sostiene en su mano, sabiendo que no irá, sobre todo tras los últimos informes sobre el Frente Oriental.

A través de la resistencia, ha escuchado sobre el *Blitzkrieg*: el fulminante rayo que postraría a los soviéticos se ha transformado en una marcha fúnebre lenta y helada. Después de una serie de triunfos alemanes en los primeros meses, la máquina de guerra comienza a flaquear. La infantería no puede mantener el paso de las divisiones blindadas, los suministros se retrasan y las decisiones estratégicas de Hitler resultan incomprensibles. Millones de hombres corren a través de las estepas y tundras, y el despiadado invierno ruso está aún por llegar.

El día en que Eberhard recibe su llamada, el termómetro en Moscú marca 29 grados bajo cero. En la primera fase de la Operación Barbarroja los soviéticos perdieron casi ochocientos mil hombres, pero a principios de diciembre contraatacan brutalmente. Los soldados alemanes pierden extremidades, párpados, cabello, narices y orejas por la helada, pero se ven obligados a seguir adelante. El ejército zombi marcha hacia adelante, dejando una estela de espantapájaros en la estepa rusa. Algunos soldados del Ejército Rojo, golpeado con fuerza por los «monstruos rubios» de las tropas nazis, juegan a colocar a los muertos en la nieve; dejan los cuerpos en las posiciones más extrañas, como esculturas macabras en una danza de guerra.

El territorio soviético es vasto y el suministro de soldados rusos hace que los hombres de Hitler palidezcan hasta desvanecerse; el Ejército Rojo es un costal de golpeo viviente y los alemanes tiran puños hasta que se paralizan. Stalin tiene seis millones de hombres a su disposición y otros catorce millones de reservas activas, carne de cañón que tiñe la nieve de rojo poco a poco.

En enero de 1942 Janny lleva seis meses sin ver a Bob y él no conoce a su hija, Liselotte. Aún se esconde con Haakon y Mieke Stotijn en Ámsterdam. Janny lo extraña mucho.

A su cuñada Aleid se le ocurre un plan para que puedan pasar un breve tiempo juntos. Aleid se ha casado con el hijo de una familia importante con una gran red de contactos en la provincia norte de Holanda; su suegro judío, Jaap Hemelrijk, había sido alcalde en Alkmaar y concejal en Bergen hasta que fue despedido como resultado de las medidas alemanas. Janny lo admira y afectuosamente lo llama «abuelo Hemelrijk». A pesar de su sufrimiento debido a las regulaciones opresivas, emana un aura de invencibilidad que inspira a Janny a seguir con sus propias actividades.

Aleid y Jan Hemelrijk viven en Bergen; ella le preguntará a su esposo y a su suegro si ellos, o alguien más en la familia, saben de una casa de vacaciones en el barrio donde Janny, Bob y los pequeños pueden pasar unos días juntos en secreto. Las cosas resultan de manera diferente.

Janny se entera por su hermana que Eberhard ha sido reclutado, después de todo su esfuerzo, y trata de consolar a su hermana. Lien está aterrada de que los alemanes vengan a buscar a Eberhard, o que sea arrestado por desertor cuando se niegue a reportarse en el frente; ambos saben lo que eso significaría. Janny tiene un plan, pero quiere consultarlo primero con su querido amigo Rhijn. Ella piensa que sería prudente que Eberhard fuera primero a Bergen; Janny encontrará otra oportunidad para ver a Bob, esto es más importante.

Rhijn está de acuerdo con ella, pero el tiempo se acaba; Eberhard tiene que reportarse en Wolfenbüttel el 15 de enero y la libertad de movimiento en los Países Bajos se restringe cada vez más. A los judíos no se les ha permitido moverse desde hace bastante tiempo. Los alemanes están preparando una reubicación forzada, nombrada con el eufemismo estratégico *evacuación*, una palabra adoptada con rapidez por la población holandesa y los medios de comunicación. Esta «evacuación» implica que todos los judíos de todos los pueblos y ciudades de los Países Bajos deben dejar su hogar y su vida para mudarse a Ámsterdam, dejando todas sus pertenencias detrás. El plan es concentrar a todos en una de las cuatro zonas judías: Transvaalbuurt, Rivierenbuurt, el barrio judío y Asterdorp.

Rhijn y Janny acuerdan que ella se pondrá en contacto con Jan Hemelrijk para pedirle ayuda y que, por razones de seguridad, no le dirán nada a Lientje. Los infames métodos de interrogación de la Gestapo son bien conocidos y lo que Lien no sepa tampoco podrá ser obtenido a golpes.

Y eso hacen: Janny habla con Jan y deciden que es más seguro que Eberhard se esconda en casa de Jan y Aleid, en Karel de Grotelaan, Bergen. Nadie, excepto Janny y Rhijn, sabrá.

Eberhard se está preparando para su inminente partida, supuestamente para reportarse en el regimiento en Wolfenbüttel; ni siquiera sus compañeros de casa pueden saber los planes reales. Se despide de sus estudiantes de piano, empaca sus libros de música en un baúl y se los da a Jolle en la habitación contigua para que los cuide. Por último, les escribe a sus padres diciendo que tal vez no recibirán noticias de él por un tiempo, pero que no deben preocuparse.

Después de empacar lo estrictamente necesario, Eberhard llena el resto de su maleta con libros; confía en que leer y estudiar harán que su aislamiento y la soledad que lo espera sean menos sombríos.

Con ánimo decaído, celebran nochebuena juntos, en Ámsterdam, en casa de los abuelos Brilleslijper y su hermano pequeño, Jaap. Se atreven a expresar sus deseos para el año entrante. Con un tinte de oración, se toman de las manos alrededor de la mesa, disipando sus miedos con una maldición y un hechizo. El padre Brilleslijper abre el brindis.

—Deseamos que la Unión Soviética obtenga importantes victorias, y que Inglaterra y América decidan abrir un segundo frente en Europa occidental. Además, deseamos que los fascistas caigan pronto y Hitler muera. —Con esta última oración, Fietje levanta una ceja, pero no puede negar que desea lo mismo—. Y, por último, que tengamos la fuerza suficiente para soportar esta guerra hasta la victoria final, y que podamos luchar contra nuestra tristeza con sueños optimistas para el futuro.

Levantan sus copas y brindan por el Año Nuevo con un sabor agridulce.

El 14 de enero de 1942 Eberhard coloca su supuesta nueva dirección en Wolfbüttel en el pizarrón comunitario, al lado del teléfono en la sala, a la vista de todos. Besa a Lien y a su pequeña Kathinka, se despide y toma el tren a Ámsterdam. En ese preciso momento, un joven miembro de la resistencia cruza de manera anónima la frontera holandesa con el boleto de tren de Eberhard, tal como fue acordado por Rhijn y Jan Hemelrijk, haciendo que parezca que Eberhard en verdad viajó en tren a Wolfbuttel.

En Ámsterdam le afeitan la cabeza a Eberhard en el barrio judío —quién sabe cuándo podrá volver a tener un corte de pelo decente— y por la tarde llega a un albergue para artistas en Prinsengracht, una dirección que Rhijn le había dado. Eberhard pasará ahí la noche antes de viajar treinta millas al norte hacia Bergen a la mañana siguiente. Pero sea por su cabeza recién afeitada o por su pesada maleta, de una forma u otra, la casera sospecha que está a punto de esconderse, y antes de que Eberhard se haya acomodado en la habitación, la mujer lo echa de vuelta al frío. Eberhard ha visto a su esposa judía ser rechazada cada vez más a menudo, pero a él siempre lo habían tratado con respeto. A partir de ahora, también es un paria.

En el crepúsculo, camina por Prinsengracht hasta la Estación Central, donde se une al bullicioso tráfico de pasajeros de forma tan discreta como puede. Viaja a Alkmaar en tren, toma el tranvía a vapor a Bergen y, siguiendo las instrucciones proporcionadas por Rhijn, camina a la casa de Jan y Aleid Hemelrijk. Rhijn también le ha dado una tarjeta de identidad falsa. El hombre de la foto tiene la misma edad, también es pianista de profesión, y su nombre es holandés. Cuando Eberhard, protegido por la oscuridad, pero justo a tiempo para la hora de la cena, llega a la casa de Jan y Aleid en Bergen, se ha transformado en Jean-Jacques Bos.

8.

EL ENCARCELAMIENTO

PRIMAVERA DE 1942. UN SOL ACUOSO se refleja en los muros de ladrillo de Nieuwe Achtergracht, en el centro de Ámsterdam. Cuando Jaap deja su casa por la mañana para caminar a su negocio de estacionamiento de bicicletas, no es del todo consciente de que se encuentra en el corazón del barrio judío en un momento poco conveniente.

La ocupación, las redadas, el hecho de que él y sus amigos no son ya bienvenidos en ningún lugar de la ciudad, todo parece lejano. La luz es hermosa y el mundo, por un instante, es como solía ser.

De un lado, tiene la parte trasera del Teatro Carré; al otro, la calle donde se encuentra su estacionamiento para bicicletas. Le encanta la calle Weesperstraat con su ajetreo, las tiendas, las personas y el tranvía número 8 que pasa tintineando por en medio. Conoce a todos en la zona.

Al otro lado de la calle de la tienda de abarrotes que solían tener estaba el taller del tío Meijer Waterman, el tabaquero. Su familia dirigía una tienda de cigarros grande en la esquina, Weesperstraat 74. Jaap siempre disfrutaba ver a Meijer rolar con gran destreza los puros, un trabajo preciso. Al lado de Waterman estaba una tienda con artículos de segunda mano y junto a ellos estaba Werker, el herrero. Su familia compartía el edificio con otras dos familias: arriba vivía la familia Elzas y abajo la familia Korper. La abuela Korper administraba una frutería en el sótano, también vivían dos niños y una niña con hermosos rizos de color cobrizo, piel pálida y pecas. Los padres debían haber vivido ahí también. Desde muy temprano en la mañana, las escaleras del sótano estaban llenas de cajas de verduras y enormes sacos de papa, pero nunca vieron a ninguno de los miembros de la familia pasar por encima de las cajas para entrar o salir de la casa.

Al otro lado de los Korper vivía John el Cojo, un hombre con una pierna de palo que, sin embargo, se movía muy rápido. Vendía canciones por un centavo o menos, pero las cantaba primero y después ya nadie estaba dispuesto a pagarle. Y luego estaba el hombre en la carretilla, a quien su padre siempre llamó «el albañil sin columna». Su esposa lo sacaba, débil como un gatito, por las calles en una carretilla; él iba gritando: «¡Desafortunado albañil, columna vertebral rota!». Trabajó desde los doce años hasta los veintiséis, se cayó del techo y a ¡nadie le importó! Una escena desgarradora, aunque la había visto cien veces. Su esposa pasaba entonces el sombrero y empujaba a su marido con todo y carretilla al bar Hovingh. La taberna estaba en la esquina de Weesperstraat, frente al tío Meijer Waterman, un hermoso lugar con fachada de madera. Ya entrada la noche, los vecinos veían al albañil sin columna irse a casa, arrastrando la voz, la tambaleante carretilla empujada por su esposa ebria, perseguida por un puñado de niños gritando.

Cuando Jaap cierra la puerta de entrada y está a punto de cruzar la calle hacia su estacionamiento para bicicletas, un policía local camina hacia él. Es de la central en Jonas Daniël Meijerplein; Jaap lo conoce de toda la vida.

Quiere saludar al oficial, pero el hombre mira hacia adelante. Al pasar, le susurra algo a Jaap:

—Tienen a Henk. Vete de aquí.

Por unos instantes, Jaap se congela. Se queda pegado a los adoquines intentando procesar lo que acaba de escuchar. Henk es su compañero, juntos dirigen el estacionamiento de bicicletas y coordinan toda la operación oculta. Luego reacciona; se abotona el abrigo y camina en línea recta hacia el tranvía para dirigirse a la estación central, donde toma el tren a La Haya. Unas horas después toca a la puerta de Janny, en Bazarlaan. Sin decir una palabra, ella lo jala de inmediato y lo lleva arriba.

A la mañana siguiente se enteran de que los alemanes, en represalia por no haber podido capturarlo, han arrastrado a su padre enfermo y medio ciego fuera de su casa y lo han puesto en una celda.

Pensaban que estaban siendo muy cautelosos con su ingeniosa red de contactos, palabras clave y sistemas de advertencia para protegerse y también a sus actividades clandestinas. No habían previsto este escenario. Jaap y Janny, contra su naturaleza Brilleslijper, están perdidos. Pensar en su padre encarcelado es insoportable.

Pero Janny se recupera pronto y piensa en quién en su red de contactos es la persona adecuada para manejar esto de inmediato. Contacta enseguida a Benno Stokvis, un conocido abogado de Ámsterdam. Sabe que tiene buenos contactos alemanes; Stokvis tiene sus propios caminos y medios y ha mediado con éxito por los judíos arrestados.

Janny le ruega que haga lo necesario para sacar a su padre de la prisión con carácter de urgente. Stokvis tiene éxito, con dinero y palabras convincentes, y después de unos días las puertas de la celda se abren para Joseph Brilleslijper, quien abraza a Fietje con fuerza. Janny, mientras tanto, también ha venido a Ámsterdam. Jaap se queda en La Haya, con los pequeños Rob y Liselotte.

En la privacidad de la pequeña casa en Nieuwe Achtergracht, Janny agradece al abogado por su ayuda y le expresa su preocupación. Los alemanes ya estaban detrás de Bob. En las últimas semanas han llamado en varias ocasiones a la casa de Lien preguntando a dónde fue Eberhard, y ahora también persiguen a su hermano Jaap;

la soga se aprieta con lentitud. Es un milagro que las hermanas no hayan sido atrapadas aún. Stokvis le ofrece consejo a Janny.

—Sal de aquí. Llévate a tus padres, cierra la puerta detrás de ti y no vuelvas jamás. Esto va a ponerse peor de lo que tú y yo podemos imaginar.

Janny no duda por un segundo de la gravedad de sus palabras. Sin dar derecho de réplica, le ordena a su madre que empaque lo estrictamente necesario, toma a su padre del brazo y se los lleva con ella a La Haya, donde Jaap y los pequeños esperan en casa, en Bazarlaan.

Papá, mamá y Jaap se quedan con Janny. Ninguno de los tres volverá a su amada Ámsterdam de nuevo.

Mientras la familia se reagrupa lo mejor que puede, los nazis se preparan para la próxima fase de su política de población. La mayoría de los judíos registrados en los Países Bajos se concentran en Ámsterdam y sus alrededores, y el comisionado del Reich Arthur Seyss-Inquart tiene casi listo el sistema para las deportaciones planeadas. Grupos de judíos desempleados y extranjeros son transportados a Westerbork, el campo construido en 1938 para alojar a los refugiados de los países vecinos. Los alemanes ahora tienen en mente un propósito diferente: Westerbork comenzará a servir como punto de tránsito hacia los campos de concentración.

En 1940, en la ciudad polaca de Oświęcim a unos setecientos kilómetros al este de Westerbork, se construyó un campo en un antiguo cuartel del ejército para manejar la enorme afluencia de prisioneros polacos. Oświęcim, en alemán, se deforma rápidamente a Auschwitz. En los terrenos de este campo se pueden retener entre quince y veinte mil personas cautivas en barracas de piedra. No es suficiente. Hitler ordena la construcción de un nuevo campo mucho más grande, y en marzo de 1941, a algunos kilómetros de distancia del campo base Auschwitz I, se apropia una llanura de 432 hectáreas para construir Auschwitz II, también conocido como Auschwitz-Birkenau. A medida que avanza la guerra, otros cuarenta subcampos son construidos alrededor de Auschwitz, donde someten a los prisioneros a trabajos forzados, desde el trabajo en la fábrica hasta el trabajo en el campo.

Otro paso hacia la «Solución final» es la Conferencia de Wannsee, que se celebra en secreto el 20 de enero de 1942. En Villa Marlier, una finca de campo en Wannsee, al suroeste de Berlín, quince oficiales nazis del alto rango se reúnen. Los convoca el comandante de las SS Reinhard Heydrich para una sesión que tomará poco más de dos horas. Las resoluciones se resumen en quince páginas de notas, una parte de las cuales es un inventario que detalla el tamaño de la comunidad judía por país. El número global es de once millones; los Países Bajos figuran con 160 800 personas.

Durante la reunión, se exploran varias soluciones, desde el confinamiento a la esterilización masiva. El modo en que se organizará la gran limpieza de once millones de judíos se registra de forma literal:

> Como parte de la implementación práctica de la Solución final, Europa se recorrerá de oeste a este. El territorio nacional, incluidas Bohemia y Moravia, será el primero, debido al problema de la vivienda y otras necesidades políticas. Los judíos evacuados primero serán agrupados, tren por tren, en los llamados guetos de tránsito, y transportados hacia el este.

Los alemanes comisionan a la Compañía Nacional Holandesa Ferroviaria (NS), para que construya vías hacia Westerbork, con el fin de que los trenes puedan detenerse y partir del campo, lo que simplificará bastante la logística.

El alcalde de Beilen, el pueblo vecino, protesta fugazmente contra la construcción de las vías a través de sus tierras de cultivo, debido a la «destrucción potencial de la belleza natural», pero los alemanes desestiman su objeción. Es, a final de cuentas, una construcción temporal, escriben en una respuesta: «Das wieder entfernt wirdsobald das Lager seinen Zweck erfüllt hat» (Será demolida en cuanto el campo haya cumplido su propósito).

Con mano de obra de alrededor de un centenar de prisioneros, la NS construye una ramificación de vías de la estación de Hooghalen hacia el campo de concentración de Westerbork. Esta extensión no hace que el viaje sea más rápido: en la estación de Hooghalen, los vagones para ganado cargados con miles de personas a menudo tienen que esperar mucho tiempo antes de tomar la vía principal; los vagones que transportan suministros para los alemanes tienen prioridad. Los residentes locales y los funcionarios públicos hablan de los gritos y lamentos que se escuchan de entre los tablones de los vagones, desde los bebés pasando por los enfermos y discapacitados hasta las mujeres que dan a luz. La NS cobra a las fuerzas de ocupación por la construcción de las vías, establece horarios para llegar a la frontera alemana y, en última instancia, para cada transporte de judíos a los campos de concentración en el este. Los alemanes pagan con el dinero robado a los judíos.

Mientras tanto, realizan experimentos en el campo base, Auschwitz I, con gas venenoso Zyklon B. En uno de los crematorios mil prisioneros —en su mayoría prisioneros de guerra de la Unión Soviética, y prisioneros enfermos de gravedad— son utilizados como conejillos de indias. El veneno, en forma de pequeñas canicas, se dispersa directamente en el recinto, que es sellado herméticamente. Tan pronto como las canicas están expuestas al aire libre, se disuelven y se libera gas mortal: cianuro de hidrógeno o ácido hidrociánico. Toma horas antes de que todos los prisioneros mueran.

En 1941 y 1942 siguen más experimentos, principalmente con personas de los guetos polacos y más prisioneros de guerra soviéticos, hasta que se dilucide la cantidad correcta de gas venenoso que se debe producir. Cuando los trenes de toda Europa comienzan a funcionar, en 1942, el paso hacia una mecanización a gran escala es aún pequeño. Para este propósito, el segundo sitio junto a Auschwitz, mucho más grande, está ya aprobado; se construirá en el pueblo de Birkenau, una pequeña ciudad de alrededor de cien mil habitantes. Es aquí donde se ejecutará la destrucción en masa de los judíos, la «Solución final al problema judío».

La intención queda clara en todos los aspectos del diseño del campo. No hay instalaciones con agua corriente y no hay pisos que se puedan limpiar con facilidad, lo que aumenta enormemente el riesgo de enfermedades. En lugar de mantener a una persona por celda, como es costumbre en los campos de prisioneros alemanes, se mantiene a cuatro, elevando la capacidad total del campo a 129 456 personas. Cuatro grandes cámaras de gas y crematorios se construyen al lado de Auschwitz-Birkenau, donde la cifra de muertos de Treblinka y Belzec, otros dos campos de exterminio, pronto será superada.

9

LA HUIDA

LOS MAJESTUOSOS LIMONEROS DE LANGE VOORHOUT florecen y por toda la ciudad los bordes de las calles están salpicados de florecillas. Por primera vez en su vida, a Janny no le importa, no siente alivio con la llegada de la primavera.

Los primeros dos años de la ocupación estuvieron dedicados a preparar la trampa. Poco a poco, los alemanes han aislado a todos los judíos del resto de la población. Paso a paso, la discriminación, la represión y el robo de la propiedad y la dignidad han aumentado. Algunos cayeron en la trampa creyendo que todo saldría bien. Otros fueron atraídos por sus líderes, como el Consejo Judío. La mayoría fueron pateados hacia sus redes por escuadrones o la policía.

Uno o dos tuvieron un escape afortunado: un golpe de suerte, obstinación, a menudo una combinación de los dos. Personas que no estaban registradas como judíos, que obtuvieron sus documentos falsos rápido y se escondieron a tiempo. Personas que generaron una red de necios afortunados, que se volvieron autosuficientes y no necesitaban ayuda de nadie que pudiera ser un colaborador o un cobarde. Y ahora tienen que salvar a tantas personas de la trampa como les sea posible.

Janny sabe que en Ámsterdam la opresión hacia sus antiguos vecinos judíos se ha vuelto cada vez más abierta y agresiva. El Consejo Judío, dirigido por Asscher y Cohen, ha proporcionado listas de judíos desempleados a los alemanes. Estos hombres fueron arrestados y enviados a campos de trabajo forzado. El Consejo ahora tiene también otra oficina en La Haya, en la esquina de Noordeinde, donde se encuentra el palacio real, y filiales en el resto de la ciudad. Para complicar aún más las cosas, Frits Reuter regresa a esconderse con Janny. Su anfitrión fue atrapado y necesita con urgencia un refugio temporal.

El encarcelamiento de su padre enfermo cuelga sobre sus cabezas, pesado y sin discutir, en una casa que ya de por sí es pequeña. A pesar de que recuperaron a su padre, Janny es más consciente que nunca de que está jugando con fuego. Los alemanes persiguen a su hermano, a su marido y a su cuñado, y sus actividades clandestinas no hacen más que aumentar; la necesidad de pedir ayuda crece día a día. En muchas familias judías la fe ciega, la credulidad o la esperanza de protección por parte de los dignatarios holandeses se ha convertido en pánico. Aquellos que permitieron, por orden del Consejo Judío o por iniciativa propia, que se les estampara una *J* en su tarjeta de identidad comprenden ahora que lo más probable es que eso represente su «evacuación».

De pronto gente desesperada llama a la casa de Janny, gritando desde el otro lado de la calle: «¿Es aquí donde vive la señora Brandes? Por favor, ¿podrías quitar la *J* de nuestra identificación?». El abuelo Brilleslijper está nervioso y cuando, a plena luz del día, otra angustiada mujer golpea la puerta, gritando su nombre, le prohíbe a Janny bajar las escaleras. Fietje intenta callar a su nieta, Liselotte —la niña parece incapaz de dejar de llorar desde que nació en septiembre— y Jaap entretiene a Robbie. Mientras los golpes en la puerta sacan a todos de quicio y Janny piensa en bajar corriendo y abofetear a la mujer, su padre la aparta y la lleva al pasillo.

—Nos estás llevando a todos a la muerte, Janny. ¡Esto tiene que parar!

Sus susurros suenan como una tormenta en un túnel, casi tan fuerte como los gritos de la mujer de abajo. Janny mira a su padre y de repente recuerda la noche que sus padres vieron *El mercader de Venecia* en el teatro Carré. Volvieron de buen humor y durante meses su padre silbó, tarareó y cantó todas las canciones, o al menos lo que parecía ser su versión. Parece que fue hace tantos años.

Mientras la mujer en la calle aún grita su nombre, Janny se da cuenta de que tienen que abandonar este lugar. Ahora.

Una vez más, su cuñado, Jan Hemelrijk, presenta una solución; él y su padre encuentran una casa vacía en Bergen para alojar a la familia Brilleslijper. La casa se llama Het Aafje y está escondida en el bosque, lejos del centro del pueblo, hacia la costa. Mejor noticia aún es que Bob se reunirá con la familia nuevamente. Oficialmente, el NSB lo tiene registrado como comunista en la provincia del sur de Holanda, pero dos años de trabajo clandestino les han enseñado que los sistemas administrativos no están interconectados; no hay intercambio de información entre regiones. Están dispuestos a correr el riesgo; es probable que las autoridades del norte de Holanda no conozcan su nombre. Además, Bob no es judío y no tiene una *J* en su tarjeta de identificación; si fuera arrestado en Bergen, hay pocas posibilidades de que los nazis locales lo consideraran sospechoso y se lo llevaran.

Janny arregla un permiso oficial para mudarse a Bergen con sus hijos; tendrá que esconder al resto de la familia en el camión de mudanzas. La resistencia le ha encontrado un nuevo escondite a Frits Reuter.

El día de la mudanza, Janny está en la calle, lista para partir. Sus pertenencias están en el camión de mudanzas, Liselotte y Robbie están sentados al frente, y ella está cerrando la puerta trasera del vehículo, donde sus padres y Jaap se esconden, cuando ve a su vecina de enfrente aproximarse. A Janny siempre le ha disgustado esta mujer, siempre la ve espiando a través de las medias cortinas de su sala y sospecha que simpatiza con los alemanes.

—¿Te cambias? —pregunta la mujer sin saludar.

—Como puedes ver —responde Janny.

—Ya decía yo: con todos esos judíos ahí metidos, eso no puede durar mucho.

Las mejillas de Janny se encienden. Se arregla la bufanda y se coloca detrás del volante, lo que implica que la conversación ha terminado.

—¿Te mudas a una casa más grande?

Janny oye a la mujer, pero azota la puerta, enciende el motor y pisa el acelerador varias veces. La mujer salta a un lado, al pavimento, y Janny conduce hacia la carretera. A su lado, Robbie grita de alegría; Janny acaricia distraídamente la cabeza del pequeño mientras ve por el retrovisor cómo la silueta de la mujer se hace más pequeña. Los latidos de su corazón apagan el estruendo del traqueteo del camión en movimiento y no se calman hasta llegar a la casa en Bergen. Por primera vez en meses podrá abrazar a Bob y presentarle a su hija, Liselotte.

Para Lien, también, La Haya se está volviendo demasiado peligrosa; ella es muy conocida por sus espectáculos de danza y canto, y muchos de sus estudiantes viven en la ciudad y sus alrededores. Con su cautivadora apariencia es difícil no notarla y, además, tiene una *J* en su tarjeta de identidad; a Janny aún le enfurece que su hermana haya permitido que eso ocurriera.

Los alemanes siguen llamando a su casa en las horas más extrañas preguntando a dónde ha ido Eberhard. Afortunadamente, todos de manera consistente refieren exclusivamente a la dirección que él dejó en el pizarrón de anuncios. Sin embargo, Lien está incómoda. Quiere irse de La Haya con Kathinka antes de que alguien la arreste para averiguar dónde está Eberhard y antes de que los judíos registrados en La Haya sean «evacuados».

A su amiga Jolle Huckriede, la clarinetista que vive al lado a quien Eberhard le dejó su caja de objetos preciados a cuidar, se le ocurre una idea. Su hermano, Jan, es novio de Violette Cornelius, una joven fotógrafa, también miembro de la resistencia. La madre de Violette vive en Prinsengracht, Ámsterdam, y está dispuesta a ofrecerle refugio a Lien. Ella no solo acepta a madre e hija, también está dispuesta a que Eberhard se les una.

Eberhard ha pasado el invierno en casa de Jan y Aleid, quienes amorosamente han cuidado de él. Pero todos esos meses tuvo que esconderse en su habitación, solo y frustrado por la impotencia. Fuera de las cartas de Lien, que Rhijn le envía, no ha tenido contacto con el mundo exterior. Por extraño que parezca, lo único que lo animó fue la terrible helada. Ese invierno fue excepcionalmente frío en los Países Bajos, con temperaturas muy por debajo de los cero grados. Era imposible mantenerse caliente y, durante meses, todo el país se quejó del frío. Pero Eberhard estaba contento; él y Jan seguían por la radio los informes sobre las tropas alemanas que se estrellaban contra el muro de hielo del gélido invierno en la Unión Soviética para el cual Hitler no los había equipado. Cada día que Eberhard pasaba en su habitación con Jan y Aleid era un día que no estaba en la Wehrmacht.

Para Jan Hemelrijk era obvio que su amigo se sentía incómodo como su invitado clandestino: su presencia ponía en riesgo a la familia. Logró encontrar una pequeña cabaña para Eberhard, aún en Bergen. Así que, en los días subsecuentes, pasa los días en el estudio vacío de un amigo escultor y duerme en la cabaña de verano en Breelaan, a unos pasos del estudio. De esta manera fragmentan el riesgo para el fugitivo Eberhard y, si hay algún peligro, puede escapar por el bosque.

Eberhard puede quedarse en la cabaña de verano hasta el 1 de mayo y pronto tendrá que buscar otro sitio. Ante este panorama, el plan de esconderse en Ámsterdam con Lien es una gran idea. Su amigo el periodista Mik van Gilse se encarga de todo: se pone en contacto con la señora Cornelius, mantiene a Eberhard informado sobre cuándo podrá reunirse con su familia en Ámsterdam y le dice a Lien cuándo puede mudarse de La Haya con su pequeña.

En mayo, al fin ha llegado el momento; Lien, Eberhard y Kathinka se reúnen en la casa del canal de la señora Cornelius. De inmediato se sienten como en casa; es muy parecido a su hogar en La Haya, lleno de gente creativa y políticamente activa. Siempre hay visitantes y Eberhard disfruta de las conversaciones que tanto extrañaba en los bosques de Bergen. A pesar de que la bulliciosa vida de Ámsterdam antes de la guerra se sofoca por el terror, bajo la superficie ha emergido una ciudad paralela. Una ciudad con rutas y pasajes que los alemanes desconocen, cafés secretos en sótanos oscuros, personas jugando a las cartas en el desván de las casas del canal, conciertos que comienzan después del toque de queda, cuando las luces se apagan.

Al principio, a Lien y Eberhard les encanta ser parte de esta comunidad de nuevo, pero pronto se dan cuenta de que esta vida ya no es para ellos. Los habitantes comunes de Ámsterdam —sin importar cuánto haya interferido la ocupación en sus vidas— aún gozan de cierta libertad de movimiento. Pero Lien tiene una *J* en su documento de identidad y todavía hace labor clandestina para Mik —por lo regular viaja por toda La Haya— y Eberhard es un desertor alemán buscado. Aunque se ha dejado el bigote y se hace llamar Jean-Jacques Bos, eso no es ninguna garantía. La casa tiene mucho movimiento, siempre hay gente que no conocen y no saben si son de confianza o traidores. Las calles tampoco son seguras: pululan policías, escuadrones y nazis. Eberhard no se atreve a salir de la casa y Lien ha tenido un escape apretado de los alemanes en dos ocasiones.

La primera vez fue en La Haya, donde otro miembro de la resistencia le entregaría nuevas tarjetas de distribución. Lien quería pasar a su antigua casa en Bankastraat para recoger ciertas pertenencias que aún tenía ahí, pero fue lo suficientemente inteligente como para llamar primero antes de presentarse a la casa, solo para asegurarse de que la costa estuviera despejada.

—Hola, señora —respondió su amiga Ankie con tono formal tan pronto escuchó la voz de Lien—. Me temo que está usted equivocada, se supone que nos veríamos mañana, no hoy. ¡Hasta luego!

Lien comprendió de inmediato lo que ocurría. Había un alemán o un nazi holandés, justo al lado de Ankie, buscando a Eberhard, o quizá también a ella. Se quedó inmóvil con el auricular en la mano y sintió la proximidad física del enemigo.

Lien se sentó en una silla en casa de su amigo, tratando de recobrar la compostura. Pasaron horas hasta que se atreviera a irse. Recuerda lo que les dijo a Ankie y a su amiga Jolle antes de irse con Kathinka: «¿Por qué no usan el piano de cola Bechstein mientras estamos fuera? Si no sobrevivimos a la guerra, pueden quedarse con él». Lo había dicho en tono de broma, pero el escenario ya no parecía improbable.

Su amigo volvió a llamar a la casa más tarde, y esta vez también, Ankie le contestó. Confirmó que, en efecto, había habido un cateo en la casa. Todos insistieron en que Eberhard había tomado el tren a Alemania y no sabían dónde vivía Lien ahora, pero toda la situación los había perturbado bastante.

Con las piernas temblorosas, Lien viaja de regreso a Ámsterdam por la tarde, donde el incidente le impide dormir durante varias noches.

La segunda vez que escapa por poco de los alemanes es cuando se topa con un bloqueo policial en la Estación Central de Ámsterdam después de la medianoche. Esta vez ella también regresa de La

Haya con papeles falsificados para Mik, pero es tarde, demasiado tarde. Debería haber vuelto a tiempo a Prinsengracht, no solo porque el toque de queda comienza a medianoche, sino también porque Kathinka ya debería de haber sido alimentada.

Ha esperado durante horas en la estación de La Haya, pero el tren no llega. El único tren que finalmente aparece dice: «Solo para conocidos de la Wehrmacht alemana». Lien imagina a Eberhard caminando de arriba abajo con el bebé que llora en brazos y a otras personas de la casa entrando a su habitación para ver qué está pasando, así que sube al tren.

El tren se mueve tan lento que parece que tiene melcocha en las ruedas. El reloj del andén de la estación indica que es pasada la medianoche; si logra llegar a la estación central, probablemente será detenida en la calle más tarde. Lien cierra los ojos y busca en su experiencia como actriz una forma de salir de esta situación.

Cuando vuelve a abrir los ojos, mira directamente a la cara de un soldado. Está a unos cuantos asientos de distancia, grande, pesado y no parece muy brillante. El chico sigue mirándola y, mientras sus camaradas están ocupados hablando entre ellos, Lien le guiña un ojo. Cuando se baja en la Estación Central de Ámsterdam, él la sigue.

—¿Puedo caminar contigo? —pregunta el soldado.

Lien sonríe tímidamente y asiente.

—Está bien, pero ya pasó el toque de queda. No sé cómo llegar a casa.

—No te preocupes —responde el soldado mientras la toma por el codo.

Juntos se acercan al punto de control, donde entre los oficiales holandeses se encuentran dos hombres de las SS observando el andén. El soldado camina directamente hacia ellos; Lien camina también con aplomo. Los hombres de las SS saludan al soldado.

—La dama viene conmigo —responde él al saludo.

Así pasan el retén. Lien está demasiado asustada como para respirar o pasar saliva y presiona con fuerza su bolso contra el pecho, los documentos falsificados casi le queman la piel a través del cuero. Los tranvías ya no circulan y, sin decir una palabra, sale del débil círculo de luz en la plaza de la estación hacia la ciudad inmersa en la oscuridad. El chico apenas si puede seguirle el paso; lo escucha maldecir mientras tropieza con un adoquín. Lien respira muy rápido, teme que el soldado la oiga jadear. La calle está muy tranquila, la música, las luces, los borrachos, las chicas, la vida nocturna, el público y los grupos de turistas amontonados en las calles, todo desapareció. Ámsterdam está desierta.

Lien camina cada vez más rápido, ignorando las preguntas del joven que sigue sus pasos. Solo cuando llegan a Westermarkt vuelve la vista atrás y lo mira disculpándose.

—Vivo cerca de aquí. Mi madre debe de estar muy preocupada por mí, ya es muy tarde. Muchas gracias.

Y antes de que el sorprendido muchacho pueda decir una palabra, Lien se echa a correr hacia Rozengracht, donde se hunde en una puerta para ver si la ha seguido. Espera algunos minutos y, al no oír ningún paso, se arma de valor y corre hacia Prinsengracht, directo a su escondite.

Tan pronto se abre la puerta, un grito de Kathinka le da la bienvenida y un desesperado Eberhard, que ya comenzaba a pensar que nunca volvería a ver a su amor.

—¿Has perdido completamente la cabeza?

Mik se pasea frente a las largas ventanas, se presiona la sien con el dedo índice, como una flecha. El sol se asoma sobre las casas al otro lado del canal, se refleja sobre el agua y proyecta la silueta de Mik, que parece nadar en el piso de madera.

Lien oye que el tranvía se detiene en Leidsestraat, a la vuelta de la esquina. No se atreve a mirar a Mik a los ojos. Nunca lo había visto tan furioso. Se acercó a entregarle los documentos y le contó sobre el desastre del que había escapado anoche. Después de alimentar a Kathinka en medio de la noche, la bebé durmió como un tronco. Pero ella y Eberhard permanecieron despiertos, en silencio, hasta que el canto de las aves anunció el amanecer.

—Rebekka Brilleslijper, con una *J* enorme al lado. ¡Qué locura!

Mik ahora se para frente a ella, con las manos a los costados; Lien siente que su mirada le quema la frente. Nunca le había comentado que se había registrado como judía, de manera que, cuando esta mañana, a raíz del último incidente, él le preguntó qué clase de documento de identidad tenía, casi explota, justo como lo había hecho Janny antes.

—Escucha. A partir de ahora te vas directo a tu casa y ahí te quedas hasta que nos hayamos ocupado de esto. ¿Está claro?

Lien oye el pesado portazo detrás de ella; camina y baja los escalones de piedra hasta el canal. De pronto se da cuenta de que su vida, la de sus amigos y familiares dependen todas de una serie de amistades notables.

Unos días después recibe su nueva tarjeta de identidad. Lien la mira fijamente durante un rato, luego camina hacia el espejo y se amarra el oscuro y rizado cabello en un moño, como una mujer de las Indias Orientales. De ahora en adelante la madre de Kathinka se llama Antje Sillevis, nacida en Surabaya, Indonesia (entonces parte de las Indias Orientales Holandesas). Ha llegado el momento de abandonar la ciudad.

10

EL PRIMER TREN

JAN HEMELRIJK LOGRA ENCONTRAR UN LUGAR en Bergen para Lien, Eberhard y Kathinka, cerca de Janny y el resto de la familia. Mientras ellos se preparan para salir de Ámsterdam, otras familias judías siguen llegando. Trenes llenos de gente de todas partes del país que fue expulsada de sus hogares y será hacinada en áreas designadas. Ámsterdam poco a poco se transforma en un gueto, una ciudad donde los judíos son aglutinados, aislados del resto de la población holandesa, preparado para el siguiente paso logístico hacia la «Solución final». El servicio de vivienda aumenta los precios de alquiler de las casas a las que las familias judías deben mudarse. Además, les piden un depósito de diez florines por vivienda, que, en la mayoría de los casos, nunca les es devuelto.

A la Zentralstelle für Jüdische Auswanderung, la Oficina Central de Emigración Judía en Ámsterdam, donde se guardan las fichas de los deportados, se le asigna una nueva tarea. Los empleados tendrán que trabajar una gran cantidad de horas extra.

El comisionado del Reich, Seyss-Inquart, fue convocado en un principio para entregar a quince mil judíos en el año 1942. Este objetivo para los Países Bajos fue recibido con indiferencia; se podría cumplir tan solo deportando a los judíos extranjeros. Seyss-Inquart no esperaba que los holandeses hicieran un alboroto al respecto. Pero los mandos nazis se enteran de que Francia nunca alcanzará sus cien mil deportaciones asignadas y con gran prisa deciden que el déficit debe ser compensado en otro lugar. Con un trazo de pluma, elevan la cuota anual para Holanda de quince a cuarenta mil personas. El 15 de julio de 1942 los primeros cuatro mil judíos deberán reportarse en la Estación Central de Ámsterdam.

El alcalde de Ámsterdam ordena de inmediato a los funcionarios del registro que elaboren una lista con los nombres de los judíos holandeses. El exhaustivo registro inicial de ciento sesenta mil judíos holandeses y el mapa punteado facilitan el proceso.

A nivel administrativo y organizacional, suministrar cuarenta mil judíos no le quitará el sueño a nadie, pero tanto las fuerzas de ocupación como el NSB anticipan protestas entre la gente ahora que sus vecinos, excolegas y amigos judíos de pronto tienen que empacar sus pertenencias en tan gran escala. La Zentralstelle (Oficina Central) cree conveniente recurrir al Consejo Judío como un aliado, para que todo marche sin problemas y sin demasiado pánico.

El viernes por la noche del 26 de junio, durante el Sabbath, el jefe de la Zentralstelle, Ferdinand aus der Fünten, convoca a uno de los presidentes del Consejo Judío, David Cohen. Le informa que en muy poco tiempo los primeros judíos serán movilizados hacia los campos de trabajos forzados bajo vigilancia policial en Alemania. Cohen escribe en sus memorias que este anuncio lo aterrorizó y que amenazó con renunciar, pero Aus der Fünten le aseguró que a la mayoría de los judíos se les permitirá quedarse en los Países Bajos y que las condiciones de trabajo en Alemania serían decentes.

O el Consejo Judío ayuda a elaborar las listas, y decide quién estará exento de deportación, como ellos mismos, sus familias y amigos, o Aus der Fünten lo hará él mismo, sin consideraciones para nadie. El Consejo Judío opta por cooperar. Tendrán que suministrar ochocientos nombres por día.

A partir del 5 de julio de 1942 los primeros llamados llegan por correo:

¡LLAMADA!

Para una posible participación de empleo bajo la supervisión de la policía en Alemania, se le convoca al campo de tránsito en Westerbork, estación Hooghalen, para examen personal y médico. Para ello debe presentarse en [fecha] a las [hora] en el punto de reunión [estación].

El pánico estalla. Las personas quieren esconderse o adaptan su equipaje con compartimentos secretos, bolsillos ocultos con dinero y fotografías. Intentan averiguar quién más en su círculo de amigos o familiares ha sido llamado, y por qué, o por qué no.

Cohen, Asscher y Aus der Fünten se reúnen una vez más, porque los presidentes del Consejo han escuchado que con el tiempo *todos* los judíos serán deportados. Aus der Fünten los tranquiliza; es verdad que ese es el objetivo final, pero promete que el Consejo Judío y su personal no deben preocuparse por la deportación. Cohen y Asscher pueden decirle a su gente que la correspondencia con los campos de trabajo será posible.

El consejo contrata de inmediato a más personal, todos exentos de la deportación de los alemanes.

Mik informa a Janny, y ella a su vez comunica la noticia a su esposo, padres y hermano. Todos los judíos registrados en Ámsterdam han sido convocados para reportarse y serán enviados a campos de trabajo, les dice. La familia enmudece. ¿Qué significa todo esto? ¿Es motivo de preocupación? Tantas cosas inimaginables han sucedido ya, que cualquier punto de referencia que tuvieran se ha esfumado.

Joseph opta por un enfoque práctico; el hecho en sí mismo no es ninguna sorpresa, los alemanes necesitan mano de obra, especialmente con la guerra extendiéndose sobre un área más grande, sobre todo cuando Estados Unidos se ha involucrado. Al parecer es un llamado solo para hombres judíos entre los dieciséis y cuarenta años. Fietje está de acuerdo; por supuesto, se requieren manos adicionales para mantener en marcha el aparato de guerra, tanto en las fábricas como en los campos. Probablemente no sea nada de qué preocuparse. Pero Janny, con los ojos entrecerrados, mira fijamente a su hermano pequeño, Jaap. Tiene veintidós años y habría sido un blanco perfecto si aún estuviera en Ámsterdam. Janny destroza sus falsas ilusiones con un comentario:

—Todos los que son convocados en un campo de concentración jamás vuelven.

El llamado ha puesto a la comunidad judía en Ámsterdam en un estado de alerta. La gente quiere esconderse en masa. Los alemanes se percatan de que hay grandes probabilidades de que su próximo paso hacia la «Solución Final» fracase y planean una redada, justo un día antes de que todos los judíos convocados tengan que presentarse. El martes 14 de julio, en pocas horas, entre setecientos y ochocientos judíos son arrestados al azar. Tienen que marchar a Adama van Scheltemaplein y Euterpestraat, Amsterstam-Zuid (Ámsterdam-Sur), en una larga procesión.

Allí, la Sicherheitsdienst (Agencia de Inteligencia de las SS) y la Zentralstalle han instalado su cuartel en una antigua escuela secundaria para niñas. La otrora escuela se ha convertido en un lugar donde torturan a los miembros de la resistencia y finalizan el sistema de deportación. En el gimnasio y otras partes del edificio, los judíos esperan su deportación. El infame Hausraterfassungsstelle (Oficina para el Registro de Bienes Domésticos), parcialmente dirigido por Willem Henneicke, también tiene su sede en Adama van Scheltemaplein. Este grupo de veinte, a veces treinta funcionarios —la llamada «Columna Henneicke»—,[12] se encarga de realizar inventarios pre-

[12] El grupo de colaboradores nazis holandeses, liderados por el mecánico Wim Henneicke, fue responsable de cazar a los judíos ocultos y enlistar sus propiedades

cisos de los hogares judíos expropiados. También rastrea a los judíos no declarados y traslada el botín del saqueo a los depósitos del banco LIRO. Antes, el Lippmann, Rosenthal & Co (LIRO) era un banco judío, expropiado por las fuerzas de ocupación. Desde el comienzo de la guerra fue promocionado como una «organización confiable» para que los judíos depositaran sus ahorros. Parte de los contenidos de las casas se destina posteriormente a familias alemanas, pero las ganancias se utilizarán en su mayoría para financiar la «Solución final».

Con el arresto de más de setecientos judíos, incluidos niños, mujeres, bebés y personas mayores, las fuerzas de ocupación tienen a los rehenes que necesitan para acorralar al Consejo Judío. Asscher y Cohen tienen solo una opción: o convocan a su comunidad para que se presente de manera diligente a los campos de trabajo, o los rehenes serán enviados a un campo de concentración, probablemente a Mauthausen. El consejo emite de inmediato una edición adicional de *Het Joodsche Weekblad* (El Semanario Judío):

EDICIÓN EXTRA
Ámsterdam, 14 de julio de 1942

La Sicherheitspolizei nos informa lo siguiente:
Unos 700 judíos han sido arrestados hoy en Ámsterdam. Si los 4 000 judíos designados no parten hacia los campos de trabajo en Alemania esta semana, los 700 arrestados serán transportados a un campo de concentración en Alemania.

---

para expropiarlas. El grupo, de dieciocho miembros, entregó a los nazis entre ocho mil a nueve mil judíos, la mayoría de ellos enviados al campo de exterminio de Sobibor, donde fueron asesinados. El grupo de Henneicke cobraba a los nazis 7.50 florines por judío, el equivalente a 47.50 dólares. [N. de la T.]

Los presidentes del Consejo Judío de Ámsterdam,
A. Asscher
Prof. Dr. D. Cohen

Al día siguiente, 962 judíos se presentan en la Estación Central de Ámsterdam y el primer tren de Westerbork parte a Auschwitz-Birkenau. El tren transporta a 1 137 personas, incluido un grupo de huérfanos. Casi todos los pasajeros son asesinados a su llegada.

Hasta el 13 de septiembre de 1944, otros noventa y seis trenes parten de Westerbork, con 107 000 personas a bordo; solo 5 000 vuelven con vida. En toda Europa occidental, los trenes corren para eliminar a los «elementos no deseados» de la sociedad, con diferentes porcentajes de éxito. En Bélgica, treinta por ciento de la comunidad será deportada a campos de concentración, en Francia, el veinticinco por ciento. Los Países Bajos transportarán al setenta y seis por ciento de su comunidad judía en un lapso de veintiséis meses.

11

BERGEN AAN ZEE

EL 16 DE JULIO DE 1942, UN DÍA DESPUÉS de que el primer tren partió hacia Westerbork con destino a Auschwitz, Eberhard y Lien caminan por Prinsengracht hacia la estación central, con Kathinka en la carriola y una pequeña maleta en las manos. Suben al tren y miran con detenimiento la ciudad que desaparece a la distancia. Las puertas de Ámsterdam se cierran, y su escape a Bergen es más que oportuno.

Jan Hemelrijk los espera en el andén. Con su rostro serio y cabello rubio cuidadosamente peinado hacia atrás, parece mayor de veinticinco años. Ha arreglado que Lien y su joven familia se alojen en la casa vacía de un conocido suyo hasta el 1 de septiembre. Entonces podrán mudarse a la cabaña de verano, donde Eberhard pasó parte del invierno pasado. Entre Breelaan, donde está la cabaña, y Buerweg, donde viven Janny y el resto de la familia, hay poco más de un kilómetro y medio de bosque. Todos están en las afueras al oeste de Bergen, hacia la costa. Ocultos por la naturaleza, pueden caminar para ver a los otros a cualquier hora.

Así, en el verano de 1942, la familia Brilleslijper al fin se reúne, incluidos los niños y maridos, pero las circunstancias son aciagas y los ánimos están muy lejos de ser alegres. Sus casitas son acogedoras y los alrededores de Bergen hermosos, pero en el lapso de dos años los lugares que llamaron hogar y las personas que viven allí han cambiado tanto que ahora son irreconocibles. Es lo único de lo que las hermanas y el resto de la familia pueden hablar.

Después de la primera llamada para presentarse en Westerbork, después de la redada de la que Lien, Eberhard y Kathinka escaparon por poco, hay una urgencia por conseguir *Sperres*. Las fuerzas de ocupación han proporcionado al Consejo Judío 17 500 de estas dispensas provisionales; entre la comunidad judía en Ámsterdam se desata una lucha febril para conseguirlas. Hay peleas y súplicas desesperadas a las puertas del Consejo Judío en el número 58 de Nieuwe Keizersgracht. Las personas intentan, como último recurso, casarse con alguien que haya sido dispensado; otros suplican al Consejo judío que les dé un trabajo. Los primeros en recibir un *Sperre* son sus familiares y sus propios empleados, además de un grupo de judíos prominentes, considerados importantes para la comunidad por el Consejo. Más de 17 000 personas son «empleadas». Estas dispensas les darán un año de respiro.

Mientras tanto, el trabajo de resistencia de Janny continúa, incluso desde Bergen. Trabaja para el PBC, el Centro de Tarjetas de Identidad, cofundado por su amigo Mik van Gilse, y pasa mucho tiempo viajando para falsificar y distribuir los documentos. A menudo debe intentar encontrar tarjetas de identidad con fechas de nacimiento específicas para judíos que son de la misma edad. Por lo regular, Janny trabaja en conjunto con su amiga Trees Lemaire; ella le entrega las tarjetas robadas a Trees, quien luego las pasa a la siguiente persona en la red de la resistencia.

La noche anterior al primer cumpleaños de Kathinka, Lien y Eberhard se sientan juntos en silencio y leen *El Semanario Judío*. Eberhard ha ido y venido a Ámsterdam por algunas golosinas para celebrar; en las tiendas locales de Bergen ya no se pueden encontrar cosas dulces. Aprovechó la ocasión para visitar a la señora Cornelius en Prinsengracht, quien le habló de una nueva redada entre la comunidad judía, justo el día anterior. Le dio también la última edición extra de

El Semanario Judío, con fecha del 6 de agosto de 1942. Con la revista presionada entre su camisa y sus pantalones, tomó el tren de regreso a Bergen.

> EL SEMANARIO JUDÍO
> Edición extra
>
> Todos y cada uno de los judíos que no respondan de inmediato al llamado dirigido a ellos para la expansión de empleo en Alemania, serán arrestados y llevados al campo de concentración Mauthausen. Este u otro castigo no será impuesto a aquellos judíos que se reporten antes del sábado 9 de agosto de 1942 a las cinco en punto, o a quienes se declaren dispuestos a participar en la expansión del empleo.
>
> Todos y cada uno de los judíos que no lleven una estrella de David serán llevados al campo de concentración de Mauthausen.
>
> Todos y cada uno de los judíos que se cambien de ciudad o casa en la que viven sin permiso de las autoridades, incluso si esto es solo temporal, serán llevados al campo de concentración de Mauthausen.

Por un momento reina el silencio, mientras ambos digieren el mensaje. En realidad, esto es positivo, concluye Lien, meditabunda, señalando el primer punto de la orden; los alemanes admiten de forma implícita que muchos judíos no se han presentado y que las personas se ocultan tan pronto como reciben el llamado. Eberhard alza las cejas y señala el punto dos. Eso permite una interpretación alentadora también; el hecho de que amenacen con la deportación significa que la estrella de David es saboteada. Pero, ¿cuánto durará esta obstinación? Todos en los Países Bajos saben que no se sobrevive más de seis meses en Mauthausen. Se han construido muchos campos de concentración nuevos y mucho más grandes en Polonia, de los cuales nadie regresa.

Están de acuerdo en que estos son falsos rayos de esperanza; el Consejo Judío simplemente está pidiendo obediencia absoluta a los fascistas.

El dedo de Eberhard descansa en el punto tres; esto concierne a Lien, a toda la familia Brilleslijper. Han evadido a las autoridades y se desconoce su paradero. Eberhard dobla la revista y camina con Lien hacia la cocina. No queda nada más que discutir; no hay marcha atrás.

En septiembre de 1942, dos meses después de la salida del primer tren de Westerbork para Auschwitz y de que el Consejo Judío emitiera su llamada, Jan Hemelrijk le pide a Eberhard que acompañe a un chico a su escondite. Eberhard ha hecho esto antes; entre ellos y con un toque de ironía lo llaman «el traficante de niños».

El último vestigio de ingenuidad que prevalecía entre los judíos ha sido eliminado por el desarrollo de los acontecimientos recientes y las personas hacen todo lo posible para salvar a sus hijos de manos de los nazis. Con o sin padres, hermanos y hermanas, con o sin explicación, con conocidos o perfectos desconocidos, en los Países Bajos están escondiendo a los niños como huevos de Pascua. A veces son lo suficientemente grandes como para entender lo que está sucediendo y a veces hay oportunidad de decir adiós, pero también hay familias donde el padre y la madre suben al tren de pronto y los niños se quedan en casa, desesperanzados.

Una niñera en Groninga recuerda las instrucciones que le dio su patrona, una mujer judía con siete hijos: «Cuando vengan a buscarnos, pondré al bebé en la parte de atrás del armario, debajo de una pila de mantas. ¡Vigila nuestro hogar y busca al bebé si crees que nos han llevado!».

Efectivamente, eso sucede; los padres y sus seis hijos son deportados, y la niñera encuentra al bebé en el fondo del armario, escondido debajo capas de lana, pero vivo. Ella lo envuelve en una manta caliente, lo ata a la parte trasera de su bicicleta y, a contraviento, emprende el largo camino hacia el norte, hacia el mar. Allí, les entrega el bebé a unos marineros en un barco pesquero, quienes lo llevan a Noruega, donde una pareja noruega desconocida lo recibe y lo cría con amor. Las únicas cosas que saben sobre el bebé son el primer y segundo nombre que la niñera les dio.

Décadas después, justo antes de morir, la exniñera lee en el periódico los nombres que nunca olvidó y contacta al hombre para contarle sobre sus padres. También puede al fin entregarle los álbumes de fotos que capturan a toda su familia asesinada, que ella tomó de la casa antes de huir y guardó desde entonces.

La asignación que Jan Hemelrijk tiene para Eberhard es menos complicada, pero no menos peligrosa. Se trata de Herbert Spijer, de dieciséis años, un chico judío que vive con sus padres en Ámsterdam. Con las deportaciones y redadas en la ciudad, la familia teme por la vida de su hijo. Quieren que se oculte antes de que sea demasiado tarde.

Disfrazado precariamente con un bigote y un sombrero, Eberhard viaja a Ámsterdam en tren y lleva al ansioso adolescente de regreso a su casa en Bergen para esconderse con ellos por el momento. Es un milagro que todo marche bien. Las revisiones en la estación central se han incrementado de manera exponencial desde que comenzaron las llamadas y Eberhard ve «mudos», vestidos de civil, por todas partes. Vigilan sin expresión las estrechas escaleras por donde desciende la multitud de los andenes y se dirige hacia la plaza central y, desde allí, hacia afuera. Eberhard sospecha que los mudos se ubican justo debajo de las escaleras para examinar con mayor precisión al torrente de pasajeros. Siempre que acompaña a niños, se asegura de que caminen justo detrás de él, escondidos detrás de su alta figura, que tal vez ya no sea tan impresionante después del fracaso de la estrategia del hambre, pero aún es lo suficientemente útil.

En noviembre, Eberhard emprende una nueva misión para la familia Spijer. Su hija de diecisiete años, Elleke, se esconde en algún lugar de Ámsterdam y tiene que ser trasladada a Velsen. Después de que Eberhard ha llevado a la niña a salvo a su nueva dirección, parece que el tranvía de Alkmaar a Bergen ya no está funcionando. No conoce el camino, solo intuye vagamente la dirección, y camina hacia la oscuridad con el toque de queda pisándole los talones. Para llegar a la cabaña, debe en algún momento, tomar un camino que pasa entre un estanque y un campamento de soldados. No hay otra ruta y ya son más de las diez; nadie tiene permitido estar afuera, mucho menos un desertor alemán. Se abre paso a través de las matas, como un espía, y llega al fin sano y salvo con Lien, quien lo espera llorando. Se había resignado a la idea de que había sido capturado por la Gestapo.

Las cosas casi salen mal en algunas ocasiones más, como cuando Eberhard es detenido en la Estación Central de Ámsterdam. Tan pronto como las puertas del tren se abren, camina entre el río de gente: bajar del tren, subir al andén, bajar las escaleras, bajar la cabeza, no hacer nada sospechoso, no esconderse, pero no llamar la atención.

—*Ausweis, bitte!* ¡Tarjeta de identidad, por favor!

En los pocos segundos que siguen, todo parece suceder con dolorosa lentitud; llevar la mano al bolsillo, mostrar el documento, los ojos de águila revisando de arriba abajo, mirándolo, luego de vuelta al papel, sus intentos de tragar, el latido de su corazón retumbándole en los oídos, pesado y lento, como una locomotora de vapor que se dirige a un muro de concreto en cámara lenta, lo ve suceder, pero no puede evitar el choque.

—*En Ordnung!* ¡Todo en orden!

Alivio repentino, la sangre espesa fluye lentamente de nuevo, camina, casi despega, se mezcla entre las masas, hasta que el corazón vuelve a su lugar.

Incluso a una edad avanzada, Eberhard no puede bajar las escaleras de la Estación Central de Ámsterdam sin que un terror agudo le robe el aliento. Le toma unos minutos en la plaza de la estación, protegido por la ciudad, recuperarse antes de que pueda continuar con su camino.

12

FILETE DE CHAMPIÑONES

CADA VEZ QUE JANNY ESCUCHA EXPLOSIONES fuertes que vienen desde el mar, corre hacia afuera, aguzando el oído, con la esperanza de que al fin esté sucediendo. Con la esperanza de que aquí, en la tierra, los Aliados hayan abierto el segundo frente del que habló Stalin por la radio. Ha quedado claro que no pueden derrotar a las tropas de Hitler con una contraofensiva desde el mar y el cielo; para tener una oportunidad, los Aliados deben crear un frente en el continente europeo.

La Operación Barbarroja llegó con fuerza bruta y, en la primera fase, gran velocidad. Pero, hacia finales de 1941, Hitler perdió 750 000 hombres y la moral de las tropas alemanas cayó más bajo que las temperaturas invernales. En diciembre, el ministro de Propaganda, Goebbels, da un discurso patriótico en la radio alemana en el que pide a la gente que envíe al ejército ropa de abrigo. «La patria no debe tener una hora tranquila mientras haya un solo soldado en el frente que aún no esté equipado para soportar el rigor del frío invernal».

Aunque los mismos alemanes han estado sufriendo bajo el yugo de las raciones durante dos años, la convocatoria recauda más de 76 millones de prendas de vestir cálidas, pero la guerra ha perdido su velocidad de rayo. Primero, Moscú resiste de forma inesperada hasta enero de 1942. Luego, después de una larga y medianamente exitosa nueva ofensiva alemana en la primavera de 1942, sigue la infame batalla de Stalingrado, de agosto de 1942 a febrero de 1943.

Esta sangrienta batalla simboliza la culminación del duelo entre Adolf Hitler y Josef Stalin; ambos sacrifican a millones de personas.

Pero Janny no tiene idea de lo que está sucediendo en el Frente Oriental. No es consciente de que los planes del *Lebensraum* de Hitler no pasan del papel al campo con tanta facilidad. Todo lo que sabe es que los Aliados aún no han llegado y la vida diaria en Bergen es cada vez más difícil.

Dadas las circunstancias, al pequeño Robbie le está yendo bastante bien, pero Liselotte sigue llorando todo el tiempo y Janny no sabe qué es lo que tiene. Kathinka tampoco se ve bien; no tiene energía. Hay una epidemia de disentería, y Janny y Lien están muy preocupadas por los pequeños. Se rumora que el brote se produjo en el campamento de soldados que hay en el camino y la enfermedad intestinal se propaga a las familias cercanas, donde afecta principalmente a los niños.

Kathinka cae enferma. El vómito y la diarrea son tan severos que las costillas de la pequeña se dibujan bajo su piel. Cuando solo arroja sangre, Lien desespera, pero Jan y Aleid Hemelrijk hacen arreglos para que un amigo médico venga y la examine. Le receta medicamentos y una dieta de arroz con canela. Jan se asegura de que tengan todo lo que necesitan y, durante más de una semana, se sientan junto a su cama, rezando con ansias para que retenga el alimento. La familia que vive al lado, católica con once hijos, ya ha perdido a dos de ellos. Justo cuando Lien y Eberhard están a punto de perder la esperanza, Kathinka comienza a comer y a recuperarse, incluso cuando toma algunos bocados de comida normal; sus padres, por primera vez en mucho tiempo, se atreven a sonreír de nuevo.

El invierno de 1942 es severo. La comida es escasa y, si ya era problemático en temperaturas templadas, con la naturaleza en flor y muchos más animales para cazar, ahora es un gran problema. Las hermanas encuentran hongos en el bosque y, por fortuna, fritos y sazonados, los champiñones son un gran éxito con los niños. Para tener provisiones, conservan cestas llenas de hongos y los guardan en frascos. Janny también ha escuchado que un hongo rojizo es muy nutritivo y en las últimas semanas del año prácticamente se alimentan con una dieta a base de hongos. Por fortuna, pueden reírse de esta situación

—¿Qué van a cenar esta noche? —Bob le pregunta a Eberhard cuando los visita.

—Filete de champiñones. ¿Y tú?

—Filete de champiñones.

En diciembre la temperatura cae muy por debajo de los cero grados; en las siguientes semanas, la caída libre terminará con una temperatura récord de 27.4 grados Celsius bajo cero. La helada se cuela por las paredes y les es imposible calentar sus hogares. Jaap Brilleslijper le pide a Jan Hemelrijk que le traiga una sierra y un hacha, y ocupa sus días en talar árboles, cortar troncos y llevar la madera a sus hermanas, quienes mantienen las estufas encendidas día y noche.

Janny y Eberhard viajan regularmente a Ámsterdam para continuar su trabajo para la resistencia. Se enteran de que ha habido más redadas, las más grandes hasta ahora. En octubre, el SD, ayudado por la policía holandesa, arrestó a cerca de 15 000 judíos en Ámsterdam y en el resto de la provincia del norte de Holanda. En noviembre hacen lo mismo con cientos de judíos en varios lugares del este del país.

Todos los detenidos son transportados a Westerbork, donde el pánico y el caos se desatan ante la llegada de tantos. No es solo porque los cuarteles se llenan, sino también por la presencia de numerosas mujeres, niños y ancianos; los últimos vestigios de la creencia en los «campos de trabajo» se evaporan rápidamente.

Una deportación sistemática solo puede tener éxito con tranquilidad y orden, y un comandante de campo adecuado juega un papel crucial en el éxito de la tarea. Dos comandantes anteriores del campo Westerbork, Erich Deppner y Josef Dischner, eran hombres sádicos e impredecibles que solo causaron pánico con su comportamiento. Los prisioneros pensaron: si así es como nos tratan en Westerbork, antes un campo de refugiados, ¿qué demonios nos espera después? Un nuevo director de campo tiene que traer la calma, para que la cuota holandesa para la deportación se pueda cumplir.

En octubre de 1942 el oficial de las SS *Obersturmführer*, Albert Konrad Gemmeker, es nombrado director, un hombre con las facciones simétricas de estrella de cine y el aura de un director de escuela. Proviene de Beekvliet, un campo de rehenes en el pueblo de Sint-Michielsgestel, en Brabante, donde mantienen a los intelectuales holandeses como prisioneros; no les tocará un pelo, siempre y cuando el pueblo holandés obedezca.

Gemmeker restablece el orden en Westerbork con guantes de terciopelo. Se muda a la hermosa casa del comandante a la entrada del campo, una villa señorial de madera con techos en punta y una terraza rectangular. Gemmeker vive allí como si fuera un alcalde y Westerbork su ciudad; deja que el personal judío lo atienda. Organiza las actividades diarias en el campo, haciendo las cosas lo más normales posible, con trabajo, muchos deportes, espectáculos de cabaret y actuaciones musicales por las tardes. Hay una lavandería, costureras y un gran huerto con cultivos para que los habitantes sean autosuficientes.

Tan ordenado como dirige la vida diaria, Gemmeker escribe las listas de deportación. Los números se determinan por semana en Berlín y se transmiten a La Haya, desde donde Gemmeker recibe sus órdenes. En una reunión semanal, se generan las listas de transporte; Gemmeker depende en gran medida del trabajo administrativo del personal judío.

Durante los primeros meses, los trenes salen los lunes y viernes. A partir de 1943 salen todos los martes. A las personas de cada barraca se les comunica quiénes necesitan empacar sus maletas, algunas con sus familiares y otras sin ellos. Nadie se atreve a preguntar qué es peor. Todo sucede en un ambiente deprimente, pero organizado, hasta que los pasajeros son amontonados cuando los vagones están abarrotados. Se cuenta el número y la cifra se marca en el exterior con grandes números; las puertas se cierran herméticamente y el tren parte.

Gemmeker ejecuta un sistema de deportación efectivo que, para deleite de Berlín, le permite poner a los 40 000 judíos en el tren de los Países Bajos a Polonia a finales de 1942. El director celebra con una comida festiva.

Janny y Lien se dan cuenta de lo bendecidas que son de estar juntas; la mayoría de las familias en el país han sido destrozadas, si no es que ya han sido deportadas. A través de la resistencia tienen acceso suficiente a cupones y Janny no piensa cesar sus actividades. No es imprudente ni ingenua, pero no ve otra opción; cuando la situación lo requiere, debes luchar.

Por los niños, intentan que los días transcurran como normalmente lo harían. Incluso celebran la fiesta de San Nicolás en casa de Janny y Bob en Buerweg. Por un breve momento, todo parece ser como era antes de la guerra. De pronto se dan cuenta de que tan solo han transcurrido dos años y medio.

Esa noche, todos están relajados y acogen las tradiciones de la fiesta mágica, por el bien de los niños. Liselotte y Kathinka son demasiado pequeñas para entender, pero cuando Jan Hemelrijk, vestido como San Nicolás, toma a Robbie en su regazo y le habla con una voz profunda, el niño le devuelve la mirada, con los ojos muy abiertos, sin mover un solo dedo.

—¿Te comió la lengua el ratón, jovencito? —refunfuña San Nicolás.

—No, tío Jan —tartamudea el niño, haciendo que toda la familia estalle en risas.

Robbie no entiende lo que sucede y está a punto de estallar en lágrimas.

—El Servicio Secreto debería enlistarlo —murmura Jan Hemelrijk detrás de su falsa barba mientras le entrega el niño a Janny.

Cuando se despiden, ya entrada la noche, cae un aguacero torrencial. Los cielos son de color gris plateado con un filo oscuro, pero a lo lejos un cielo estrellado brilla, prediciendo una noche seca. Lien y Eberhard se van a su cabaña, con Kathinka cálida dentro del impermeable de su padre. Jan y Aleid caminan con ellos hacia su propia casa en Lindenlaan. Mientras saludan a «San Nicolás», Bob pierde su preciada bolsa con tabaco bajo la lluvia torrencial. En un estado de ánimo exaltado, Janny y él buscan la bolsa en vano hasta que los mechones de cabello empapado se pegan a sus mejillas y sus rodillas brillan a través de la tela de sus pantalones mojados.

Días después, Janny encuentra la bolsa debajo de los arbustos. El tabaco está empapado y medio echado a perder, pero eso no impide que Bob lo fume. En estos días hasta el placer imaginario es bienvenido.

13

LAS HERMANAS JANSEN

NO ES UNA SORPRESA QUE TENGAN QUE IRSE; no obstante, la noticia les pega fuerte. El 1 de febrero de 1943 los soldados alemanes evacuarán toda la costa, desde Den Helder hasta Hoek van Holland, de puerta en puerta, para la construcción del Muro Atlántico.

Hitler ha ordenado construir esta línea de defensa a lo largo de la costa del norte de Europa occidental para evitar una invasión de las fuerzas aliadas, la invasión que tanto anhela Janny. Una línea o, más bien, una cadena de obstáculos y fortificaciones, que cubrirá más de 4 800 kilómetros, desde el norte de Noruega hasta el sur de Francia. Miles de búnkers se construirán en las dunas holandesas, así como obstáculos antitanques, paredes altas de concreto, bolsas de arena y trincheras profundas. Necesitan caminos y vías adicionales hacia los depósitos de municiones, defensas antiaéreas y campos minados. Todos los pueblos hasta diez kilómetros tierra adentro deben estar vacíos para el 1 de febrero de 1943. Este anuncio es malo para los residentes habituales de las zonas costeras, pero para aquellos que se ocultan significa que están atrapados.

Los últimos días de 1942 transcurren despacio. Janny intenta ocultar su preocupación de sus padres e hijos, pero el malestar no solo se fermenta en el interior. La gente a su alrededor comienza a moverse, la gente «normal», oficialmente autorizada a reubicarse, no personas como ellos: judíos huyendo, desertores alemanes a quienes les espera la muerte. Cuando las furgonetas y los coches, cargados hasta el techo, salen de Bergen, una nueva oleada de soldados llega a la aldea. El ruido que hacen los hombres en los cuarteles de madera del campamento cercano mantiene a Janny despierta por la noche. Permanece recostada en la cama con los ojos bien abiertos, su mano sobre la de Bob, mirando al techo. Sobre sus cabezas, aviones ingleses vuelan a través de las oscuras dunas y abren fuego en el campamento de Bergen. Los soldados alemanes corren afuera para devolver el fuego.

Una noche derriban un avión inglés. Cae en llamas sobre las barracas de madera, incendiándolo todo. De milagro, Robbie y Liselotte no se despiertan, pero Janny, Bob, Jaap, Fietje y Joseph se reúnen en la ventana del salón, que está iluminada por el mar de llamas como si fuera un glorioso día de verano. Petrificados, entrecerrando los ojos para protegerse de la brillante luz, se paran detrás de la cortina. Bob y Janny intercambian miradas: los soldados están más cerca de Lien y Eberhard y de Jan y Aleid.

Al día siguiente se enteran de que, afortunadamente, todos están ilesos, pero está claro: cada día que pasen ahí, estarán en peligro. Deben encontrar nuevas casas.

Las hermanas se reúnen para tener una conversación de emergencia con Bob y Eberhard. ¿A quién conocen? ¿En quién confían? Jan y Aleid tienen que reubicarse también. No pueden mudarse con ellos. ¿Deberían separarse y entregar a los niños a extraños? Esto último es impensable y descartan la idea de inmediato. Pero, entonces, ¿qué hacer? Son un grupo grande y quieren, deben, permanecer juntos para poder sobrevivir. Es imposible quedarse en Bergen, volver a La Haya no es una opción y Ámsterdam está herméticamente cerrada. Más aún, saben con gran certeza que si entras a Ámsterdam, la única salida es Westerbork.

Al final, deciden que Janny y Eberhard viajarán cada uno por su cuenta al interior del país para intentar encontrar un lugar remoto con casas vacías. Es un plan endeble, pero es lo único que tienen.

Por su lado, Jan Hemelrijk, quien busca constantemente escondites, les ha comentado que ya no quedan familias que estén dispuestas a alojar personas en las zonas urbanas; hay demasiado riesgo, muy poco espacio, demasiados nazis, tanto alemanes como holandeses, al acecho, y la policía holandesa también está ansiosa por obtener información sobre los judíos ocultos. La renuencia inicial de los holandeses no judíos a disociarse de sus conciudadanos judíos, en dos años de ocupación, se ha convertido en aceptación del destino del pueblo judío.

Amigos en la resistencia les dicen que Ámsterdam está repleto de traidores sin uniforme. Civiles ordinarios que traicionan a sus vecinos, antiguos colegas, incluso a su propia familia. El banco nazi Lippmann, Rosenthal & Co, prospera. Con el número de judíos deportados en aumento, hay más y más propiedades vacías y la Columna Henneicke siempre aparece de inmediato para hacer un inventario de los contenidos del hogar. El escuadrón Hausraterfassung se vuelve cada vez más importante. Sus miembros viajan por todo el país, elaborando inventarios de las casas donde las personas fueron forzadas a partir; a veces las sábanas aún están calientes, las tazas de té todavía sobre la mesa; incluso los propios residentes siguen allí cuando estos caballeros realizan cuidadosamente sus tareas administrativas. En ocasiones deben ser testigos de cómo hacen un plano de su vida cotidiana; con gran precisión, como se espera de un eficiente funcionario, y por cuadruplicado. Una copia del inventario va a la Oficina Central, la Zentralstelle, otra viaja junto con los bienes, una más se queda con los miembros de la columna, como prueba de su trabajo, y la última copia se entrega a la propia familia. Un recibo es el último recordatorio de su existencia normal antes de que cierren la puerta de su antiguo hogar detrás de ellos.

Son las áreas remotas donde deben enfocarse. Con su apariencia aria, su cédula de identidad falsa y su holandés impecable, Eberhard aún se aventura a viajar. Por su parte, Janny combinará sus viajes a Ámsterdam por asuntos de la resistencia, con la búsqueda de posibles lugares en los pequeños poblados vecinos. Deciden que la zona boscosa al este de Ámsterdam es la más prometedora, así que cada mañana Eberhard toma el tren a Hilversum para explorar desde ahí.

En una ocasión viaja a Hollandsche Rading, un pequeño pueblo rodeado de naturaleza. Llega a la estación, camina por las empinadas calles y llama a cada puerta. Gracias a su apostura, esbelta y alta figura, cabello rubio, ojos claros y elocuencia, la gente habla con él, con una ligera sospecha, pero sin ningún problema.

—¿Por casualidad renta alguna habitación? —pregunta—. ¿O sabe de alguna cabaña de verano desocupada?

Nada. Puerta tras puerta, calle tras calle, hasta la otra orilla del pueblo no encuentra más que árboles.

Es diciembre; la temperatura ha descendido bajo cero. Intenta calentarse los dedos entumecidos y rechaza la idea desesperada que cruza por su mente: acampar en el bosque en tiendas de campaña con toda la familia. Sin embargo, se siente atraído por el bosque, tal vez haya una cabaña de cazadores, ¿una casita vacía? Piensa en la familia en Bergen, se arma de valor y se aventura entre los árboles.

Después de un largo paseo por el bosque de Baarn, Eberhard no encuentra nada ni a nadie. Tras unas horas más de caminata rápida, congelado y a punto de perder el valor, de pronto nota un camino de tierra. Ha perdido las esperanzas de que pueda conducir a una casa, pero tal vez llegue a una estación.

La noche está a punto de caer. Aunque teme ver las decepcionadas caras que le esperan en casa, no puede mantenerse alejado para siempre. De pronto, algo brilla entre los árboles: un edificio de paredes blancas, ventanas enormes cerradas con persianas; cuando se acerca, emerge una enorme villa. Más abajo hay algunas casas más pequeñas y, por primera vez en todo el día, Eberhard siente que su sangre comienza a fluir. Camina hacia una casa con las luces encendidas y toca el timbre. La puerta se abre y un hombre lo mira, molesto.

—Buenas noches, señor. Me di cuenta de aquel gran edificio en el bosque —Eberhard apunta con la cabeza hacia la villa—. Me pregunto si está deshabitado y si rentan habitaciones.

—¡Imposible!

Incluso antes de que termine de hablar, el hombre le cierra la puerta en la cara.

Con las manos vacías, Eberhard vuelve a Bergen, donde los otros lo esperan detrás de la ventana oscura. No necesitan preguntar; el rostro de Eberhard lo dice todo. Jaap aviva el fuego y mientras Eberhard se calienta, cuenta sus experiencias, incluido el desagradable encuentro con el hombre que derrumbó su última esperanza.

Por un momento, Lien y Jaap se miran con lástima. Después rompen en carcajadas.

—¿Están locos? —Eberhard mira a su amada—. ¡No tiene nada de gracioso!

—¿Sabes qué era ese gran edificio? —dice Lien.

Incluso Herbert, el niño judío que se queda con ellos, ríe entre dientes. Eberhard encoge los hombros.

—¡El palacio real, Soestdijk!

Pasarían años antes de que Eberhard pudiera encontrarle el chiste.

En Navidad su humor está muy lejos de ser alegre; las fiestas son un recordatorio del año nuevo y la inminente evacuación cada vez más cercana, y aún no hay una solución a la vista. La familia se reúne en casa de Janny y Bob; incluso su buen amigo Frits Reuter y su novia Cor Snel se arriesgan a viajar para visitarlos. Como uno de los líderes del ilegal Partido Comunista en Ámsterdam, Frits tiene muchas noticias que compartir. Sus informes, sin embargo, no mejoran los ánimos.

El 13 de diciembre el NSB organizó una gran celebración en el Concertgebouw en Ámsterdam, en honor a su undécimo aniversario. En una sala abarrotada, decorada con banderas ondeantes, pancartas y esvásticas, el comisionado del Reich, Seyss-Inquart, declaró que Hitler reconoció a Anton Mussert, fundador del NSB, como «Líder del pueblo holandés». Bajo una fila de brazos estirados, Mussert aceptó su posición.

Todos escuchan estoicamente mientras comen. Janny y Lien han horneado donas y preparado arroz. Ya entrada la noche, el grupo se despide de Lien, Eberhard —con Kathinka dormida sobre su hombro— y Herbert, quienes se van a su casa al otro lado del bosque. Se desean las buenas noches y se van a la cama, esperando que la noche traiga el milagro que necesitan.

Y el milagro sucede. Justo cuando Janny y Eberhard planean detener sus expediciones aleatorias en el frío invernal para preparar una separación forzada de la familia, Jan Hemelrijk llega con buenas noticias

—Tengo algo. Justo abajo de Ámsterdam, en el bosque de Naarden. Una casa sola, utilizada durante el verano por dos señoras ricas. Debe de ser lo suficientemente grande para todos ustedes. Esta es la dirección de las damas.

Después de una noche inquieta, Bob y Eberhard, vestidos con sus mejores trajes, parten al amanecer rumbo a Ámsterdam. Tensos, sostienen entre sus manos la dirección como una vara de zahorí. Las hermanas Jansen viven en Minervalaan, una calle de moda con mansiones señoriales. Con el destino de sus seres queridos, sus hijos, toda la familia Brilleslijper descansando sobre sus hombros, tocan el timbre.

Mientras intentan parecer tan confiables y encantadores como les es posible, Bob y Eberhard revelan su precaria situación, o al menos la versión segura. No se puede confiar en nadie en estos días, ni siquiera en personas que parecen buenas. Bob y Eberhard son dos hombres jóvenes holandeses, normales, no judíos, que viven en Bergen con sus familias y que deben partir con muy poca anticipación debido a la construcción del muro atlántico. Concluyen su historia con la temida pregunta: ¿podrían alquilar la casa de verano en Naarden hasta el final de la guerra?

Las damas están impresionadas con estos amables y gentiles jóvenes. Acceden y les piden que regresen en dos días para firmar el contrato de alquiler. Bob y Eberhard regresan a toda prisa con la familia, quienes esperan el veredicto en casa de Janny. Parece que se han salvado, pero la idea de separarse de los niños ha pesado en sus corazones durante semanas y no pueden responder con entusiasmo a las buenas noticias.

Tienen un lugar para ocultarse, pero no tienen permiso oficial para mudarse a Naarden. La única persona que podría intentar solicitar uno es Bob. El resto del grupo es judío o, en el caso de Eberhard, un desertor. Antes de haberse escondido, Bob trabajó en la Oficina Nacional de Suministro de Alimentos, y Janny ve en esto su única opción.

Viaja de inmediato a La Haya para hablar con las personas adecuadas. Con un encanto gentil, pero con la mirada de alguien que no aceptará un «no» por respuesta, hace arreglos para que Bob pueda regresar a la Oficina de Suministro de Alimentos, esta vez estacionado más al norte. Su nueva oficina está en Weesp, un pueblo entre Ámsterdam y Naarden. Durante esta diligencia jamás se menciona el estatus de Bob como «miembro de la resistencia buscado», así que Janny confirma sus sospechas de que solo está registrado como tal en la provincia de Holanda del Sur. De cualquier forma, tendrán que correr el riesgo; no hay otra opción.

Con los documentos necesarios en la bolsa, presionados firmemente contra su pecho, emprende su viaje de regreso al norte. Es viernes, ya entrada la tarde, y Janny sortea a la multitud de viajeros que se apresuran hacia el fin de semana. Solo quedan hombres, quizá alguna que otra mujer desorientada. Quienes no tienen necesidad de viajar, se abstienen, en especial ya tan tarde. Aquellos que no tienen negocios con otros evitan el contacto.

Janny se hace pequeña y mira hacia afuera. Cuando cae la noche, los prados detrás de la ventana se desvanecen y su reflejo aparece lentamente. Su cabello lacio, acomodado detrás de las orejas, pómulos sobresalientes como postes de una carpa que sostienen su piel estirada, sus ojos oscuros. La responsabilidad de todos aquellos que dependen de ella rara vez se siente pesada, pero ahora está abrumada. La impotencia de las últimas semanas, la amenaza inminente de separarse de los niños, o peor: todos ellos arrestados... ¿y entonces qué?

Sus hombros se sienten pesados y tensos y, cuando exhala, parece como si cayera por el asiento, por el piso, hacia el suelo debajo del tren. Después, un dolor lacerante en la parte inferior del abdomen, detrás de la bolsa con su salvación. Se dobla y mira a su alrededor para ver si alguien se da cuenta. Los asientos al lado y enfrente de ella están vacíos; los caballeros se sientan juntos más allá. Gracias a Dios.

Exhala con suavidad. Otra puñalada, más feroz esta vez. Sofoca su llanto y finge toser; dobla el torso sobre el bolso. Mientras tose, una pinza se aprieta alrededor de su vientre y la aprieta hasta que la vacía, le exprime la vida hasta que ya no puede respirar. Uno de los hombres en los asientos alejados levanta la mirada un instante. Janny intenta hacerse aún más pequeña en la esquina contra la ventana.

Un flujo cálido corre entre sus piernas, agradable en la frialdad del compartimento. El dolor se ha ido y se siente débil. Sus pies se balancean sobre el linóleo al ritmo del tren. El flujo se vuelve frío y sus muslos se sienten sucios y pegajosos. Se incorpora un poco, le da media vuelta a la falda hacia el frente y mira la mancha oscura en su regazo. Cubre la mancha con su bolso de cuero y apoya la cabeza contra la ventana, que ahora muestra solo una pared negra. A la distancia se observan brochazos de luz. Su aliento empaña el cristal, mientras cálidas lágrimas caen por sus mejillas y se deshacen en sus manos.

Con gran esfuerzo esboza una sonrisa al llegar a casa, agita los papeles, que Bob toma con entusiasmo, y se retira al dormitorio para cambiarse de ropa. Todos se sienten aliviados de tener el permiso. No le cuenta a nadie sobre el aborto.

El 30 de enero de 1943, dos días antes de que la costa que rodea Bergen sea evacuada, los hombres regresan a Ámsterdam y Eberhard, con su nombre falso *J. J.* Bos, firma un contrato de arrendamiento con la señora C. M. Jansen para alquilar la villa Hooge Nest (Nido Alto), ubicada en Driftweg 2, en Naarden. El alquiler es de 112 florines y 50 centavos por mes por la casa amueblada, y la promesa de cuidar el mobiliario y no usar la vajilla de porcelana fina.

—Es recomendable que se registren como nuevos ocupantes con el alcalde de Naarden —comenta de modo casual una de las hermanas—, o él podría reclamar la casa para los alemanes.

Bob y Eberhard les agradecen el consejo e intercambian miradas: eso sería un completo desastre. Quieren partir lo antes posible para recoger a la familia y salir del pueblo antes que comiencen las evacuaciones, pero las hermanas están muy contentas de tener jóvenes que las visitan y los entretienen en el salón de la elegante mansión en Minervalaan.

—Dime —dice la otra hermana, colocando su mano sobre el antebrazo de Eberhard—, no suenas como si fueras de La Haya en absoluto. ¿De dónde eres originalmente?

Le han hecho esa pregunta antes.

—¿Sabe? —responde Eberhard con voz conspiradora—. Crecí en Limburg, al sur. Me temo que podrá escucharlo en mi acento toda la vida.

Los cuatro ríen y se despiden calurosamente.

El último obstáculo. El alcalde de Naarden. El alcalde nazi de Naarden, Marinus van Leeuwen. Mientras Bob corre hacia Bergen para prepararse para trasladar las dos casas, Eberhard toma el tren a Naarden-Bussum. Al bajar, camina de prisa hacia la ciudad amurallada de Naarden; entra al fuerte por el puente y se dirige en línea recta hacia el Ayuntamiento, en Markstraat, frente a la Gran Iglesia.

El ayuntamiento es un edificio hermoso, que consta de un par de casas, una al lado de la otra, como dos hermanas. Una es más grande que la otra, pero con un estilo idéntico, con tejas serradas y una torre abierta con una campana y una veleta en la parte trasera. La casa a la izquierda tiene una puerta principal arqueada y majestuosa. Eberhard entra, con la boca seca y las extremidades rígidas. Adentro, una amigable señora lo lleva a la habitación del alcalde, quien está trabajando detrás de su enorme escritorio, flanqueado por retratos de Adolf Hitler y Anton Mussert. Cuando Eberhard entra, empuja su silla hacia atrás, se pone de pie y lo saluda con el brazo extendido.

—*Heil Hitler!*

Eberhard piensa en Lien y Kathinka, mitiga su indignación y, por primera vez en su vida, responde al saludo nazi. Muestra los papeles. El contrato de arrendamiento oficial, el permiso de trabajo que Janny arregló para Bob y un certificado médico del doctor en Bergen, declarando que «Kathinka Anita Bos, para recuperarse de disentería severa, debe mudarse a las áreas más altas del municipio de Naarden».

Van Leeuwen hojea la pila de papeles con cara seria, mientras Eberhard intenta mantener las manos quietas. Sus dedos se mueven sobre sus palmas, como si quisiera empujar los segundos por delante. El alcalde se levanta.

—¿Tarjetas de identificación?

Eberhard presenta los documentos de identidad de Jean-Jacques Bos, Antje Bos née Sillevis y Kathinka Anita Bos.

A sus espaldas las campanas comienzan a sonar. Cobijado bajo su eco, Eberhard exhala, recuerda el examen fallido después de su «estrategia de hambre», la huida a Bergen, esconderse con Jan y Aleid, luego a Ámsterdam y de regreso a Bergen de nuevo. Esto no puede fallar. Si esto sale mal, se acabó. Para todos.

—Aceptado.

Van Leeuwen estampa el sello requerido en los papeles municipales, pone su firma debajo y, diez minutos después, Eberhard está de vuelta afuera. Mira hacia la Gran Iglesia de Naarden y asiente brevemente. ¿A quién o a qué? No lo sabe.

SEGUNDA PARTE

EL NIDO ALTO

La casa en Driftweg se llamaba Hooge Nest, el Nido Alto.

Era una casa muy grande con terrenos y bosques que se extendían hasta el agua.

Y allí, con nuestra gente escondida, tuvimos todas las aventuras que una persona puede vivir.

JANNY BRANDES-BRILLESLIJPER

14

UNA VILLA EN EL BOSQUE

UN LUGAR SEGURO PARA ESPERAR EL FIN DE LA GUERRA era todo lo que habían pedido. Y también no separarse del resto de la familia, sobre todo de los niños, como muchos de sus amigos y conocidos habían tenido que hacer. Cuánto más duraría esta guerra, nadie sabía. Cualquier refugio hubiera estado bien, fuera un granero o un almacén vacío. Habían esperado de todo, excepto esto.

Está oscuro cuando llegan a su destino. El pueblo de Naarden está cinco, quizá diez minutos atrás; han conducido entre los matorrales y los bosques durante algún tiempo cuando, según las instrucciones, casi están por llegar. Han estado callados todo el viaje, cansados, desgastados por la tensión y el miedo a ser detenidos. El camino pavimentado cambia a un camino arenoso con profundas marcas de carretas; el bosque se cierra detrás de ellos. Si conducen más lejos, su destartalada camioneta se podría atascar.

Bob apaga el vehículo y, mientras la luz de los faros se atenúa y el zumbido del motor se apaga entre los árboles, una fina calma desciende sobre ellos. El aliento de los pasajeros empaña los cristales de la cabina del auto. Bob es el primero en bajar.

—Vamos. Tiene que estar aquí, en alguna parte.

Janny ayuda a su madre a salir de la camioneta y toma a Liselotte en sus brazos. Afuera, la lluvia le lastima las cansadas mejillas. Los árboles crujen con el viento sobre sus cabezas, mientras que el sonido de sus propios pasos se amortigua con un montón de hojas a lo largo del camino que desemboca a lo que parece un callejón sin salida: una pared alta y negra. El bosque.

Janny mira a Bob, quien lleva a Robbie de la mano. El pequeño está demasiado cansado para llorar. Encoge los hombros y siguen su marcha. Jaap le ofrece el brazo a Fietje y abraza a su madre con fuerza. Está temblando de frío. El resto del grupo está en camino. Eberhard con el abuelo, Lientje con Kathinka. Es demasiado peligroso viajar juntos.

Cuando alcanzan el borde del bosque, descubren un camino. Parte de un claro a su derecha y desaparece entre los árboles a su izquierda. Bob asiente y se sumergen en el bosque. Tan pronto Janny se encuentra entre los troncos negros, sus hombros se relajan, se quita un peso de encima. Aquí se siente en casa.

Por el lado derecho del angosto camino acecha una sombra enorme. A su alrededor las ramas gimen, los árboles se balancean al ritmo del viento, pero la casa permanece sólida, inamovible, imperturbable; nada la impresiona en lo más mínimo.

La lluvia ha parado y una débil luna se abre paso entre las nubes sobre los campos abiertos detrás de ellos. Se quedan quietos en el camino y miran la casa. Los ojos de Janny recorren la pesada fachada hasta un letrero blanco ubicado entre las ventanas de la planta baja y la primera. Las letras negras dicen: «El Nido Alto».

La casa, un cubo robusto con techo de paja, está construida en medio de una vasta reserva natural entre los pueblos de Huizen y Naarden. Es obvio que su estilo no aprecia demasiado la civilización; ignora todas las reglas de la arquitectura burguesa y se inspira en la naturaleza. El Nido Alto está de espaldas al camino y la vereda que los llevó hasta ahí; la entrada al vestíbulo y la puerta de la cocina están en la parte trasera. Cualquier visita debe seguir la estrecha vereda y luego pasar la casa, hacia la parte trasera —que de hecho es el frente—, para tocar el timbre. Los ocupantes pueden vigilar de cerca al visitante desde las muchas ventanas. Hay ventanas por toda la casa, distribuidas de forma uniforme entre los dos primeros pisos, con paneles blancos enmarcados por persianas de color vino.

La puerta principal se abre a un amplio vestíbulo, que da acceso a tres habitaciones. En línea recta, con vistas al camino, se encuentran la sala y el comedor; en el lado izquierdo del pasillo está la cocina, a la derecha una habitación adicional y un baño. Incluso hay un teléfono abajo. Se ríen cuando descuelgan el auricular y se lo llevan al oído; para su sorpresa, el teléfono está conectado.

Hay cuatro dormitorios y un baño en la planta alta y, debajo del techo de paja, un ático que tiene la longitud de toda la casa. Ambas aguas del techo tienen ventanas semicirculares del tamaño de un hombre adulto, como las de la torre de una iglesia, que ofrecen una vista espectacular de los bosques y los matorrales circundantes, y de la versión en miniatura del Nido Alto ubicada en el jardín; un gran cobertizo con techo de paja y ventanas con paneles idénticos.

La villa tiene tres chimeneas que se levantan como pilares, haciendo que el edificio parezca indestructible. Es un lugar perfecto para esconderse.

Esa noche, por primera vez en meses, Janny duerme como un bebé. Sin disparos sobre sus cabezas, sin los ruidos del pueblo, sin miedo a los soldados que inician con las evacuaciones a primera hora de la mañana, no más preocuparse a dónde ir. No hay nada más que el silencio que pesa sobre su cuerpo y duerme hasta que el sol de invierno ha vuelto a la casa. A su lado, la cama está fría. Bob se ha llevado a los niños abajo para no despertarla.

La noche anterior, en la oscuridad, habían recogido sus cosas en silencio de la camioneta y las habían llevado a la casa. Después de poner a los niños en la cama, se habían sentado en la sala, esperando con ansias a Lien y Kathinka, y luego a Eberhard y a su padre. Cuando todos hubieron llegado sanos y salvos, se fueron a la cama, demasiado cansados para hablar, demasiado cautelosos para encender la luz. Janny no ha visto el interior de la casa todavía. Se incorpora sobre los codos y echa un vistazo a su alrededor. El espacio está bañado en luz. Las amplias ventanas a ambos lados del ático están cubiertas con delgadas cortinas de algodón. Una interesante estructura de vigas soporta la parte superior del techo, varios metros por encima de su cabeza. En la esquina ve un lavabo de porcelana, un espejo y un armario con toallas. Anchos tablones cubren todo el piso.

Balancea las piernas sobre el borde de la cama y camina hacia la ventana. Con cautela, hace a un lado las cortinas de algodón y mira hacia afuera. Nadie. Abre las cortinas de golpe y se para frente a la ventana audazmente. Árboles por todas partes, árboles hasta donde pueden ver sus ojos. Ni una casa, ni una calle, ni una persona. Una amplia sonrisa se le dibuja en el rostro. Las voces llegan desde la sala a través de la escalera y corre escaleras abajo, hacia los niños.

Todos están ya ocupados. Jaap inspeccionó de inmediato el cobertizo, donde encontró suficiente material y herramientas para montar su taller. Su madre limpia los alféizares de las ventanas y ha abierto la puerta de la cocina; una corriente de aire gélido disipa el olor a moho y humedad; la casa había estado vacía desde finales del verano.

Janny le da un beso a Fietje, se pone el abrigo, sale y se queda pasmada. Frente a ella hay un césped tan grande como un parque, con arbustos altos, setos de abedul, árboles majestuosos, rododendros voluminosos y macizos de flores circulares. Mira a su alrededor, asombrada.

Hay sillas de madera y hierro gastado por todas partes; algunas verdes, medio cubiertas por musgo, otras limpias, usadas hace poco. Descubre pajareras colgando de varios árboles sobre su cabeza, una vacía más allá.

El jardín se inclina hacia abajo. No se había dado cuenta de que la casa estaba en una colina, su nombre resuena lentamente en su mente: el Nido Alto. La villa está rodeada de brezales y bosques salvajes. En el medio del césped hay una pérgola cuadrada con un techo puntiagudo y grandes ventanales a su alrededor. Lien está allí con los tres niños cubiertos con sombreros y bufandas. Janny saluda y camina hacia ellos. Robbie ya la ha visto, una sonrisa de oreja a oreja aparece en su rostro. Janny presiona sus labios sobre su frente, acaricia a Liselotte y Kathinka en la cabeza, y camina al lado de su hermana mayor, sus hombros se tocan.

—Dios —dice Janny.

De espaldas al mirador observan fijamente el Nido Alto, elevado sobre su entorno.

—Excelente, ¿no es así? —dice Lien.

Janny solo puede asentir. Su situación es demasiado precaria como para estar alegre, pero han tenido mucha suerte. Con el mentón, Lien señala un lugar detrás de la villa.

—La siguiente casa está a cientos de metros de aquí.

Janny explora los alrededores, pero no puede ver ningún techo u otro signo de presencia humana. Lien se da vuelta, señalando hacia el fondo del jardín con la mano.

—Si sigues caminando por ahí, llegas al mar.

Janny arquea las cejas e inclina la cabeza.

—¿El mar?

—O como se llame, Ijsselmeer o algo así. Agua, en cualquier caso.

Ambas ríen.

Janny piensa en su viaje la noche anterior e intenta orientarse.

—Entonces, Huizen está por allí —señala a la izquierda de la casa, sobre los matorrales y árboles—, y Naarden está por allá —hace un gesto hacia la derecha del paisaje cubierto por árboles hasta donde alcanza la vista.

Justo en ese momento, la cabeza de Jaap sale del cobertizo, con sus lentes puestos sobre la punta de su nariz y una expresión aturdida en su rostro. Las hermanas ríen.

—¡Hola! —Janny se tapa rápidamente la boca con la mano.

—Nadie puede escucharte aquí —dice Lien para tranquilizarla.

En Bergen había vecinos, transeúntes, soldados acuartelados cerca de ellos; siempre había una razón para pedir a los demás que se callaran, para llevar a los niños adentro tan pronto como comenzaran a llorar. Japie viene corriendo hacia ellas, con un montón de cosas presionadas contra su pecho.

—¡Miren lo que encontré!

Abre los brazos para mostrarles su tesoro. Un martillo, bandejas con clavos, una caja para puros, soga, lona, cables eléctricos con puntas separadas, un cable rizado, pero sin teléfono. Para Janny todo eso es basura, pero sabe que no debe decir eso en voz alta. Los ojos de su hermano brillan.

—Todo el cobertizo está lleno de cosas, ¡debes venir a verlo! Voy a comenzar con una radio y luego haré algo para los niños, ¿de acuerdo?

Se va, sus pantalones resbalan de su flaco trasero mientras corre.

Las hermanas discuten qué deben hacer en los siguientes días. Janny tiene algunas encomiendas de Mik y no estará durante el día. Bob comenzará a trabajar de inmediato en Weesp, entonces depende de Lien y Eberhard explorar el área y hacer las compras para todos.

Mientras hablan, dan vueltas alrededor de los niños como pastores alrededor de su rebaño, los ven jugar en el bosque, sus mejillas color de rosa. La casa desaparece de su vista cuando salen del césped; se internan más profundo en el jardín boscoso hasta que lo único que pueden ver son las persianas color vino, brillando a través de los árboles.

Robbie se sumerge en un montón de hojas y arroja dos puñados sobre la cabeza de su hermana. Liselotte grita de risa. Kathinka toma el atajo, se sumerge en las hojas antes de que Lien la saque rápidamente.

Esa tarde los pequeños están somnolientos y cansados de haber jugado afuera, y por primera vez en meses los tres se quedan dormidos como troncos, sin quejarse. Después de que Janny ha puesto a los niños en la cama, busca a su padre. Lo encuentra en la sala, avivando el fuego para disipar el frío helado que dejó entrar su esposa cuando estaba limpiando más temprano. Su fragilidad la sorprende. Se ve tan diferente del mercader robusto y ruidoso que era en Ámsterdam. Los alemanes tomaron más que su libertad cuando lo mantuvieron encarcelado durante diez días. Además, el viaje al Nido Alto fue duro, demasiado duro en realidad; su resistencia se ha agotado. Toma el tronco que Joseph está sosteniendo y lo hace sentarse en la cómoda silla al lado de uno de los ventanales, donde la vista del bosque es mágica.

Antes de que el resto de la familia llegara al Nido Alto, Eberhard había hecho por su cuenta algunos viajes a Naarden y había mudado parte de sus pertenencias. La primera vez llevó también a Herbert, a quien transfirió a uno de sus contactos. El niño iría a un nuevo escondite, más cerca de sus padres.

Cada vez que Eberhard se acerca a la Estación Central de Ámsterdam con sus montones de equipaje, suda de miedo. Pero la afluencia de los evacuados de las zonas costeras se ha vuelto enorme; siempre puede mezclarse con las multitudes. Es una migración masiva: hombres y mujeres corriendo por las plataformas aturdidas con sus hijos, abuelos, mascotas y muebles, algunos con un destino claro en la mente, otros sin la posibilidad de una dirección alternativa.

Los escalones están abarrotados, la sala principal estalla con enjambres de personas que se dirigen hacia el recinto central. Esto es perfecto para Eberhard, quien, con sus bolsos y maletas, no llama la atención. Después de bajar en la estación de Naarden-Bussum, sigue una caminata de cinco kilómetros hasta el Nido Alto, la mayoría de ellos a través de los matorrales.

Había visto el piano la primera vez que entró en la villa, pero no había tenido la oportunidad de contarle a Lientje al respecto. Demasiado ajetreo. Viaja de regreso a la estación de Naarden-Bussum con las manos vacías, luego a Ámsterdam, Alkmaar, y toma el tranvía de vapor a Bergen. Es su último viaje como burro de carga.

Cuando llega a Bergen, encuentra la cabaña de verano vacía y oscura. Hay un olor a lejía, las cortinas están cerradas. Es como si nunca hubieran vivido allí. Lien se fue con Kathinka, las precisas instrucciones de Eberhard impresas en su mente.

Cierra, pone la llave en el buzón de la casa principal y camina hacia el búngalo de Janny al otro lado del parque. Allí, una escena similar le espera. La casa está impecable, las sillas guardadas sobre la mesa del comedor, ni una miga en la alfombra. No hay rastro de los niños pequeños que han estado deambulando ahí durante meses.

En un rincón oscuro de la sala, Joseph está esperando, sentado en un sillón.

—Venga —dice Eberhard, ofreciéndole un brazo a su suegro.

Por un momento, no parece que Joseph tenga intención de moverse. No ha salido de la cabaña desde que llegaron para esconderse. Eberhard toma su brazo y lo ayuda a levantarse, cruzan el umbral rumbo a su próximo refugio.

En el tren a Ámsterdam, la incomodidad de Joseph se vuelve más y más visible. Su respiración es pesada y mira a su alrededor, aunque en realidad no ve mucho. Su última cirugía ocular falló y, a pesar de sus lentes de fondo de botella, no puede notar la diferencia entre un soldado y un carbonero. Eberhard se pone nervioso, pero no puede tranquilizar al viejo sin delatarlos.

Cuando el tren entra en la Estación Central de Ámsterdam, la noche cae sobre los canales. Las multitudes se han disuelto; las plataformas están casi desiertas. Eberhard piensa en los «mudos» debajo de las escaleras y reza por que el padre se mantenga firme. En la plataforma, Joseph duda brevemente ante el anuncio de bienvenida, tan familiar, de su amada ciudad; Eberhard cree que podría irse y caminar a su antigua casa, por el canal hacia Weesperstraat, girar a la izquierda, entrar por la puerta, directamente a su cómodo sillón. Podría encontrar el camino con los ojos cerrados. Eberhard aprieta el brazo del padre, pero no hay necesidad. Joseph se da vuelta y lo sigue en silencio hasta el próximo tren.

La última parte es la más difícil. Cuando salen de la estación de Naarden, los recibe la lluvia. No se trata de una lluvia torrencial; es el tipo de lluvia constante apenas perceptible hasta que, de pronto, su abrigo se ha vuelto pesado y se le pega a la piel. Ambos están exhaustos y Joseph da pasos pequeños e inestables. Pero Eberhard no tiene prisa; este es su último viaje. Lo importante es llegar, aun si les toma toda la noche.

Al principio pasan salas bien iluminadas, gente en sofás, gente caminando hacia la cocina, sin darse cuenta de que los observan. Personas despreocupadas. Cuando salen del centro de la ciudad de Naarden, las casas se vuelven más escasas y las luces aparecen a intervalos más grandes. Las calles están muertas, solo los sigue el suave golpeteo de las gotas de lluvia sobre el asfalto que enjuaga sus pasos. Las gafas de Joseph están empañadas y el agua corre por su frente, sobre los cristales, hacia sus mejillas, pero su mirada está fija en el suelo mientras deja que su yerno lo guíe.

Después de caminar en silencio, con los brazos entrelazados, durante más de 30 minutos, un chirrido rítmico se cierne sobre ellos.

Se quedan quietos. Eberhard siente un escalofrío recorrer el viejo cuerpo a su lado. No sabe si es por frío o miedo.

Eberhard mira hacia los arbustos, preguntándose si debería empujar a Joseph hacia ellos. Reconoce entonces el sonido constante de pedales que rozan un guardafangos, de llantas de bicicleta siseando suavemente en la superficie de la carretera mojada. Una silueta doblada pasa, a medio metro de distancia, sin notarlos en la oscuridad. Siguen su camino, aliviados.

Eberhard no sabe cuánto tiempo les llevó, pero cuando al fin llegan al Nido Alto puede ver en las caras tensas cuán preocupados debieron haber estado. Todos esperan sentados en la sala con las cortinas cerradas. La vela parpadeante ilumina las líneas profundas alrededor de la boca de Fietje. Agradecida, toma a su esposo de manos de Eberhard y le seca suavemente el rostro con una toalla.

Eberhard luego le confiesa a Lien que fue una de las noches más angustiantes de su vida. Pero lo lograron. Los diez miembros del grupo están ahí.

En febrero de 1943 comienza la extraordinaria empresa de los Brilleslijper en el Nido Alto: hogar, escondite, centro de operaciones de la resistencia.

Desde julio de 1942 los trenes a Westerbork y otros lugares de exterminio han corrido sin pausa y, en todo el país, los judíos están buscando lugares para ocultarse. En este tercer año de ocupación, la agresión no se detiene ante nada y la ideología nazi se practica incluso sin presión alemana. Como dice un joven policía holandés: «No es un buen domingo a menos que golpeemos a un par de judíos».

Aun así, hay muchos holandeses no judíos que ayudan, pero la relación siempre es sesgada. Las personas escondidas son muy conscientes de que comen de los suministros de la familia anfitriona y viven en un espacio que no está destinado para ellos. Los niños que se esconden con una familia desconocida intuyen que no deben ser difíciles; la misericordia del anfitrión o anfitriona es un salvavidas frágil que se puede desinflar.

Janny y Bob se han mudado de forma oficial a Naarden con sus dos niños, pero el resto del grupo es ilegal y buscado. Joseph y Fietje por ser judíos y porque deberían haberse reportado en Ámsterdam. Jaap porque es judío y trabajó para la resistencia con su operación de estacionamiento de bicicletas. Eberhard porque es un desertor alemán, culpable de degradación racial por procrear a un hijo con una mujer judía. Lien porque es judía y conectada a la desaparición de Eberhard. Gracias a su visión, Janny no está registrada como judía, y se casó con Bob antes de que la ley se lo prohibiera.

Una administración perfecta y una logística eficiente aseguran que las deportaciones de los Países Bajos se ejecuten sin problemas. No obstante, los alemanes se dan cuenta de que falta un gran número de judíos. Unas 25 000 personas han desaparecido; no se han reportado y se desconoce su paradero.

En marzo de 1943, un mes después de que la familia Brilleslijper se mudara al Nido Alto, las autoridades convocan a la Columna Henneicke: los hombres que viajan por los Países Bajos desde su oficina en Ámsterdam para inventariar las propiedades de los judíos deportados. Su nuevo trabajo es afín a sus actividades anteriores, pero les trae mucho más dinero: van a cazar judíos escondidos por una recompensa de siete florines y cincuenta centavos por cabeza.

15

EL ARTISTA LIBRE

EN POCO TIEMPO, LA RESISTENCIA DIFUNDE la noticia sobre un lugar bien escondido y seguro, cerca de Ámsterdam, dirigido por dos hermanas judías. Acaban de mudarse al Nido Alto, cuando Janny comienza a traer más personas en apuros. Trees Lemaire, su amiga y colega en el PBC, le pide que le dé hospedaje a una conocida, Jetty Druijff, con su prometido, Simon van Kreveld, hijo de un reconocido pediatra. Pauline van den Berg llega por medio de Haakon y Mieke Stotijn. Con su cabello rojo, ojos azul acero y acento de Rotterdam, es difícil no notarla. Usa el nombre Aagje Honing y se muda como «la sirvienta». Bram y Loes Teixeira de Mattos, dos amigos mayores de Bob y Janny, llegan al Nido Alto desde La Haya con su hija Rita y su yerno, Willi Jaeger.

Para febrero de 1943 el hogar se compone por un grupo de diecisiete personas. Al grupo central se añade un flujo constante de visitantes que buscan refugio por un tiempo corto, unos días, semanas o meses. Joseph le pide a su hija que tenga cuidado, pero Janny no cede y Joseph tampoco quiere detenerla. En momentos desesperados, se requieren medidas desesperadas. Se ha vuelto cada vez más difícil encontrar un lugar donde esconderse; la gente está asustada. Janny también está asustada, pero jamás niega el acceso al Nido Alto, incluso cuando hay veinte o veinticinco personas en la casa.

La mayoría de ellos son del ambiente artístico, llegan a través de Lien y Eberhard, y otros son miembros de la resistencia que llegan por medio de Bob y Janny. La casa, ubicada en el corazón de los Países Bajos, es un punto perfecto para hacer escala. A veces Jan y Aleid Hemelrijk traen invitados; sus antiguos vecinos de Ámsterdam, Leo y Loes Fuks, también buscan refugio en el Nido Alto.

Leo es especialista en yidis y comienza a enseñarle a Lien. Antes de la ocupación, ambos eran miembros de Sch.-Anski, la sociedad cultural judía oriental dedicada a promover la literatura, el arte y el teatro yidis. Leo era el secretario y Lien estudiaba las canciones en las que más tarde se especializaría. Hasta que llegó la guerra, Lien actuó en los Países Bajos como cantante solista, con Eberhard como su acompañante habitual. Su nombre artístico, Lin Jaldati, lo tomó de la letra de una canción hebrea: «Jalda Jaldati, Jaffa Jaffati» (Niña, mi niña, belleza, mi belleza). Durante la ocupación, las actuaciones se volvieron escasas y distantes; los últimos meses en Bergen transcurrieron sin música. Eberhard no tenía un piano a su disposición, Lien no tenía ánimo para cantar o bailar. Habría sido demasiado peligroso.

Pero el Nido Alto es como una fortaleza, por fuera es pesado y robusto, pero por dentro hay luz y espacio y, por primera vez en mucho tiempo, los residentes se sienten libres para vivir, para moverse. Poco a poco hablan en voz alta y ríen de nuevo. Eberhard reclama el piano en la sala y pasa horas enteras practicando complejas partituras, con la espalda doblada. Lien retoma su repertorio y los otros vuelven a tocar música también; Simon toca la batería que encontraron en el cobertizo y Pauline, o «Red Puck», como la llaman, practica el violín en la pérgola.

En el apogeo de la guerra, el Nido Alto debió haber hecho más ruido que todas las vacaciones de verano de las hermanas Jansen juntas. A veces Janny, después de hacer encomiendas para la resistencia, camina a casa por el bosque y es recibida por una cacofonía de sonidos, incluso antes de que pueda ver la casa; es como si los árboles y los animales cantaran para ella, acompañados por el tamborileo de la tierra bajo sus pies.

Proveer alimento para al menos veinte personas no es tarea fácil. Bob desempeña un papel crucial: él trae el dinero. Todos los días sale temprano de la villa y viaja en su bicicleta a la Oficina de Abastecimiento de Alimentos, en Weesp, un privilegio que muy pocos holandeses aún tienen; el año pasado embargaron las bicicletas de los judíos y en estos días los civiles no judíos a menudo se ven obligados a entregar sus bicicletas a los soldados alemanes también. Todo lo que tenga ruedas es precioso: carriolas, carretillas, bicicletas de carga caseras y monociclos. Para salvar sus bicicletas de ser incautadas, la gente les pone ruedas de madera o pone una rueda pequeña en la parte delantera; los alemanes fruncen el ceño ante esas extrañas creaciones. Pero el alcalde de Naarden le da a Bob un permiso especial indicando que su bicicleta es requerida en el ejercicio de su deber como funcionario público en la Organización de Crisis Agraria. La bicicleta es invaluable y les ahorra mucho tiempo cuando, tan pronto Bob regresa del trabajo por la tarde, viajan a los pueblos aledaños para comprar botellas de leche y pesados sacos de arroz y trigo para todos.

El jefe de Bob es el gerente de la oficina local de la Comisión de Alimentos para el norte de Holanda, pero es miembro del NSB, por lo que no es alguien en quien Bob pueda confiar. Sin embargo, Bob roba cupones y hojas de ruta a diario, documentos oficiales con todos los sellos necesarios para la alimentación y el transporte. Los controles son estrictos; no se puede ir a ninguna parte sin papeles en estos días. Bob y Janny pasan la mayoría de los documentos a Mik van Gilse o Frits Reuter, quienes los distribuyen.

Bob recibe un salario de 150 florines por mes de la oficina gubernamental del norte de Holanda, pero de ninguna manera es suficiente para cubrir el alquiler y la comida para todos. Algunos de los invitados traen algo de dinero, pero la familia Brilleslijper en verdad necesita más recursos para alimentar a todas esas bocas. Cuando Mik visita el Nido Alto tiene una solución que viene del lugar menos probable, conectando al Nido con la cervecera más grande de los Países Bajos.

Mik espera con ansia sus viajes a Naarden. El bosque, la casa llena de amigos en los que puede confiar, como una comuna de resistencia en tiempo de guerra. La paz y la tranquilidad le hacen bien. Lo calman. Tan solo tiene veintiséis años y no conoce otra cosa más que el estrés y el peligro. Cuando al fin se sube al tren en la Estación Central de Ámsterdam, después de haber pasado ileso las revisiones, se desploma en un compartimento que cada mes parece más vacío, sus hombros estrechos comienzan a relajarse poco a poco. Es un joven precoz de veintitantos años con demasiadas responsabilidades, no muy diferente a su querida amiga Janny.

A una edad temprana, Mik viajó a España para reportar sobre la Guerra Civil Española, mientras que su hermano Janrik se unió al PCN. «Nunca subestimes al oponente y siempre permanece en guardia», ha sido su lema. Su movimiento de resistencia es bien acogido y parece que cada vez más personas están dispuestas a unirse. Otro éxito es su sociedad clandestina de artistas, que tiene su propia revista llamada *De Vrije Kunstenaar* (El Artista Libre).

Mik había comenzado la revista con su padre, el compositor Jan van Gilse, y su amigo Gerrit van der Veen, escultor, para movilizar a la resistencia contra el Kulturkammer (la Cámara de Cultura del Reich). Muchas personas se unieron a ellos: prominentes escritores, pintores, músicos, periodistas, y algunas personas ricas que apoyan su causa y donan dinero. Los artistas que se niegan a registrarse en el Kulturkammer pierden sus ingresos, por lo que el apoyo financiero es más que bienvenido.

Pero sus actividades comienzan a atraer demasiada atención; no solo está *El Artista Libre* y el PBC, sino también el grupo de la resistencia CS-6, en el que planea actos de sabotaje con su amigo Gerrit Kastein. La Sicherheitspolize[13] les ha estado pisando los talones por algún tiempo, pero hasta ahora siempre han logrado superarlos. El Nido Alto es el único lugar donde Mik puede recuperar el aliento.

Hoy, Mik ha traído la última edición de *El Artista Libre* para la familia Brilleslijper; escondido debajo de su pantalón, el papel cruje a cada movimiento. Han hecho varios miles de ejemplares, una impresión fantástica, que debe pasar de mano en mano. La revista no es para guardarse; debe llegar a tantos lectores como sea posible. En la portada han impreso: «ESTA COPIA NO ES SOLO PARA TI, PÁSALA». *El Artista Libre* se ha convertido en una publicación clandestina de calidad, respaldada, escrita y leída por artistas influyentes y ricos benefactores. La idea llena a Mik brevemente de optimismo y orgullo, pero esos sentimientos son sofocados cuando recuerda el peligroso plan que está ideando con Gerrit van der Veen y algunos otros amigos de la resistencia.

En el número 36 de Plantage Kerklaan, junto a la entrada del zoológico, está el registro de Ámsterdam. Ahí es donde se guardan los registros de cerca de 70 000 judíos; la fuerza administrativa impulsora detrás los trenes nazis. El PBC trata de suministrar tarjetas de identidad falsas a tantos judíos como le sea posible, pero no es suficiente. Portar documentos de identificación se hizo obligatorio en 1940, la tarjeta de identidad fue introducida en 1941, y desde entonces la eficiencia administrativa de los funcionarios holandeses tiene acorralados a los judíos. Gerrit dedujo que una acción resol-

---

[13] Policía de seguridad. Fue una clase de policía en la Alemania nazi encargada de investigar los crímenes y delitos políticos. Fue creada al combinar elementos de la Gestapo (Policía secreta del Estado) y la KriPo (Policía criminal). [N. de la T.]

vería todos sus problemas: volar el registro sin —y esto es de suma importancia— que haya muertes. Es un trabajo complejo. En la noche, todas las tácticas posibles le pasan por la mente a Mik, pero aún no ha encontrado la estrategia perfecta.

Se baja en la estación de Naarden-Bussum, ignora la parada del tranvía, y comienza la larga caminata hacia el Nido Alto. Hace frío, pero está animado y disfruta de la naturaleza. Los capullos que brotan de todos los árboles anuncian la llegada de la primavera.

Después de una cálida bienvenida de Lien, Jaap, Joseph y Fietje —Janny y Bob están fuera, trabajando—, Mik y Eberhard dejan el ajetreo y el bullicio de la casa y toman un sendero en el bosque hasta el agua. Eberhard presiente que Mik está emocionado por algo y tan pronto se encuentran bajo el cobijo de los árboles, cesa la plática banal y pone el brazo alrededor de su amigo.

—Suelta la lengua. ¿Qué quieres decirme?

—¿Tan obvio es? —Mik sonríe, mira a su alrededor como si las ardillas pudieran escucharlos y baja la voz—. *El Artista Libre* es un éxito. En realidad, se ha convertido en una amplia organización clandestina, con un gran número de seguidores entre artistas y gente adinerada que quiere hacer algo, pero no sabe cómo. —Eberhard asiente—. Tenemos un gran nuevo patrocinador. Nunca adivinarás quién es. —Siguen caminando y Eberhard levanta las cejas, curioso por conocer el nombre del benefactor—. El rey de todos los cerveceros: Heineken.

Mik mira de reojo para ver la expresión de su amigo. Eberhard se detiene y se vuelve hacia él.

—¿En serio?

—Sí —responde Mik—. Dirk Stikker, su gerente general, nos ha prometido un millón de florines. ¡Un millón!

Ambos respiran profundamente, impresionados por el número intangible. Continúan caminando, suben una pequeña colina, la última barrera entre el bosque y el agua. Jadean, sus zapatos se deslizan en la arena suelta.

—Bueno —murmura Mik, colocando sus pies en las grandes pisadas de Eberhard—, desde luego que está sacando bastante dinero de esos *Krauts* remojados en cerveza.

Se paran uno al lado del otro en la cima, para recuperar el aliento. Al pie de la colina, detrás de una franja de arena y un macizo de carrizos, se encuentra el lago Ijssel. Es frío, pero tranquilo. El agua está inmóvil y gris, el cielo nítido y claro, sin nubes, sin rayos de luz.

Mik rompe el silencio.

—De ahora en adelante, tú y Lien, como artistas clandestinos, recibirán una asignación mensual de *El Artista Libre*, para que puedan solventar los gastos.

En el rostro flaco de Eberhard se dibuja una sonrisa. Había compartido con Mik lo avergonzado que se sentía al ver que todos contribuían con algo para mantener en funcionamiento a la gran familia del Nido. Bob gana dinero para su familia, la mayoría de los invitados contribuye con algo; solo Lien, Jaap, Joseph, Fietje y él están imposibilitados de generar cualquier flujo de dinero. Esta cantidad no es solo para Eberhard y Lien, sino para toda la familia Brilleslijper; no hace falta que Mik se lo diga.

—Entonces está arreglado.

Mik corre cuesta abajo, con los brazos abiertos como las alas de un pájaro. Eberhard lo sigue. Giran hacia el camino de la derecha, que los lleva por el agua hacia Huizen. Antes de irse, Mik le da a Eberhard la dirección de un contacto en Laren, donde podrá recolectar el dinero cada mes.

—También te dará cupones robados para que los uses para la familia —Mik susurra cuando se abrazan—. Pero no se lo digas a nadie, ¿de acuerdo?

16

VECINOS

UN DÍA JANNY RECIBE UNA CARTA DEL CONSEJO. El alcalde de Naarden quiere discutir «irregularidades en su documento de identidad» con ella, y Janny debe comparecer dentro de los muros fortificados, en el hermoso ayuntamiento frente a la Gran Iglesia. De camino hacia allá, a través del brezal y entre los árboles desnudos, pero con prometedores brotes, se da cuenta, una vez más, de lo cerca que están del pueblo y de su alcalde, quien no se percata de lo que está sucediendo en su propio bosque.

Como lo vaticinó Eberhard, Mussert, Hitler y el alcalde la miran fijamente al unísono en la sala de juntas. Janny siente que las rodillas se le debilitan. Van Leeuwen no pierde el tiempo.

—Señora Brandes, hay algo mal con su tarjeta identidad.

Las sienes le palpitan, hay manchas que bailan frente a sus ojos, pero Janny se hace la ignorante y lo mira con timidez.

—Hay dos documentos de identidad, ambos aparentemente suyos. Yo no creo que eso sea posible, ¿verdad?

Janny niega con la cabeza, preguntándose qué podría haber ocurrido. Lo único que se le ocurre es que su contacto en la oficina de registro en Ámsterdam no haya podido destruir su tarjeta de identidad original. Eso explicaría por qué ahora hay dos: la original y la nueva que hizo con datos falsos distintos. La han descubierto. Se acabó. Trata de tragar saliva, pero su garganta se siente demasiado gruesa.

—Señora Brandes —dice el alcalde—, si no hubiera conocido a su marido y no lo respetara tanto como funcionario público, tendría que haber informado sobre esta discrepancia. ¿Lo entiende?

Al principio, Janny cree que ha escuchado mal lo que dijo. Mira fijamente al alcalde, con una expresión perpleja en el rostro, pero luego recobra la compostura. Las manchas en sus ojos desaparecen, los latidos se hunden hasta sus muñecas.

—Por supuesto que lo entiendo. No tengo idea de qué pudo haber sucedido, pero me encargaré de inmediato.

—Por favor, hágalo.

El alcalde asiente brevemente y se da la media vuelta. Su conversación ha terminado.

Afuera, Janny se apoya contra la pared de la iglesia y trata de regularizar su aliento, se siente mareada. La risa brota de sus labios. Se cubre la boca con la mano, consciente de lo estrecho de su escape, y piensa: ¿Cómo pudo pasar esto?

Recuerda un día de invierno, el año pasado. Había viajado de La Haya a Ámsterdam, con Liselotte en su carriola y Robbie de la mano, para recoger un paquete para el partido. No sabía lo que era, pero en verdad era pesado. Envolvió el paquete en una manta y lo escondió debajo del colchón de la carriola. En el tren, la carriola se guardó con el equipaje. Janny tomó el recibo y a sus hijos y se sentó en un compartimento. A su llegada, al ir a recoger la carriola, no podía encontrar el recibo. El recuerdo sigue vivo: estaba parada en la fría plataforma bajo la lluvia torrencial, una niña en sus brazos, el otro de su mano, un oficial de ferrocarril la miraba hurgar en sus bolsillos, en los bolsillos de los niños, cada vez más nerviosa. Mientras se quitaba el guante para buscar una vez más, el boleto salió volando del forro. Podría haberse reprochado; en cambio, esbozó una sonrisa, le entregó el recibo al oficial y tomó la carriola con los productos de contrabando. Puso a su hija sobre el colchón y se dirigió a casa tan tranquilamente como pudo.

Cuando pasó junto a un gran almacén, la ventana le devolvió el reflejo de dos hombres con gabardinas largas caminando detrás de ella. Un toque en su hombro.

—Tarjeta de identidad, por favor.

Mientras uno de ellos estudiaba sus papeles, el otro la miraba de pies a cabeza. Janny se dijo a sí misma que solo era una madre común, ansiosa por llevar a sus hijos a casa, pero sentía como si fuera a morir.

—Brilleslijper, ¿no eres judía?

—De ningún modo. Mi madre se llama Gerritse, no es judía. El nombre de mi padre es Brilleslijper. Es medio judío y vive en Batavia.

El silencio duró mucho y la lluvia no cesaba. En realidad ya no la molestaba…, si tan solo pudiera sacar a los niños de aquí. Liselotte comenzó a llorar, pero Janny no quería levantarla de la carriola, la bebé era la capa protectora de su misión secreta.

Uno de los hombres le asintió y Janny pudo irse. Frits Reuter le dijo más tarde qué contenía el pesado paquete: una ametralladora desmontada para la resistencia.

Después de ese incidente, su contacto había alterado su documento de identidad. Lo único que pudo haber pasado es que él no destruyera los papeles originales en el momento.

De vuelta en el Nido Alto, su padre se pone rojo de ira cuando le cuenta su aventura. Le agita el dedo cerca de la cara.

—Peligroso. ¡Lo que estás haciendo es peligroso! ¿Y si ese alcalde decide caminar hasta aquí un domingo para echar un vistazo? ¿Qué pasa si decide recuperar tus documentos en el Consejo Judío?

Camina de arriba abajo por la sala, abre la boca, la cierra de nuevo. No encuentra las palabras para expresar su preocupación por su hija.

Janny se da cuenta de que ni siquiera había pensado en esa posibilidad: si su contacto no ha destruido el documento de identidad original, el Consejo Judío probablemente tendrá sus papeles en su fichero. Piensa en voz alta: «Consejo Judío». Joseph mira a su hija con los ojos entrecerrados.

—Esos bastardos —murmura.

—Tranquilo —dice ella colocando una mano sobre su brazo—. Me encargaré de esto.

Al día siguiente, Janny toma el tren a Ámsterdam y visita Nathan Notowicz, un comunista polaco que vivía en Alemania hasta que huyó de los nazis. Cuando estalló la guerra se unió a un grupo de resistencia que ayuda a los judíos a encontrar refugio. Nathan tiene un corazón amable, un puño de hierro y una intensa aversión por los colaboradores. Janny por lo general puede valerse por sí misma, pero como mujer tiene pocas posibilidades en el consejo, y esta misión es demasiado importante como para fallar.

Juntos, van al edificio del Consejo Judío, en Nieuwe Keizersgracht, donde le solicitan amablemente al administrador judío a cargo que elimine los registros de Janny. Él se niega. Con un gesto sutil, Nathan le pide a Janny que salga.

No tiene que esperar mucho tiempo. Después de cinco minutos, Nathan cierra la puerta con calma, le sonríe con picardía y levanta ambos pulgares. No sabe con qué lo ha amenazado, y es probable que su método no haya sido el más elegante, pero todos los papeles son destruidos de inmediato.

Después, un encuentro con los cabecillas del Partido Nazi Holandés (NSB). En cierta forma, una casa de campo, manejada por judíos, llena de gente escondida, *aquí* en los bosques de Naarden, es algo así como un caballo de Troya. El área está repleta de fascistas, el doble que el promedio nacional. Las hermosas villas en Naarden y Bussum a menudo pertenecen a fanáticos nazis.

La mayoría de los votantes del NSB pertenecen a la clase media (oficinistas y dueños de negocios) y a la clase alta. Aunque la ideología nazi está dirigida a la clase trabajadora, el partido es mucho menos popular en ese segmento.

Incluso antes de la ocupación, el NSB tenía muchos partidarios en las zonas acaudaladas de Ámsterdam, así como en la adinerada área de Hilversum; personas que viven con comodidad, reacias a compartir su riqueza y con temor a perder su estilo de vida. Los sentimientos antisemitas y la aversión a los «elementos extraños» entran en juego también, a pesar de que la mayoría de los judíos son ciudadanos holandeses. La situación incluso llega al extremo de que, entre más judíos tenga la municipalidad, más personas votan por el NSB. La zona entre Ámsterdam e Hilversum tiene una comunidad judía relativamente grande, que se expandió a finales de la década de 1930, cuando llegaron varios cientos de refugiados alemanes.

En 1942 los nazis holandeses establecieron la Policía de Apoyo Voluntaria (VHP), una pomposa vigilancia fascista de ciertos vecindarios. No es coincidencia que Hilversum, Bussum y Naarden estén entre la docena de pueblos y ciudades donde opera la VHP.

El abuelo Joseph dice con frecuencia: «Debemos vigilar a estas personas. Tómenlo en cuenta. Los ricos siempre vuelven la cabeza hacia el sol; tienen demasiado que perder como para ofrecer resistencia».

En efecto, el Nido Alto está rodeado literalmente de nazis holandeses. En la misma reserva natural donde se ubica la villa se encuentra una finca llamada Oud Bussum, propiedad del inmensamente rico nazi Pieter van Leeuwen BoomKamp. El *Reichsmarschall* Göring, también conocido como Fat Hermann, inclusó se hospedó brevemente en Oud Bussum cuando visitó los Países Bajos en 1940. Por si fuera poco, a solo cuatro kilómetros del Nido Alto, tanto en Naarden como en Bussum, está estacionada una gran cantidad de soldados alemanes. Anton Mussert, líder del NSB, pronunció un discurso en las puertas de la ciudad de Naarden cuando comenzó la guerra.

Pero eso no es todo, el mismo Mussert eligió la reserva de naturaleza salvaje, refugio perfecto para los judíos, a tiro de piedra de Ámsterdam, como su propio escondite.

Mussert sabía que la guerra se acercaba. También sabía que los holandeses no podrían oponer mucha resistencia. Pero, a medida que la ocupación de mayo de 1940 se acercaba, comenzó a preocuparse de que pudieran estallar conflictos entre los holandeses y los miembros de su NSB en esos primeros días caóticos después de la invasión alemana. En una reunión con las cabezas de su partido en Utrecht, les dice que está considerando buscar refugio durante al menos cuatro días; está convencido de que la resistencia holandesa no durará mucho más. Acuerdan que la seguridad del líder del partido es de vital importancia; después de la capitulación, la gente lo necesitará, ya que es el arquitecto de un nuevo futuro para los Países Bajos.

Durante varias semanas, Mussert se queda con algunos de sus camaradas nazis en todo el país, en busca del mejor lugar para esconderse. Su ayudante, Tonny Kessler, también está buscando y le sugiere la ubicación perfecta.

Kessler ha visitado el escondite varias veces y ha hablado con los dueños de la villa, el señor y la señora Gooijers, ambos nazis confirmados. Les pregunta si estarían dispuestos a esconder 80 kilos de documentos ilegales. Su respuesta es un firme «sí». Kessler está seguro de que estas personas entienden que el futuro del NSB descansa sobre sus hombros. Lo único que queda por mencionar es que a los ochenta kilos a los que se refería eran los de Mussert.

El jueves 9 de mayo de 1940 durante una hermosa tarde veraniega, Anton Mussert deja la sede del NSB en Utrecht después de una reunión y se sube al Pontiac convertible que lo espera. Su chofer enciende el motor y lo conduce a Bilthoven, donde se hospeda.

En las primeras horas de la mañana siguiente, Mussert, como muchos holandeses, despierta con el atronador sonido de la guerra. Escucha la radio y espera hasta las siete y media de la mañana, cuando los hombres de negocios de Bilthoven se preparan para abandonar sus hogares, llama a su chofer y conducen directamente para ver a Tonny Kessler en Naarden. A partir de ahí, se dirigirán al escondite, la remota casa del camarada Gooijer. Incluso la esposa de Mussert ignora a dónde se dirige en este exilio voluntario.

En tres ocasiones los soldados en los puestos de control detienen el automóvil, pero se les permite pasar. El Pontiac se detiene en Naarden, donde Mussert y Kessler se despiden del chofer y continúan su viaje a pie. Caminan por el vasto bosque en silencio. Detrás de ellos está Naarden; delante de ellos, Huizen. Ahora caminan por Naaderstraat, el antiguo camino que conecta los dos pueblos. Tanto la línea del tranvía como el tráfico se han desplazado a Nieuwe Bussumerweg, paralela a esta vía, así que no encuentran ni un alma.

El camino se estrecha y a lo largo de los bordes los árboles altos elevan sus tupidas ramas hacia el cielo. A su derecha, los hombres pasan una vieja caseta de peaje, fuera de uso desde hace años. A su izquierda, un poco más adelante, está su destino.

El ayudante y su distinguido invitado se detienen en una granja sencilla de una sola planta y un ático. El camino está desierto, la casa está aislada, escondida entre el follaje. Es viernes 10 de mayo de 1940; la invasión alemana acaba de comenzar y Anton Mussert va a un lugar seguro.

La casa tiene un pequeño jardín frontal con un seto que oculta el lugar de la vista en temporada de floración. En la parte posterior hay un jardín salvaje, de 90 metros de largo. Medio kilómetro más allá comienza el bosque de la reserva natural. A un lado de la casa hay una ciclovía que atraviesa el bosque hacia el lago, y al otro lado no hay más que tierras de cultivo. Además de una casa de campo a la vuelta de la esquina, en el bosque, está completamente desierto.

Detrás de la casa, al fondo del jardín, un gran seto de ramas secas sirve como muro. Una trinchera, excavada debajo del seto en la guerra anterior, está cubierta de arbustos. Mussert está muy satisfecho con el lugar.

Gooijer y su esposa han preparado diligentemente el pequeño ático para su estimado invitado. Pero Mussert no está tranquilo; escucha en la radio sobre las búsquedas en las casas de todo el país, en las que cientos de holandeses nazis son arrestados. En vez de encerrarse en el ático, se esconde en la zanja en la parte trasera del jardín, sugerencia de la señora Gooijer, una mujer de origen alemán, orgullosa de actuar como ángel guardián del líder.

Con los Países Bajos sumidos en el caos y la policía, en esos primeros días de la guerra, cazando fanáticamente a los nazis holandeses, Anton Mussert se recuesta en una zanja, con el vientre presionado contra el suelo frío, con un severo resfriado, a la espera de saber si estos días marcarán el final de su carrera, o su aparición en los libros de historia nacional.

La policía local registra dos veces la casa. Buscan al camarada Gooijer y su cuñado, ambos leales nazis; en el segundo intento encuentran a Gooijer y se lo llevan. Ponen toda la casa y el granero adyacente de cabeza, pero no buscan en la parte trasera del jardín, donde el gran líder nazi holandés está contando gusanos en una zanja.

Cuando Gooijer es liberado esa noche y busca a Mussert en su casa, está alarmado por no encontrarlo. Gooijer se arrastra alrededor de su propio jardín, a lo largo del seto, silbando a Mussert como si buscara un gato perdido. Silba suavemente la canción nazi holandesa «Soldados de negro», las palabras resuenan en su mente:

La pelea ha estallado
la discordia debe irse

de nuestra hermosa tierra.
Oprimido hasta el día de hoy
un nuevo espíritu se abre camino.
Todos estamos listos
que el frente unido pelee.
En las calles somos constantes,
ven, mi compañero, ven a tomar una posición
para nosotros, la gente, para nuestros Países Bajos.
Soldados de negro es lo que somos
apoyando a Mussert en esta guerra.

Después de un rato aparece la cara arenosa de Mussert y el compañero Gooijers respira aliviado. Mientras que los Países Bajos están en vísperas de cinco años de muerte y destrucción, Mussert se sienta a comer papa al horno, coles y huevos fritos.

Al día siguiente es el cumpleaños número 46 de Anton Mussert. Considera que ahora es lo suficientemente seguro como para permanecer en el ático. La señora Gooijer amablemente le trae un ramo de flores y comida. Los holandeses aguantan un día más de lo que había predicho, pero el martes 14 de mayo la capitulación se anuncia en la radio. Mussert se pone su mejor traje, abandona la granja y ondea la bandera nazi holandesa en la sede del partido en Utrecht. Las sombrías rayas negras y rojas, un triángulo con el león dorado en el medio, revoloteando triunfalmente en la brisa.

La historia de Mussert escondido en el momento decisivo pronto es retomada y ridiculizada en los círculos antifascistas. Utilizan todo tipo de escondites —los lugares sobran, desde caravanas gitanas hasta pajares— y en los años siguientes seguirá siendo un tema popular entre los caricaturistas.

La granja del camarada Gooijer se convierte en un lugar de peregrinación para los nazis holandeses, cientos de ellos acuden en masa para ver el lugar en que resguardaron a su líder. Llenos de orgullo firman con su nombre en el libro de visitas de la señora Gooijer con las palabras «fiel a nuestro líder» escritas elegantemente en la portada. La mujer pone la ropa que usó Mussert en exhibición en el ático; un altar en el lugar donde el líder del pueblo holandés fue salvado.

Cuando la familia Brilleslijper busca refugio en Naarden, Mussert está cerca de nuevo; esta vez no está escondido. Aunque oficialmente está destacado en Utrecht, pasará la mayor parte de la guerra en la casa de su amante, a la vuelta de la esquina del Nido Alto.

Mussert tiene un cariño especial por las mujeres con las que está emparentado. Se casó con su tía, Maria Witlam, una de las hermanas de su madre, 18 años mayor que él y muy entrada en los 60. Fue necesaria una dispensa real para su matrimonio, en 1917, al ser parientes en tercer grado. Además del lugar donde se ocultó, la resistencia se burla de la relación de Mussert: «Para cualquiera que quiere mantener la raza pura, casarse con su tía es la solución perfecta» es una broma que se escucha a menudo.

Al principio de la guerra, Mussert conoce a su prima segunda Maria «Marietje» Mijnlieff; su madre, Helena, es sobrina tanto de su madre como de su esposa. Se enamora perdidamente de la joven. A cambio de un simbólico collar de diamantes, le presta a Helena el dinero para comprar una hermosa villa en Naarden, a donde, en 1942, ella y Marietje se mudan. La villa Eik en Linde —Roble y Lima— se convierte en el nido de amor de Mussert en tiempos de guerra. La visita a menudo, y cuando en 1943 se autoriza el uso de su propia casa en Utrecht para medidas defensivas, Eik en Linde, para consternación de su esposa, se convierte en su residencia permanente.

Un día, Japie sale a revisar sus trampas en el bosque y, en lugar de volver al Nido Alto con faisanes para que su madre cocine, trae el cuerpo flácido de un gato bien alimentado. Fietje está horrorizada y le dice que entierre pronto al animal en el fondo del jardín. Espera que nadie venga a buscarlo.

El día después del asesinato del gato, Janny regresa de su trabajo con la resistencia. Es temprano en la noche y ha tenido un largo día. Desde la estación toma el tranvía, se baja en Nieuwe Bussumerweg, camina la ruta familiar a lo largo de Ericaweg hacia el camino que lleva a la villa. Después de unos minutos, de pronto oye la voz de una mujer adelante de ella. Rápidamente se aparta del camino y se desvanece entre los espesos arbustos a lo largo del borde. Agazapada con cautela, sigue su camino mientras la voz suena cada vez más fuerte.

—¡Minino, minino, minino!

A veinte pasos de Janny hay una mujer con la cara vuelta hacia el bosque, agitando un plato de comida, llamando a su gato.

—¡Minino, minino, minino!

Suena como si le faltara un hijo y mira a su alrededor con desesperación. Janny se pega a las plantas espinosas y contiene la respiración. Maldice a su hermano menor. Han asesinado al gato de esta dama y ahora, por supuesto, está tratando de encontrarlo. Se interna más en el bosque, abriéndose paso entre los arbustos y espinas hasta que está a salvo en casa.

Cuando cuenta la historia, Jaap se echa a reír, pero Joseph inmediatamente lo detiene y le prohíbe a su hijo usar las trampas otra vez. Jaap tiene que hacer guardia en la tumba del jardín: el cadáver del gato ha sido desenterrado por un perro una vez, y alguien más está vigilando en el mirador en el primer piso. A todos los residentes se les dice que no salgan de la casa, toquen música o hagan ruido en los siguientes días hasta que estén seguros de que el peligro ha pasado.

Más tarde, Janny descubre que la dama del gato es una de las nazis más fanáticas en la zona, una especie de tía para Mussert. Aunque no aparece en la puerta preguntando por su mascota, les resulta difícil reírse de lo que sucedió.

17

MÁSCARAS

EBERHARD TIENE MÁS TIEMPO PARA SU MÚSICA que nunca. En su vida previa a la guerra tenían que ganar dinero, pero ahora, escondido en lo que se siente como un santuario en tierra de nadie, Lien y él tienen la libertad para practicar y tocar durante días y días. Se ha unido a la Biblioteca de Música de Ámsterdam bajo su nombre falso para obtener arreglos para piano basados en óperas. Toma prestadas tantas partituras como puede y pasa horas detrás del piano. Estudia hasta que sus nudillos colapsan y vuelve locos a los otros residentes. Esto no tiene nada que ver con su música; la mayoría de las personas que llegan al Nido tienen los nervios de punta debido a la huida, los años de no confiar en los demás, el miedo a ser encontrados. Una vez que se dan cuenta de que sus únicos testigos son solo ciervos, zorros y tejones, se entregan a las melodías.

Ante todo, Eberhard y Lien aprecian los muros de la fortaleza del Nido Alto —una hermosa barrera de sonido también— pero pronto su ambición crece. El nuevo régimen ha condenado a todo el país a una existencia espartana, pero desde el Nido Alto surge una red de artistas clandestina que animará el área y le devolverá algo de su antigua gloria a la deslumbrante vida de Ámsterdam y La Haya de antes de la guerra.

Una mañana, cuando Eberhard camina en el bosque con Kathinka, se percata de una figura entre los árboles distantes. Estrecho y recto como un pino desnudo, con la cabeza blanca y brillante.

Eberhard empuja a la pequeña hacia sus espaldas y se esconden detrás de un arbusto mientras el hombre se acerca.

—¿Karel? —Eberhard sale de entre los arbustos y lo llama a través del bosque. Un pájaro sobresaltado aletea—. ¿Karel Poons?

El hombre se queda quieto. Su piel parece transparente, su cabello decolorado. Sus ojos agudos miran hacia él.

—¿Sí?

Eberhard camina rápidamente hacia él, felizmente sorprendido. Karel era la estrella en el ballet Yvonne Georgi; lo habían visto bailar en el teatro a menudo. Un día, Lien regresó a casa después de hacer las compras segura de haber visto a Karel caminando alrededor de Huizen, pero Eberhard no le prestó atención. Emocionados de haber encontrado a un conocido en este lugar extraño, se platican sus andanzas.

En 1941, Karel Poons, bailarín judío, fue forzado por los nazis a dejar la compañía de ballet y obligado a mudarse a un barrio judío en Ámsterdam. Tuvo el presentimiento de que algo no marchaba bien, así que decidió desaparecer de la faz de la tierra. Se decoloró el cabello con una botella de peróxido y con sus ojos azul acero parecía el hijo de un granjero frisón. Al menos eso pensó. Pero cuando Janny lo vio, no pudo contener la risa; Karel, como le dirá a Lien más tarde, todavía se ve muy judío.

Cuando él y Eberhard se encuentran, Karel ya llevaba escondido algún tiempo en una villa moderna en Huizen, donde la propietaria, Cecile Hanedoes, tenía suficiente espacio para que él creara un salón de baile. Karel practica todos los días para mantener su técnica y hace coreografías que presenta ante Cecile. Eberhard lleva a Karel con Lien y de su reunión surge un plan. En Laren, un pueblo en el camino, pueden alquilar un estudio de baile en forma, con espejos y una barra en la pared. Dos veces a la semana, Lien y Karel vienen al estudio para entrenar y crear coreografías que pretenden presentar después de la guerra.

Eberhard y Karel se hacen muy buenos amigos. Lo primero que hacen es obtener nuevos documentos falsificados —su tarjeta de identidad falsa hace reír a Eberhard cuando la ve— y cupones de alimento para sobrevivir a la guerra.

Su círculo artístico se amplía a través de Karel. Durante una de sus sesiones de baile en el estudio, Lien le comenta de las funciones que solía dar. Son danzas yidis, acompañadas de Eberhard al piano, y le encantaría incluirlas en su repertorio. Está pensando en usar máscaras, pero se pregunta qué hacer para no verse ridícula y poco profesional con máscaras de papel maché salidas de un club de manualidades.

Karel tiene una idea: su casera, Cecile, una vez le presentó a una artista en Blaricum; es algo extraña pero muy talentosa. Pinta y hace esculturas, títeres, marionetas, y cuando se conocieron le dijo a Karel que estaba pensando en experimentar también con máscaras. Se llama Grietje Kots y, lo más importante, se puede confiar en ella.

Lien visita a la dama en su estudio en el bosque donde vive y trabaja. Grietje prefiere no abandonar su jardín, que cuida con gran devoción y donde a menudo se la puede encontrar disertando sobre la vida con sus amigos invisibles del bosque, con un pájaro en una mano y una rebanada de pan duro en la otra. La pequeña y hermosa granja con techo de paja, a la que Grietje llama «choza», no tiene cocina u otras comodidades burguesas, pero ella es feliz viviendo allí con sus árboles, animales y arte.

Cuando Lien comparte sus ideas sobre los bailes yidis y las máscaras que se imagina, Grietje se inspira de inmediato. Mientras estudia a Lien, desde sus elegantes pies de bailarina hasta su llamativo rostro, enmarcado por rizos negros, las ideas comienzan a tomar forma en su mente. Invita a Lien para que vuelva en compañía de Eberhard y actúen para ella, para que pueda ponerse a trabajar.

A principios de la primavera de 1943 Eberhard y Lien vuelven a los escenarios, interpretando para Grietje en su «choza». Ella comienza a esbozar y dibujar de inmediato con finos trazos negros sobre papel pesado, retrata a Lien como Pierrot. Ojos grandes con una mirada melancólica, nariz recta, pómulos altos, el cabello negro recogido. En la misma página, al lado de la cara de Lien, dibuja las máscaras que tiene en mente para ella, cada una inspirada en el tema de la canción.

Dibuja una máscara de gólem, para la canción basada en la leyenda judía del rabino que convierte un trozo de arcilla sin forma en un ser vivo. La máscara es sombría y sin refinar, con los ojos hundidos profundamente en el cráneo, una mandíbula inferior que sobresale y labios gruesos y carnosos, y sin embargo tiene una forma elegante, tanto abstracta como realista. Grietje también dibuja a Lien de perfil, con una nariz afilada y mirada atormentada, una hermosa máscara de muerte en primer plano. Posee la forma característica de un cráneo, pero las cuencas de los ojos no están vacías, tienen párpados redondos y cerrados, como si la muerte pudiera cambiar de opinión en cualquier momento.

Lien está fascinada con las máscaras. Primero, Grietje las fabrica de periódicos y papel de hornear, simples y ligeras, con un acabado aterciopelado y un palo de madera para que Lien las sostenga frente a su cara. Más tarde también hace algunas de yeso. Eberhard y Lien trabajan en su repertorio de canciones judías y con velocidad comienzan a organizar conciertos clandestinos. Grietje conoce a muchos artistas y partidarios locales y muchos amigos de la resistencia también están interesados.

En 1943, cuando los nazis se quitan las máscaras y un tren tras otro deja Westerbork repleto de judíos, con destino a los campos de exterminio en el este, la cultura yidis y otras artes florecen en el Nido Alto. Hay baile, música, canciones y declamación. Simon toca la batería, Puck toca el violín y Jaap construye un pequeño piano para Kathinka. Lien usa la máscara de la muerte para una historia yidis y la máscara más burda en una actuación sobre el gólem. En casa de Grietje, la cabaña en Blaricum, Eberhard y Lien dan una serie de conciertos también. Las ganancias de esas veladas siempre van a *El Artista Libre*. Mik les dice que otros alrededor del país están haciendo lo mismo: recaudando dinero mediante conciertos ilegales para que la revista aumente el tiraje y expandir la resistencia.

Lien y Eberhard son cautelosos; nunca dejan que la gente llegue o salga al mismo tiempo, y siempre hay otros que vigilan. Mientras tocan música con libertad en el interior y el público puede relajarse por un momento, los vigilantes forman un cordón alrededor de la casa, alertas a cada sonido o luz repentina que parpadea en la oscuridad. Después, los invitados se disuelven en la noche en silencio, sin que un solo nazi, soldado alemán o vecino fanático se haya percatado de que estuvieron allí.

18

ALIADOS

Los días se hacen más largos y el frío deja el suelo. Los arbustos y los árboles alrededor de la casa comienzan a florecer, y a Janny le encanta ver cómo cambian las estaciones, justo bajo su nariz, por primera vez. Solo había visto el Nido Alto en los fríos meses de invierno: la casa demasiado grande como para calentarse, un olor constante a fuego y humedad impregnado en sus ropas. Ahora, el paisaje pasa por una metamorfosis y Janny se sorprende al ver que la villa cambia ante sus ojos. El agua del Ijsselmeer comienza a derretirse, el monótono gris carbón da paso al azul acero. Las ramas, que antes arañaban el cielo sobre la casa, se relajan, se buscan unas a otras, sus retoños brotan. Los carrizos de la paja del techo comienzan a alegrarse, se despojan de la oscura sombra del bosque, el musgo verde se torna poco a poco amarillo ocre, las persianas, pesadas y opacas en los sombríos meses de invierno, parecen cubiertas con nuevo viso, su color vino brilla con intensidad bajo el sol de la mañana.

Antes de que los primeros rayos de sol lleguen a los grandes ventanales e iluminen el ático, Janny ya ha sido despertada por la explosión del canto de las aves en las primeras horas de la mañana. El sonido viene de todos lados; los exuberantes trinos y gorjeos de los machos que atraen a sus parejas la deleitan. A menudo permanece en la cama, en silencio, escuchando su concierto, la respiración relajante de Bob y los niños a su lado.

En el desayuno comentan sobre los ruidos extraños que escucharon en la noche. La paranoia los ha llevado a sospechar que los alemanes los rodean por la noche, usando sonidos de animales para comunicarse. Por fortuna, siempre hay alguien que sabe qué fue lo que los mantuvo despiertos: el grito de un zorro, el sonido bajo y arrullador de un búho desesperado por aparearse, esa aguda respuesta de su hembra que no está de humor.

La familia Brilleslijper ha establecido una especie de rutina en su hogar clandestino, que incluye reglas de la casa, lugares para dormir, turnos para lavar los platos, horarios para cocinar. Jaap ha fabricado una radio, se reúnen por la noche para escuchar noticias de Londres. ¿Cuánto tiempo más tardará? ¿Cuándo llegarán los Aliados para poner a Hitler de rodillas? Jaap siempre se sienta al frente, junto a su padre Joseph, cuando encienden la radio. Todos adoran a ese chico tímido, sus inventos, su destreza. Ha construido una hermosa casa de muñecas para Kathinka y Liselotte, con pisos y habitaciones, camas y cortinas, e incluso lámparas hechas de luces de bicicleta. Jaap arregla todo lo que se ha roto, siempre está en el cobertizo, encorvado sobre el banco de trabajo, los lentes en la punta de la nariz.

A causa de los inquietantes informes que Janny trae a casa de Ámsterdam —la búsqueda fanática de personas escondidas, la disposición de los ciudadanos para denunciar a los judíos— Jaap comienza a construir escondites por toda la casa. Debajo y por encima de los armarios empotrados que se pueden encontrar en la mayoría de las habitaciones, hace espacios para que una o dos personas puedan esconderse. Algunos de los pisos tienen cavidades, que Jaap convierte en espacios de almacenamiento, y en el piso superior crea escondites entre las paredes de las habitaciones y el techo. En cada habitación construye un espacio para arrastrarse, o un armario con una escotilla escondida debajo de una alfombra o detrás de un mueble.

Después instala un ingenioso sistema de alarma. Monta pequeñas luces que se encienden en todas las habitaciones y las conecta con un cable eléctrico a un pequeño botón de emergencia al lado de la puerta principal, a la altura de los ojos. Si alguien presiona el botón, todas las luces se encienden. Esto alerta a los residentes sobre el peligro inminente; deben apresurarse a sus escondites designados. Jaap les ha enseñado cómo ocultarse, qué pie usar al ingresar al pequeño espacio, cómo cerrar la escotilla. Han ensayado varias veces, como un simulacro de incendio. Pueden borrar todo rastro de su existencia en solo treinta segundos.

En el primer piso, frente a la ventana a la derecha, justo sobre el nombre de la casa, colocaron un jarrón chino. La costa está despejada mientras el jarrón esté allí, frente a la ventana. Si desaparece, es una señal para los mensajeros de la resistencia o invitados del Nido Alto de que algo anda mal.

La amenaza constante tiene un efecto diferente sobre cada uno de ellos y a veces las tensiones conducen al conflicto. Las dos jóvenes, Jetty y Puck, comparten la habitación de servicio en el primer piso. Más de una vez, los chicos que se esconden en el Nido Alto se enamoran de una de las chicas, a pesar de que Jetty está comprometida con Simon.

Una mañana llega el lechero de la puerta principal. Tienen dos, el de la puerta principal y el de la puerta trasera; ninguno sabe de la existencia del otro, por lo que pueden comprar mucho más sin que resulte sospechoso. Justo cuando el hombre está a punto de poner sus botellas en la puerta principal, en la parte trasera de la casa el infierno se desata en la terraza. Dos chicos, ambos enamorados de la misma chica, comienzan a pelear, un tercero está tratando de separarlos; los tres están escondidos en el Nido Alto. El lechero mira el espectáculo con la boca abierta, mientras el tercer chico intenta salvarlos a todos manteniendo a los impulsivos jóvenes alejados uno del otro, con los brazos y piernas bien separados. «No les hagas caso. Son sus ejercicios matutinos». Le da un empujón extra a uno de ellos.

El lechero, sorprendido, nunca más vuelve. Cuando discuten el incidente en la cena esa noche, la mayoría de ellos ríe a carcajadas. Pero Janny no se inmuta y tiene una conversación seria con los muchachos. El Nido Alto puede crear la ilusión de libertad, pero si los descubren, las consecuencias serían devastadoras.

Cuando llega el momento de la limpieza de primavera, casi todas las aldeas alrededor han sido declaradas *judenrein*, libres de judíos. Los ciudadanos judíos se han visto obligados a mudarse a Ámsterdam y fueron enviados a Westerbork desde allí. Los residentes judíos de instituciones nacionales, como la fundación de niños mentalmente discapacitados y el sanatorio en Hilversum o el hogar de niños en Laren, han sido deportados. Cuando la soga alrededor del Nido Alto se aprieta, las hermanas encuentran un aliado inesperado cerca de casa.

A medida que pasan los meses y aumenta el número de invitados, Janny y Lien tienen que romperse la espalda para alimentar a todos sin llamar la atención. Casi todos los días se turnan para visitar a sus proveedores en pueblos y ciudades circundantes. Algunas tiendas o granjas están a menos de un kilómetro de distancia, otras a varios kilómetros.

Las hermanas, como burros de carga, hacen sus rondas y, para evitar sospechas, nunca compran más de lo necesario por familia. Conocen los caminos alrededor de la casa con los ojos cerrados. Pedalean a través de los arbustos en todos los climas, su cara cerca del manubrio, la espalda doblada, los dedos de los pies estirados para alcanzar los pedales.

Compran el yogur con un mayorista de Blaricum, las verduras y papas en dos o tres tiendas diferentes. Apenas si hay carne disponible y la leche se entrega a la casa. El jabón y el detergente provienen de Bochove, el boticario en Huizen, a unos pocos minutos en bicicleta del Nido. En una ocasión Lien va a comprar artículos de tocador, reúne los artículos en su lista; no hay otros clientes en la tienda.

—Tienes gente escondida, ¿no?

Es una voz suave, pero Lien salta como si alguien hubiera golpeado un gong justo al lado de su oreja. La mano, estirada para alcanzar un estante, se le congela e intenta pasar saliva. Se da la vuelta lentamente y mira la cara amigable de Bert Bochove. Su cabeza tiene la forma de un huevo al revés; una frente ancha y alta que se estrecha como un óvalo en una barbilla estrecha. Le sonríe sin ninguna ironía.

—Siempre compras mucho papel higiénico.

Señala su cesta y Lien siente que sus mejillas comienzan a brillar. Podría dejar todo allí y salir corriendo. El hombre ve el miedo en sus ojos y cambia su tono. Le pone una mano sobre el brazo, mira a su alrededor y se acerca a ella.

—No te preocupes. Nosotros también. Arriba de la tienda.

Desde ese día son amigos y camaradas de la resistencia, justo cuando se acerca la hora más oscura.

No mucho antes de la ocupación alemana, Bert Bochove vivió a miles de kilómetros de Huizen. Operaba un molino en Finlandia hasta que, en 1939, su familia le pidió que volviera y se hiciera cargo del negocio familiar junto con sus hermanos, cosa que hace por un tiempo, pero pronto decide que quiere ser independiente y libre, administrar su propio negocio. Su prometida, Annie, trabaja como farmacéutica en Ámsterdam, y en mayo de 1941, un año después de la invasión de los nazis a Holanda, se casan y se mudan a De Zonnehoek, en Huizen. En la planta baja abren una farmacia, arriba tienen un amplio departamento.

El boticario Bochove pronto se convierte en un nombre familiar en la zona. En esta época de escasez, los artículos de lujo como el jabón y el detergente están racionados. A cada familia se le permite medio kilo de jabón por mes. No es suficiente para un antiguo pueblo de pescadores como Huizen. La creación de la presa y cauce de Afsluitdijk le robó el mar y la flota al pueblo, aislándolo, pero la ética de trabajo inamovible sigue ahí. La piel dura en las manos de las amas de casa de Huizen revela su afición por tallar. Bert Bochove se da cuenta de inmediato: «En un pueblo como Huizen las mujeres no solo limpian sus cocinas, sino que frotan y enceran sus barras hasta que todo esté brillante e impecable y luego mantienen a todos lejos para que pueda permanecer limpio».

Cuando Bert se muda a Huizen, en 1941, comienza un negocio que de inmediato lo hace popular entre la reservada comunidad. Jaap van Rijn, un viejo amigo, es dueño de una fábrica de pinturas. Los alemanes confiscan su inventario, pero se las arregla para enterrar algunos barriles con miles de galones de aceite de linaza en su jardín, justo antes de que lleguen. Con este aceite, Jaap tiene un plan para la farmacia de Bert y Annie. Jaap hace bloques de veinte libras de jabón altamente concentrado, duro como una roca, y se los entrega a Bert. Después, Bert convierte los bloques en unos 55 kilos de jabón suave, que rompe en pedazos para vender. Las noticias sobre Bochove, el rey del jabón, viajan rápido, y gente de toda la zona va a su tienda para comprarlo. Es testimonio de su naturaleza amable que Bert y Annie cobran el mismo precio anterior a la guerra por su jabón. En estos tiempos, es algo muy inusual. La clase trabajadora de Huizen los ama por ello.

El negocio prospera hasta que un día Bert llega a la casa de su amigo para recoger un nuevo cargamento y encuentra solo a su esposa. El contador de la fábrica de pintura traicionó a Jaap y reportó el inventario perdido a los alemanes. En la mañana, Jaap había recibido una llamada telefónica: tenía que presentarse en la estación de policía para un interrogatorio. Se puso el abrigo, subió a su bicicleta y le dijo a su esposa que no se preocupara; no permitiría que los alemanes lo asustaran aún.

Bert está alarmado por la noticia, pero no sorprendido. Jaap siempre ha sido un hombre orgulloso. Desde el primer día de la ocupación alemana le había agitado el dedo con desaprobación a cada holandés nazi, advirtiéndoles que su comportamiento despreciable tendría ¡consecuencias graves! Pero la esposa de Jaap está asustada y angustiada. Tienen a una pareja escondida, buscados por ser miembros activos de la resistencia. Le preocupa que los alemanes lleguen a su casa después de interrogar a su esposo y le pide a Bert que se lleve a la pareja con él, a Huizen.

Bert acepta de inmediato y se lleva al hombre y a la mujer a su casa. Son las primeras personas que se esconden en el apartamento de arriba de Bert y Annie, en De Zonnehoek —La Esquina Soleada—; muchos más llegarán.

Jaap van Rijn nunca volvió a casa.

Bert y Annie Bochove se convierten en amigos y aliados fieles de las hermanas Brilleslijper en el Nido Alto. Janny le proporciona a Bert información de la resistencia, a menudo de Ámsterdam; Bert le da noticias del pueblo. Incluso intercambian personas que buscan refugio, como Hennie Juliard y su esposa, Pam, que tiene un embarazo muy avanzado. Que los Bochove hayan sido aceptados en la antigua comunidad pesquera no solo es excepcional; también es, sobre todo, muy valioso. Los pueblos de Naarden y Bussum están llenos de alemanes y ricos simpatizantes nazis; el temor y la ambición han convertido a un gran número de funcionarios en tapetes de los nacionalsocialistas. Pero en Huizen no confían en los fascistas, ni en ningún nuevo habitante. Esta curiosa diferencia no sorprende a Bert. Mucha gente en Huizen ayuda a los judíos, piensa Bert, porque este era un pueblo de pescadores, obstinados por naturaleza, trabajadores que saben cómo luchar sus propias batallas.

En Ámsterdam, la caza de judíos está en pleno apogeo. Las calles son bloqueadas en la mañana y una fuerza policiaca de élite peina las casas en busca de escondites. Las redadas se extienden rápidamente desde Ámsterdam a las ciudades y pueblos más pequeños, también alrededor del Nido Alto. La información que reciben de Bert Bochove de pronto se vuelve vital.

Cuando se mudaron al Nido Alto, Janny se despertaba a medianoche sorprendida por el profundo silencio. Por una fracción de segundo, pensaba que se había ido: desaparecido de la faz de la tierra, hundida en un pozo sin fondo donde nadie podría escucharla, ni siquiera Bob y los pequeños. Alcanzaba el cálido cuerpo de Bob a su lado y esperaba. Después de unos minutos siempre escuchaba un búho que llamaba desde el fondo del jardín, y los gritos penetrantes de los zorros que, curiosos, a veces recorrían el camino desde el bosque hasta la puerta de entrada, donde Eberhard y Lien, al volver de un concierto en casa de Grietje, los encontraron una noche.

Entonces pensaba en Ámsterdam, su antigua habitación con Lientje acostada a su lado, los sonidos de la ciudad como una madre, tarareando, arrullándolas para dormir, su madre trabajando en la tienda de abajo. Los canales, el mercado, el teatro Carré, el tranvía acelerando. ¿Alguna vez volvería a caminar allí? Y su padre, madre y Japie, ¿alguna vez serían bienvenidos en su propia ciudad? ¿Había un lugar para ellos en este mundo?

Es el mecanismo más peculiar: cuando escuchas algo con bastante frecuencia, incluso algo tan absurdo como que tu existencia no es bienvenida, termina por meterse en tu cabeza. La única despierta en una casa tan grande, con cuerpos cálidos dormidos a su alrededor, el olor a madera quemada mezclándose lentamente con el fresco aire, Janny a veces se pregunta si ha inventado todo: la guerra, la opresión, la violencia. Pero luego las redadas alcanzan su área y no queda ninguna duda, ni siquiera en las noches.

Los Bochove los mantienen informados. Bert tiene contactos en la policía de Huizen que participan en cada redada y reciben notificación un día antes de que se programe una nueva. En cuanto Bert se entera, llama al Nido Alto y solo dice: «No tiendas la ropa esta noche». Saben qué hacer: asegurarse de que todos estén listos, los objetos sospechosos guardados, los escondites accesibles para que puedan sumergirse, como si nunca hubieran existido.

Suelen comenzar a las cuatro de la mañana. No importa qué tanto intenten mantenerse despiertos y estar listos para cuando comience, cuando finalmente se acerca un convoy siempre los sobresalta, somnolientos y confundidos. Salvo los niños, que solo duermen. Las habitaciones en el resto de la casa están repletas de personas que yacen inmóviles en la cama o en sus colchones, conteniendo la respiración mientras escuchan a los ruidosos camiones, los neumáticos chirriantes de los autos de policía, con la mayor concentración. A veces una sirena los anuncia desde la distancia. Entrecierran los ojos, aprietan los puños, aguzan el oído. ¿Hacia dónde van? ¿Se están acercando o se alejan? ¿Deberían dar la alarma para que todos corran a sus escondites?, ¿o deberían darle unos segundos más? Pero la columna no sube la colina. El Nido Alto es demasiado remoto.

A veces, cuando un convoy se ha detenido cerca y los residentes del Nido Alto están esperando ansiosos, escuchan disparos y ladridos que rasgan el silencio. Sonidos entrecortados y lacerantes resuenan en los matorrales. Cuando los motores arrancan y el ruido se desvanece lentamente, todos en la casa exhalan al unísono y se preparan para levantarse. El sol anuncia otro día ganado.

Este patrón se repite cada tantas semanas. Después, Bert, quien ha sido informado por la policía, les dice si han encontrado a alguien. En Huizen parece haber una red invisible de personas que avisan en el momento correcto. Después de que Lien canta en el cumpleaños de Annie Bochove, Bert se encuentra con su vecino en la calle;

el hombre protesta que en verdad debería guardar más silencio con esas personas que tiene escondidas.

Es estresante, pero cada vez que Janny o Lien van a comprar a La Esquina Soleada, se ríen con Bert y Annie. ¡Otra vez necesitamos mucho papel higiénico! Regresan al Nido Alto con las últimas noticias y las alforjas llenas.

Mik está en el tren hacia Naarden; mira por la ventana cómo se desvanece Ámsterdam en la distancia. Se siente menos alegre que la última vez que viajó al Nido Alto. Mucho ha cambiado en poco tiempo. Los bandos se han elegido; ni la acción ni la espera pueden evitar que las decisiones se vuelvan irreversibles y determinantes. Los miembros de la resistencia se enfrentan a la dura realidad también. El ingenuo enfoque inicial ha dado paso a una estructura organizada y planes ambiciosos. Los alemanes se han vuelto más violentos, pero el llamado a la lucha contra la violencia ha sido también más fuerte. Primero, la resistencia se centró en producir documentos falsos, escondites, prensas clandestinas y actos de sabotaje, pero el número de ejecuciones de alemanes y colaboradores ha aumentado, y también el número de represalias.

Están perdiendo a más y más personas, y las opciones a las que Mik se enfrenta pesan mucho sobre su cabeza. ¿Hasta dónde está dispuesto a llegar? Aún tiene mucho que discutir con su compañero Gerrit van der Veen sobre el posible asalto al registro, una acción con enormes consecuencias. El otro grupo de resistencia con el que mantiene contacto, CS-6, ha cambiado su enfoque a los asaltos desde que comenzaron las deportaciones; su amigo Gerrit Kastein elaboró una lista de colaboradores que debían ser asesinados por el grupo.

Mik sabe que las hermanas estarán muy perturbadas por estas noticias.

Desde la estación de Naarden-Bussum, camina por los campos ocre hacia el Nido Alto sin ver a nadie. Ahí no hay ruido, no hay tráfico ni peligro en aparecer sin previo aviso, pero no logra contener sus oscuros pensamientos. Gira a la izquierda para tomar el tramo final, hacia el bosque. Ha dejado de mirar a su alrededor, su mirada se centra en los casquillos desgastados de sus botas. Continúa sin seguir los giros del camino, pisa sin pensar, o quizá a propósito, sobre hongos y hierba; su presencia va dejando un rastro, hasta que se detiene en seco y mira hacia arriba. Entre los árboles, las persianas color vino del Nido Alto reflejan la luz.

Janny clasifica las tarjetas de identidad y Eberhard toca el piano en la sala cuando Mik entra a la cocina, saluda cortésmente y les pide que salgan. Entran en el jardín y les dice sin preámbulos:

—Gerrit Kastein saltó por la ventana en La Haya. Plaza del Parlamento. Cabeza sobre los adoquines. Muerto.

Gerrit Kastein era un neurólogo con nervios de acero, fuerte, pero lamentablemente no lo suficiente como para escapar de su destino. Janny y Gerrit eran amigos desde los veinte años, cuando ambos trabajaron para la Ayuda Roja Internacional, ofreciendo apoyo a los antifascistas en España. La Guerra Civil Española resultaría ser el ensayo general de lo que siguió.

Gerrit y Janny se unieron al Comité de Ayuda para España, la división holandesa de la Ayuda Roja Internacional. La misión principal de Janny era recolectar dinero para fabricar ropa, que se necesitaba desesperadamente en España, mientras que Gerrit se convirtió en el jefe de Hospital del campo holandés en el frente.

Después de tres meses, Gerrit regresó a los Países Bajos, reanudó su vida como médico civil y en 1937 obtuvo su doctorado en la Universidad de Leiden. Pero su fuego ideológico no se había apagado; fue editor de la publicación mensual comunista *Política y Cultura* y dio charlas sobre la Guerra Civil Española. Escribió artículos y en 1938 publicó un libro titulado *El problema racial,* un tratado científico sobre las diferencias de clase y antisemitismo en Alemania, lo que llevó a postular la tesis de que el racismo, inevitablemente, termina en guerra. Las pruebas no tardaron en aparecer.

Cuando los alemanes proscriben al Partido Comunista de los Países Bajos (PCN), en julio de 1940, los comunistas pasan a la clandestinidad para organizar actos de sabotaje. El doctor Kastein, que vive en La Haya con su esposa y sus dos hijas, está presente en la reunión inaugural de la rama clandestina del PCN en su ciudad. Gerrit es también fundador de varios grupos de resistencia y toma el liderazgo del grupo de resistencia de Ámsterdam, CS-6.

Cuando las deportaciones de judíos comienzan, en 1942, Gerrit está convencido de que la resistencia debe comenzar a tomar medidas radicales: los colaboradores holandeses deben ser eliminados. Convence a los miembros del grupo CS-6 de ayudarlo a eliminar a aquellos que asisten con gran entusiasmo a las fuerzas de ocupación, y elabora una lista.

La primera víctima prevista es Hendrik Seyffardt, el general retirado del ejército holandés de setenta y dos años que, desde julio de 1941, ha sido comandante de la Legión Voluntaria Fascista de los Países Bajos, un vehículo nacionalista que lucha en el Frente Oriental como parte integral de las Waffen-SS. Acaba de ser nombrado diputado en el gabinete alterno y se espera que pronto lo nombren ministro de Guerra. Es un objetivo obvio para la resistencia.

El 5 de febrero de 1943 suena el timbre en la casa de Seyffardt, en el número 36 de Van Neckstraat, en La Haya, a 200 metros de donde Kastein vive. El general camina hacia la puerta de entrada sin sospechar. Cuando la abre, ve a dos jóvenes que nunca antes había visto: Jan Verleun y Leo Frijda, ambos miembros del grupo de resistencia CS-6. Quieren asegurarse de tener al hombre correcto y, por lo tanto, preguntan al general su nombre. «Tenía una voz tan hermosa», recordaría Frijda más tarde. Verleun dispara tan pronto como Seyffardt confirma su identidad y los dos jóvenes huyen, asumiendo que su objetivo fue asesinado al instante.

Seyffardt está gravemente herido, pero le dice a la Sicherheitsdienst que los perpetradores eran simplemente «dos estudiantes» y que su muerte no debe ser vengada. Al día siguiente muere y, contra sus deseos, las redadas contra los estudiantes se llevan a cabo de inmediato. Mil ochocientos chicos de entre dieciocho y veinticinco años, incluidos seiscientos estudiantes, son arrestados y llevados al campo de concentración de Vught.

Verleun se esconde, aún en posesión de la pistola que utilizó para el asalto. Mientras tanto, Gerrit Kastein ha elegido el próximo objetivo. Esta vez quiere hacerlo él mismo, así que consigue una pistola nueva rápidamente. Acude a un compañero de la resistencia, Lucas Spoor, quien le presta una, un movimiento que marcará el fin de Gerrit.

Dos días después, el 7 de febrero de 1943, Gerrit comete el segundo asalto planeado, contra Hermannus Reydon. Este jurista adusto es un miembro destacado del partido nazi holandés y ha sido nombrado presidente de la Cámara de Cultura holandesa, la organización estatal para el «arte saludable para los arios» a la que todos los artistas holandeses tenían que adherirse.

Por la noche, Kastein toca la puerta de la casa de Reydon en Voorschoten. Su esposa abre. Gerrit le dispara a sangre fría, cierra la puerta y espera adentro en el pasillo oscuro a que Reydon llegue a casa. Después de un rato oye la llave en la cerradura, la puerta se abre y dispara al instante. La bala le pega en el cuello a Reydon y

Kastein escapa. Reydon está gravemente herido y pasará seis meses paralizado en el hospital antes de morir al fin.

Gerrit Kastein es quien aprieta el gatillo, pero desconoce que los alemanes sacrificaron deliberadamente a Reydon y su esposa con la intención de llevar a Kastein a una trampa, acorde con el lema no escrito de los nazis: «Un miembro de la resistencia muerto es más importante que un nazi holandés vivo».

Kastein tiene la desgracia de enfrentarse a un hombre que lo iguala en su ambición, pero lo supera en falta de escrúpulos. El *Sturmbahnführer* de las SS, Joseph Schreieder, bajo Heinrich Himmler, asciende al rango de *Kriminalrat*, y en este papel es el responsable del contraespionaje de la Sicherheitsdienst en los Países Bajos. Su objetivo principal es cercar a la resistencia, por cualquier medio.

El supuesto «amigo de la resistencia», Lucas Spoor, que le dio el arma a Gerrit, es en realidad Anton van der Waals, un espía holandés infiltrado en los grupos de resistencia para las SS, que posteriormente será recordado como uno de los peores traidores de la historia en un momento en que abundaban ese tipo de personas.

Cuando Kastein le pregunta si puede conseguirle una pistola el día siguiente del ataque a Seyffardt, Van der Waals corre a informarle a su jefe, Schreieder, quien no lo piensa dos veces: por supuesto que le dará a Kastein un arma y cuando le dispare a alguien al realizar la autopsia y recuperar la bala, si el calibre confirma que ha usado el arma de su nuevo amigo, pueden suponer que le disparó a Seyffardt también.

En la madrugada del 6 de febrero Anton van der Waals, como el hombre de la resistencia Lucas Spoor, entrega la pistola a Gerrit. En el cuartel del SD, Schreieder y sus colegas aguardan con ansias el resultado de su juego de ruleta rusa. ¿Quién va a morir?

Schreieder no tiene que esperar mucho por sus cuerpos. Reydon termina en el hospital, gravemente herido, pero por fortuna pueden hacer una autopsia en el cuerpo de su esposa. Schreieder está muy satisfecho cuando recibe los informes: las balas han sido disparadas con la pistola proporcionada por su infiltrado. Es una pena que el general y su esposa cayeran, pero, piensa, hay muchos nazis holandeses.

Cuando Anton van der Waals acude a su jefe para informarle, le espera una desagradable sorpresa: Schreieder no quiere arrestar a Kastein; por el contrario, quiere que Van der Waals se vincule con él y recopile más información sobre las acciones y los miembros de la resistencia. A Van der Waals, habiendo presenciado la frialdad de Kastein, no le agrada en absoluto la idea. Es un traidor efectivo, pero no es muy valiente. Teme que podría terminar perdiendo el juego. Van der Waals intenta convencer a Schreieder, pero su superior ni siquiera considera el poner la operación en espera. De hecho, le parece una confrontación interesante entre su principal infiltrado y ese fanático comunista Kastein. Si Anton pierde, será la conclusión y solución en un solo movimiento.

El 19 de febrero de 1943 Van der Waals tiene una nueva cita con Gerrit Kastein y el problema se resuelve solo: un escuadrón de asalto arresta a Kastein justo antes de su encuentro. Schreieder está furioso y sospecha que su espía cobarde está jugando en su contra.

Mientras tanto, Kastein es esposado y transportado en un vehículo utilitario al Binnenhof, donde se encuentra la sede tanto de la Sicherheitzpolizei como del SD, el departamento de investigación política y el servicio secreto.

Pero hay una razón por la que Gerrit es considerado un oponente formidable; no irá con los alemanes manso como un cordero. Cuando sale a la Plaza del Parlamento en Binnenhof, ve su oportunidad, con las manos esposadas dispara una pequeña pistola de calibre bajo de un bolsillo interior especial en sus pantalones. Un oficial recibe un tiro en la pierna; otra bala rebota antes de que le puedan arrebatar la pistola.

Dentro, cuatro hombres lo esperan para interrogarlo. Después de un rato, dos oficiales salen para tomar café y el tercero para usar el baño. Un solo hombre del SD es un chiste para Kastein. Lo derriba, patea la ventana y salta desde el segundo piso.

Con treinta y dos años, el médico es derrotado a fin de cuentas; su cabeza golpea contra los adoquines del Binnenhof, justo en el mismo lugar donde, una semana antes, la primera víctima en su lista, el general Seyffardt, bajo una hilera de brazos extendidos, recibió un gran funeral.

En el Nido Alto todos están devastados por las noticias. Bob llega a casa de su trabajo en la oficina de alimentos en Weesp y los encuentra sentados en el oscuro salón con caras pálidas y tensas. Janny aparta a su marido y le cuenta lo sucedido. Bob y Gerrit eran amigos cercanos del círculo comunista. Cuando Janny comparte la historia de la muerte de Gerrit, las extrañas circunstancias del accidente, el portafolios casi se le escapa de la mano a Bob. Por supuesto que sabían que Gerrit cumplía órdenes peligrosas para el partido y jugó un papel crucial en los ataques a los colaboradores holandeses, pero de alguna extraña manera habían imaginado que era intocable.

Después de la cena, cuando los niños se han acostado, recuerdan a Gerrit. Hablan de los años de la Guerra Civil Española, su trabajo en la resistencia, las secciones que reunió desde que comenzó la ocupación. Hablan sobre su visión estratégica y talento organizacional, que nunca fueron una excusa para no ensuciarse las manos.

También especulan sobre los motivos que tuvo para saltar por la ventana. Lo más probable es que Gerrit haya intentado burlar al enemigo una vez más, las heridas de la caída los habrían obligado a llevarlo al hospital, donde tal vez podría haber escapado. No solo porque era un lugar diferente con nuevas circunstancias, sino también porque él, como neurólogo, conocía el lugar. No le importaba destruir su cuerpo, su mente era lo que debía preservar para la batalla. Pero tuvo una caída tan terrible del maldito Binnenhof que no vivió para contar su historia.

La muerte de Gerrit es una prueba tangible de la nueva fase de la ocupación: en ambos lados habrá más víctimas a una velocidad alarmante.

Poco antes de que Mik se vaya a Ámsterdam, aparta a Lien y Eberhard, Janny y Bob en la entrada. Ojos serios en una cara juvenil. La guerra apremia más que el tiempo.

—Tengan cuidado de no recibir *demasiadas* personas. Podría salir mal.

—Mik —responde Lien, indignada—, si alguien nos necesita ¡no tenemos otra opción más que ayudarlo!

—Solo quiero advertirte: ten cuidado.

Le dan un beso de despedida a Mik, un último abrazo y lo siguen con la mirada mientras camina por el sendero del jardín, hacia la oscuridad del bosque.

Llega el verano. Los nuevos residentes del Nido Alto jamás han visto este espectáculo; es impresionante, como los fuegos artificiales. Caminan por el predio, admirándolo desde ángulos diferentes. La hierba se vuelve espesa y verde, se siente como una alfombra de terciopelo bajo sus pies. Guardan el almuerzo en una canasta grande y se sientan en algún lugar del gran césped casi todos los días. Los rododendros, el higo en la parte delantera de la casa, los arbustos de moras en el costado, los perales y los manzanos en el huerto, en la parte trasera, los rosales que trepan por el cobertizo, el seto de haya que protege el jardín contra los animales salvajes —sin mucho éxito—, todas las malezas crecen hasta el nivel de los hombros en solo una noche, la enredadera con sus brotes, los árboles alrededor desplegándose como paraguas, el brezal de color morado oscuro al fondo, el agua del Ijsselmeer que brilla como mil pequeños espejos unidos. Es un espectáculo en continuo cambio, gratis y solo para sus ojos.

Todas las mañanas, Joseph y Fietje se sientan en un banco a un lado de la casa con una taza de té, acurrucados. Ya no hablan tanto y tratan de hacerse útiles en la enorme casa. Es un poco como trabajar en la tienda: el inventario, los cupones, las compras, el consumo, las tareas de la cocina y otros deberes. Desde que la temperatura comenzó a trepar de a poco por encima de los 18 grados, se sientan aquí por un momento cada mañana y toman los primeros rayos de sol, escuchando el canto de los pájaros. El muro de piedra protege sus espaldas, el techo de paja se cierne paternal sobre de sus cabezas, el crujido del sendero de conchas al frente sirve de alarma en caso de que alguien se acerque.

Los informes del resto del país son alarmantes. La «evacuación» de judíos está funcionando sin problemas; las provincias de Frisia, Groninga, Drente, Overijssel, Güeldres, Limburgo, Zelanda y Brabante Septentrional han sido declaradas *judenrein*. Por otra parte, la batalla en el Frente Oriental toma más tiempo y es mucho más dura de lo que Hitler había anticipado. Las reservas alemanas son gravemente afectadas y, a partir del verano de 1943, el Ejército Rojo empuja a los alemanes hacia atrás.

Por desgracia, esto tiene consecuencias para los Países Bajos; para producir los equipos y suministros militares, los nazis necesitan más obreros. A partir de mayo de 1943 todos los hombres entre los dieciocho y treinta y cinco años deberán presentarse para *Arbeitseinsatz,* trabajo forzado, en Alemania. No presentarse al llamado es castigado y hay redadas a gran a escala para enviar más hombres jóvenes al Tercer Reich. Aquellos que no se presentan también se esconden del miedo, y el caos ahora está en todas partes.

En tan solo unos años, las calles de Ámsterdam han cambiado hasta ser casi irreconocibles. Por lo menos el centro histórico no ha sido destruido, como en Rotterdam, y el río todavía fluye estoico desde la Estación Central hasta el Teatro Carré, pero la mayoría de las personas que coloreaban la ciudad se han ido. Los comerciantes, los obreros, los empleados, los actores y los músicos, los intelectuales y los noctámbulos; los bibliotecarios, los borrachos y el callado cuidador del zoológico, junto a decenas de miles más que fueron sacados de sus hogares, subidos al tren, transportados a Westerbork, tan sencillo como eso. Un cambio rápido ha ocurrido en el Zentralstelle für Jüdische Auswanderung, donde se guardan las fichas de los judíos registrados. El fichero de «Ámsterdam» casi se ha vaciado en el transcurso de 1943.

Las últimas grandes redadas se llevan a cabo en mayo y junio. El 26 de mayo los judíos del centro de la ciudad son detenidos en la estación de Muiderpoort. Niños presionando sus juguetes favoritos contra su pecho, mujeres con hermosos sombreros, hombres con sus mejores ropas, abuelas con el cabello recién rizado. Después de horas de espera llega un tren para llevarlos a Westerbork. *Storm,* el semanario de las SS, informa extensivamente sobre el evento en su edición del 4 de junio:

> Hemos tenido que decir adiós, adiós a las personas que han «compartido» nuestro pan durante siglos, quedándose siempre las mejores hogazas para ellos. Los hemos enviado y les hemos dado el último adiós en Ámsterdam-Este, en Polderweg. Llevan etiquetas, estrellas de seis puntas, lo que demuestra su pertenencia al grupo que viaja a Polonia. [...] La cantidad de sangre contaminada por judíos, la cantidad de bastardos que caminan por nuestras calles solo se podía entender al presenciar estas escenas. Los números en papel cobraron vida. La realidad confirmó la ciencia. Peor aún. Nos dirigíamos hacia la creación de un tipo de judío agraciado, rubio con rasgos casi arios. Ahí estaban, esos hombres y mujeres judíos. Una conocida mujer de cabello

> claro estaba allí, rubia platino, para que nadie sospechara que tiene sangre judía. Docenas de ellos fácilmente podrían haberse casado con un buen ario, sin que se diera cuenta de que se estaba casando con un judío. Allí había un peligro y era muy grande. Es una buena noticia saber que se tomaron medidas. Y así los judíos se han ido. Los vimos partir en los trenes. No estábamos tristes de separarnos.

El domingo 20 de junio de 1943 ocurre la gran redada en Ámsterdam-Sur y Ámsterdam-Este. Los últimos judíos sobre la ciudad son deportados a Westerbork ese mismo día, cinco mil quinientos en total. Les siguen, en septiembre, los miembros del Consejo Judío, que oficialmente deja de existir.

El 1 de octubre la Columna Henneicke, con sus cazadores de judíos, es disuelta y el último transporte con judíos, arrancados de sus escondites, abandona la capital el 19 de noviembre de 1943. En menos de tres años y medio después de que el Heeresgruppe B invadiera Holanda bajo el mando del general Fedor von Bock, Ámsterdam es *judenrein.*

19

ENCUENTROS INOPORTUNOS

PÁNICO EN EL NIDO ALTO. Las hermanas Jansen tienen la intención de visitarlos. Es pleno verano, una época que suelen pasar en su casa de campo en la naturaleza, no en la pesada ciudad; están desesperadas por pasar un día fuera. Por supuesto, hay otra razón implícita: venir a ver si su casa y jardín están bien cuidados.

Después de la alarmante llamada telefónica, tienen unos días para prepararse. Lien y su madre ponen a todos a trabajar en la limpieza, mientras que los hombres comienzan a guardar los colchones y reorganizar las camas, alacenas, tazas, sillas y mesas, para que parezca que solo dos familias, los inquilinos oficiales, viven allí con sus hijos: Janny y Bob con Robbie y Liselotte, y Lien y Eberhard con la pequeña Kathinka.

El día en que esperan a las visitas, los residentes ilegales se esconden en el bosque, como huevos de Pascua. Usarán señales especiales cuando todos puedan volver. Por fortuna, es un día cálido.

El tranvía lleva a las mujeres justo a tiempo a la parada más cercana a la villa y, cuando llegan al Nido Alto, reciben la bienvenida más cordial. El sol brilla intensamente y la casa sobre la colina, rodeada por un mar de flores, resplandece bajo su luz.

Lien y Janny llevan a las hermanas adentro, a la sala, para el siguiente acto de esta absurda obra. En verdad, es una delicia vivir aquí, el cambio de estaciones es maravilloso, no hay problemas con el alquiler por fortuna, y ¿tal vez les gustaría algo de beber?

Las damas sí desean una bebida. Red Puck entra en escena para realizar otro acto audaz. Lien toca una campanita y aparece la criada con delantal almidonado y una cofia blanca, una bandeja de plata con una tetera, tazas y un plato lleno de galletas. Puck, con su cabello ardiente atado en dos trenzas, hace una reverencia mientras Janny y Lien se muerden el labio para no estallar en carcajadas.

—Buenas tardes, señora —saluda a las visitantes dos veces—. ¿Toma usted leche o azúcar?

Puck vierte el té cuidadosamente mientras las hermanas Jansen la miran, muy impresionadas y curiosas.

—¿Eres de por aquí, niña?

—Sí, señora.

—¿Cómo te llamas, entonces?

—Aagje Honing, señora.

Una de las hermanas deja su taza sobre una mesa auxiliar y aplaude con alegría.

—¡Qué adorable! ¡Conocemos a la familia Honing en Huizen! ¿Estás emparentada con la tía Betsie Honing?

Puck no se inmuta.

—Me temo que no, señora. Hay dos familias Honing aquí.

Lien rápidamente conduce la conversación en una dirección diferente mientras Janny saca a Puck de la habitación.

—Bueno —dice Lien suavemente, señalándose la sien—, la niña es un poco simple, pero siempre diligente y dulce.

Después del té, las mujeres quieren echar un vistazo por la casa. Visiblemente complacidas, pasan por la cocina limpia y reluciente y el fresco vestíbulo; suben las escaleras, donde no hay rastro de niños pequeños jugando, y mucho menos decenas de personas durmiendo en cualquiera de las habitaciones. En la planta baja, observan el armario antiguo con el caro servicio de porcelana.

Janny y Lien contienen la respiración. En el invierno, uno de sus invitados había empujado una pila de vajilla a través de la barra de la cocina con demasiada fuerza y aterrizó del otro lado con un fuerte estallido, rompiéndose en mil pedazos sobre la madera del suelo. Fue como si la presión de toda la casa se cayera, estaban en estado de shock. El ruido pareció propagarse directamente a través de las paredes y hacer eco entre los árboles. Cuando, después de una eternidad, ni alemanes ni nazis holandeses aparecieron en la puerta, todos rieron nerviosamente antes de ponerse de rodillas para recoger los fragmentos. Desde ese momento, Janny y Lien armaron un juego juntando porcelana —rogando y robando— donde quiera que fueran. Cada plato nuevo que sacan de su bolso y es añadido a la colección multicolor en el armario es recibido con ovaciones.

Pero ahora las hermanas Jansen inspeccionan el mismo armario con los ojos entrecerrados. Lien colocó las tazas y platillos restantes del servicio original al frente para cubrir la mezcolanza de reemplazos de porcelana detrás de ellos. Si logran sobrevivir a la guerra, lo pagarán todo y más; por ahora, esta hermosa exhibición tendrá que bastar.

Las hermanas Jansen se dan la vuelta, sonriendo ampliamente a Janny y Lien, que les devuelven la sonrisa con los traseros apretados.

Después de unas horas agotadoras de estar sentadas afuera en una banca bajo el sol, viendo la sombra moverse a través de la hierba tallo por tallo, las damas por fin se levantan, se estiran la falda y se despiden con afecto. Janny y Lien las despiden desde la colina, ríen de nervios y luego se apresuran para llegar al bosque para liberar a todos de sus escondites.

El verano parece durar para siempre. Lien y Eberhard se concentran en los conciertos, desarrollan nuevos espectáculos y escriben artículos para *El Artista Libre*. Janny y Bob trabajan duro para la resistencia. Además, tienen que hacer las compras diarias, un trabajo de tiempo completo en sí mismo.

La amenaza constante se convierte en la nueva norma. Ya no les interesa tanto escuchar la radio y apenas si hablan sobre el supuesto progreso de las fuerzas aliadas. Todos intentan encontrar un botón interno de pausa que les permita sobrevivir a esta incertidumbre. Hace un año, la mayoría del grupo estaba firmemente convencida de que la guerra terminaría pronto. Que regresarían a sus hogares, tiendas y trabajos. Que, si no hubieran perdido a nadie, podrían retomar sus vidas. Pero son tantos los familiares y amigos que han sido deportados a un destino desconocido… Solo pueden soportar todo esto enfocándose en el horizonte. Dejar de soñar. Pensar en términos de meses en lugar de días.

A Janny nunca le ha gustado el invierno, el frío, la oscuridad y los días tan cortos, pero ahora parece un agujero seguro en el cual desaparecer. Quiere que el verano termine; el sol invita a la gente a salir, hay más personas en las calles, en los pueblos, en el tren. Los colores y la calidez del ambiente que los rodea hace que los residentes del Nido se sientan peligrosamente despreocupados, aun cuando el enemigo es igual de despiadado. En el grupo siguen repitiendo su consigna: «No debes confiar en nadie».

En una ocasión, Eberhard camina hacia Huizen con Kathinka. Como el padre «Bos» y su hija son muy rubios, son relativamente libres de ir a donde quieran. Caminan de la mano a través de Naarderstraat, cuando una tropa de soldados alemanes dobla la esquina y se dirige directamente hacia ellos. Sus rodillas se mueven como una sola y el camino parece temblar con el golpe de sus botas sobre el suelo.

Eberhard se congela y aprieta la mano de Kathinka. Están atrapados. La siguiente calle donde pueden dar vuelta está adelante de la tropa y volver no es una opción. Lo único que pueden hacer es seguir caminando. Eberhard exhala con suavidad, deja caer los hombros, trata de no mostrar su tensión a Kathinka, quien salta felizmente a su lado.

El contingente está a solo unos metros de distancia de ellos y lo dirige un oficial. Cuando sus ojos se encuentran, Eberhard se congela y tira del brazo de Kathinka hacia atrás. El oficial es su viejo amigo Kurt Kahle.

El hombre mira hacia otro lado, conduce a sus hombres alemanes más allá del padre y la hija, como si no existieran, pero Eberhard se da cuenta de que esto es el fin. Para él y todos los demás en el Nido Alto. Sin duda Kurt lo reconoció y, en cualquier momento, los arrestará. Kathinka le habla a su padre, tirando de su brazo. Él presiona su mano contra la boca de la pequeña y mira fijamente las espaldas de los soldados. Marchan con la mirada de Eberhard clavada sobre sus espaldas hasta que el suelo bajo sus pies ha dejado de temblar y los hombres se convierten en puntos negros que se disuelven entre la maleza púrpura.

Tan pronto como las rodillas le responden, corre de regreso a casa para advertir a los demás.

Kurt Kahle era parte de su grupo artístico de amigos en Rotterdam. Un fotógrafo de Berlín que, como otros tantos alemanes, huyeron cuando el nacionalsocialismo cobró fuerza y llegaron a los Países Bajos a principios de la década de 1930. Kurt era una de las personas que entraban y salían de la casa de Mik en Keizersgracht. Él y Eberhard se hicieron amigos al comentar sobre el desarrollo de los eventos recientes en su tierra natal; en ese entonces ambos estaban muy indignados.

Eberhard recuerda su requerimiento para enlistarse a la Wehrmacht. Las conversaciones con Lien, el miedo, la duda, Rhijn, la estrategia del hambre fallida y luego la decisión más importante de su vida: desertar o no. *Fahnenflucht.*[14] Kurt recibió la misma llamada y se enfrentó a la misma decisión. ¿Puede Eberhard culparlo de haberse pasado al otro bando?

Kurt no dio muestras de haberlo reconocido, pero no pueden correr el riesgo. Eberhard discute la situación con los demás y todos están de acuerdo: hay una posibilidad de que Kurt haya desertado; en cualquier caso, es posible que vuelva y lo busque en el área de Naarder Straat. La única persona que puede darles una respuesta definitiva es Mik.

Tan rápido como puede, Lien va en bicicleta a Laren, donde vive uno de sus contactos que va a viajar a Ámsterdam, y le explica la situación. Él promete comentar la situación con Mik y volver con sus comentarios lo antes posible.

Esa noche tienen una reunión de emergencia en el Nido Alto. Existe la posibilidad de que todos tengan que irse en uno o dos días. ¿A dónde pueden ir? Bochove en Huizen puede acomodar a una o dos personas, algunos otros contactos también podrían acomodar a otros, pero nadie puede tomar a todo el grupo.

Después de una noche de insomnio, la respuesta de Mik trae un gran alivio. Kurt Kahle es uno de ellos. Primero estuvo destacado en el comando del ejército, en la Estación Central de Ámsterdam, donde se suponía que debía proporcionar información a los alemanes viajeros, pero de hecho pasó meses ayudando a la resistencia a distribuir folletos antifascistas ilegales. A principios de 1943 terminó por ser reclutado y asignado al Sicherungsregiment 26 en el campamento de Crailo en Laren. Desde ahí envía municiones y armas a la resistencia. El mensaje de Mik es muy claro: no necesitan preocuparse.

---

[14] En alemán, desertar. [N. de la T.]

El 2 de octubre de 1943 Lien mira el periódico sobre la mesa frente a ella. Las letras de la portada lentamente se vuelven ilegibles. Parpadea un par de veces, pero todo el texto se mezcla, hasta que solo quedan los grandes titulares. LA SITUACIÓN EN EL FRENTE ORIENTAL está del lado izquierdo. Sus ojos se mueven con cuidado hacia la derecha. ANUNCIO, dice, un poco más cerca del centro, una orden judicial sobre la entrega de radios. Se trata de la columna al lado de esa, abajo a la derecha, la que inicialmente atrajo su atención. Respira con fuerza y se obliga a leerlo de nuevo: CASTIGO POR EL ASESINATO DEL GENERAL SEYFFARDT, MINISTRO PÓSTUMO Y OTROS.

> Según lo anunciado por el *Höhere SS - Polizeiführer Nordwest* la Polizeistandgericht de Ámsterdam, el 30 de septiembre de 1943 sentenció a muerte a los siguientes holandeses.

Al texto seguía una lista de diecinueve nombres, la mayoría de los cuales Lien reconoce. Leo Frijda, estudiante de Medicina de Ámsterdam. Hans Katan, estudiante de Biología de Ámsterdam. Tres veces el nombre Boissevain. Anton Koreman, guitarrista, también viejo amigo suyo. Pero en medio, en el número doce:

> Maarten van Gilse, periodista de Ámsterdam, nacido el 12 de junio de 1916 en Múnich [...] Las penas de muerte, después de considerar la clemencia, fueron ejecutadas en las primeras horas del 1 de octubre de 1943.

Cuando todos llegan a casa esa noche, Lien aparta a la familia, la conduce al jardín y les cuenta lo que ha pasado. Permanecen en silencio en medio de la hierba alta. Joseph mira sus zapatos. Fitje se pone una mano sobre los labios fruncidos. Bob estira el brazo para tomar la mano de Janny, pero lo deja caer. El sol desaparece lentamente detrás de los árboles, arrastrando su sombra sobre el techo ocre de la casa. Fietje tiembla. Joseph le toma la mano. Le dice «ven», y caminan hacia la casa; el resto de la familia los sigue en su duelo.

Más tarde, Janny se entera por medio de sus contactos de lo que sucedió. Mik y su novia habían encontrado refugio en el estudio de un amigo escultor en un ático en Prinsengracht, cerca de Westertoren. Desde ahí coordinaba su trabajo para *El Artista Libre*, el grupo de resistencia CS-6 y el centro de tarjetas de identidad. Trabajaban día y noche. Cuando la casa estuvo rodeada por policías, se apresuraron a poner una barricada en la puerta y avivaron la estufa para quemar tantos papeles como fuera posible: documentos falsificados, contactos y direcciones, sus notas, todo. Para entonces, la policía estaba golpeando la puerta y Mik saltó por la ventana hacia el techo, justo cuando los oficiales irrumpieron en la habitación y arrestaron a su novia. Mik recibió un disparo, lo hirieron levemente, luego lo atraparon. Prisión, horas de interrogatorios. Pero, según se dice, no reveló nada, no dijo nada durante semanas. Finalmente, la pena de muerte: una bala le atravesó el corazón el 1 de octubre, en las dunas cerca de Bloemendaal. La edición de noviembre de *El Artista Libre* incluye un extenso obituario y Eberhard lo lee en la noche cuando todos están reunidos alrededor de la mesa:

> Maarten Van Gilse, muerto.
>
> Mik era joven, joven en años, joven en sus ideales, en su fe en las personas, en sus expectativas, en su sinceridad y su impulso [...]. Nacido y criado cosmopolita, inquieto por naturaleza, viajó a muchos países, ganándose la vida con su pluma, haciendo amigos donde fuera, disfrutando plenamente de la buena vida [...]. Aún no podemos hablar de sus actividades en la guerra, pero podemos decir que peleó como un

hombre, su coraje inquebrantable y su optimismo indestructible fueron un gran apoyo para muchos. Su perseverancia logró aquello a lo que otros, confundidos y abatidos, renunciaron. Había muchos miembros de la generación de Mik que compartieron sus creencias, muchos con los mismos ideales, que hasta el 10 de mayo de 1940 se enorgullecían de su mente abierta y comprensión profunda. Hubo muy, muy pocos, sin embargo, que aceptaron, como él lo hizo, las consecuencias, incluso las más extremas, cuando llegó la hora de la necesidad, que perseveraron cuando se levantó la tormenta, que arriesgaron sus vidas día tras día, que no se detuvieron ante nada, sin importar la dificultad o el peligro, para encontrar el bien común a través del fuego y la muerte hacia un futuro mejor.

20

EL CERNÍCALO

UN SÁBADO DE NOVIEMBRE. Jetty ha celebrado su cumpleaños y todos han estado de buen humor. Lien cantó algunas canciones, Eberhard tocó el piano para todos y con los escasos ingredientes a su disposición —un poco de masa, manzanas en conserva del huerto y una pizca de canela— habían cocinado algo parecido a un pastel.

Alrededor de las diez y media de la noche, cuando los niños y algunos de los adultos están ya en la cama, el fuego está ardiendo, otros leen un libro y algunos otros invitados todavía charlan en la mesa de comedor, de pronto escuchan pisadas rítmicas. El sonido es suave y está lejos; como si fuera un taladro en el suelo, empujando hacia arriba, ocasiona que la tierra debajo de la casa tiemble. Se instan mutuamente a guardar silencio. Rostros tensos. Aguantan la respiración y escuchan.

El ruido viene del exterior. Aumenta. Lo reconocen y se ponen de pie, casi en cámara lenta. Al principio hay pánico, pero entonces ejecutan el plan de emergencia bien ensayado.

Las botas se acercan rápidamente, se detienen en el camino de conchas, algunos pasos crujientes y luego se dirigen hacia la casa. Alguien presiona el botón de emergencia al lado de la puerta principal y se dispersan, cada uno a su escondite designado. Fietje, Joseph y Japie sacan a los niños de la cama y se esconden con ellos. Lien, Janny, Bob y Eberhard alisan su ropa, se enderezan y se preparan para el enfrentamiento.

—¡Bram todavía está en el baño! —Loes Teixeira de Mattos toma el brazo de Janny.

Janny le susurra que tiene que ir arriba de todos modos, pero ya no hay tiempo. Con un movimiento de cabeza, la envía a un escondite abajo, debajo del banco de almacenamiento, junto a la chimenea. El tirador de la campana en la puerta delantera se mueve hacia atrás y adelante; el tintineo corta el silencio.

—*Aufmachen!* ¡Abran!

Janny y Bob se apresuran a despejar elementos sospechosos. Demasiados vasos sobre la mesa, una jarra de agua, demasiadas colillas de cigarrillo en el cenicero, una revista clandestina. Lien camina por el pasillo hasta la puerta principal, se para de puntillas, abre la mirilla cuadrada en la parte superior y se dirige a los hombres que están afuera.

—Por favor, sean tan amables de rodear la casa. Abriré la puerta de la cocina.

Otros segundos ganados.

Con mucho traqueteo, tirando torpemente de los pernos, abre las cerraduras de la puerta de la cocina. Mira por encima de su hombro, y Janny le da el visto bueno. Lien abre la puerta y un soldado alemán en uniforme está de pie justo frente a ella. Su cinturón de cuero brilla en la oscuridad, una nube de aliento frente a sus palabras.

—Lamento molestarla, señora. ¿Podría señalarnos el camino hacia el mar, por favor?

Detrás del hombre hay más soldados, asintiendo cortésmente.

Lien se obliga a sonreír.

—Pero por supuesto —responde.

—Perdimos nuestro grupo. ¿Tendrá un poco de agua que nos regale?

Lien busca las palabras correctas, se hace a un lado, abre la puerta por completo.

—Desde luego, pasen, por favor.

Y así todos terminan en la misma cocina; más de una docena de soldados alemanes con su capitán, más Janny, Lien y Eberhard. Le dan la mano al capitán y se presentan. Piet Bos. Antje Bos. Janny Brandes. Bob todavía está ocupado en la sala.

Además de un vaso de agua, les ofrecen yogur fresco que sobró del desayuno.

—Por favor, compórtense —dice el capitán.

Pero todos comen con gran placer. Los hombres están congelados y agotados.

—Estamos en un simulacro esta noche y debemos encontrar nuestro camino hacia el agua —dice su líder entre mordiscos.

—Bueno, ya casi están allí —Lien intenta sonar lo más amigable posible.

Señala la puerta de la cocina, hacia atrás del jardín, el bosque oscuro y el agua detrás.

—Solo sigan el camino, a través del bosque, cruzando los matorrales, todo derecho. Sigan caminando por el sendero estrecho, los lleva directamente al agua.

—¿No pueden venir con nosotros y mostrarnos el camino en la oscuridad? —pregunta el soldado mirando a Eberhard.

—No, lo siento. En verdad no podemos. Estamos en toque de queda —responde en un holandés fluido.

Levanta las manos en señal de disculpa, pero el soldado comienza a buscar en su bolsa. Janny y Lien intercambian una mirada preocupada.

—Entonces les daré un permiso —dice alegremente, colocando una hoja de papel sobre la cubierta de la cocina—. El señor y la señora Bos pueden salir de su casa durante el toque de queda —dice mientras escribe las palabras. El rasguño de la pluma sobre el papel se pierde entre el sonido de las cucharas en los platos—. Firma, sello, listo.

Con una gran sonrisa, le entrega el papel a Eberhard, quien lo toma y lo coloca en su bolsillo. Toman sus abrigos y se van por el camino, hacia el bosque.

Cuando regresan media hora después, Janny y Bob han liberado a todos de sus escondites y los han tranquilizado. Los residentes estaban aterrorizados, sin saber lo que estaba pasando abajo mientras escuchaban tantas voces profundas en la casa. Lien y Eberhard les cuentan todo sobre su caminata.

—Así que ahí estábamos —dice Lien, todavía un poco nerviosa—: un alemán desertor y una judía holandesa al frente de una unidad militar alemana de veinte soldados, de noche, a través de la oscura maleza hacia el lago, que alguna vez fue un mar.

En ese momento se abre la puerta del baño y aparece Bram, el pobre viejo tiene hemorroides.

—¿Qué está pasando? —tartamudea, y todos estallan en risas.

El permiso, con una fecha falsa, se usaría con frecuencia ese invierno.

Llega su segunda primavera en la casa y Janny se da cuenta de que no existe otro lugar donde todos hayan vivido juntos tanto tiempo, no desde que comenzó la guerra. En el Nido Alto, a pesar de las circunstancias excepcionales, se siente en casa. Por supuesto que existe la constante amenaza, el miedo a ser descubiertos poniendo sus vidas en la cuerda floja, una presión permanente sobre su pecho. Pero también está la libertad del bosque, los matorrales, el agua. Hay días, a veces semanas, cuando nadie se acerca a la casa, en los que no hay ruidos fuertes a excepción de la música que se eleva desde los rincones de la casa. También está Jaap asomando su cabeza polvorienta fuera del cobertizo para mostrarles otra construcción, algo que ordenó uno de los residentes o un nuevo invento. Tienen comida, agua y tabaco, prácticamente todo lo que necesitan.

A veces le duele mirar a los pequeños: Liselotte, Kathinka y Robbie. Las niñas tienen dos años y medio y Rob ya es un niño grande; tiene cuatro años y medio, pero en su propia mente casi cinco. Sienten la tensión, se ven obligados a crecer en un mundo donde no hay lugar para ellos. Pero cuando piensa en todos los otros niños que conoce, escondiéndose con los amigos de la resistencia no judíos o los que pasan un día en el Nido Alto durante su tránsito, niños cuyos padres han sido deportados o asesinados, o separados de sus hermanos y hermanas y alojados con extraños, encuentra consuelo en la idea de que al menos sus niños están juntos, con sus padres, sus abuelos y el tío Jaap.

La presencia de tantos adultos los ha avivado bastante. Hace poco, Lien fue de compras con su hija y estaban en la cola de la tienda de comestibles, cuando Kathinka comenzó a cantar una vieja canción popular. Los clientes miraban a la niña con ternura, mientras saltaba de un lado a otro, cantando «Hop, Marjanneke» («Hey ho, Marianne») muy entonada. Pero alguien le había enseñado a Kathinka una nueva letra y en lugar de soldados franceses persiguiendo al príncipe holandés, ahora había «calvos *Krauts*». Lien se sorprendió y rápidamente cubrió la boca de su hija con la mano. Las mujeres de la tienda se miraban la una a la otra y estallaron en carcajadas. Cuando Lien le cuenta a Janny la historia, piensa que es muy graciosa. No obstante, Lien le pidió a Eberhard nunca más volver a enseñarle a su hija esas letras.

Se han convertido en hijos del bosque. Trepan a los árboles, saltan sobre troncos, corren alrededor de los arbustos con los brazos abiertos, construyen refugios en la parte trasera del jardín. En los días cálidos caminan hacia el lago, al otro lado del bosque, llevan toallas, fruta y agua. Los niños solo tienen permitido mojarse hasta la pantorrilla, pero camino a casa se sienten como si hubieran conquistado un mar. Van a la cama somnolientos y duermen como un tronco bajo sábanas recién lavadas.

Por la mañana, cuando Janny llega a la planta baja para encontrarse a su madre coordinando turnos para el desayuno, mira a todas las personas que alojan —jóvenes y viejos, solos o con toda la familia, todos esos personajes con diferentes voces, dialectos— y por un instante se siente como si, justo en medio del bosque, estuviera de vuelta en Ámsterdam.

Come algo, tiene una breve charla con sus padres, le pone el abrigo a Robbie y sale de la casa a trabajar, a veces se lleva a Liselotte también. Toma el tranvía o camina hacia la estación, luego se sube al tren hacia Utrecht, La Haya o Ámsterdam, dependiendo de las instrucciones que haya recibido. Recoge un paquete, entrega tarjetas de identidad, distribuye folletos clandestinos o trae hojas de ruta, robadas de la oficina de Bob. Nunca sabe si su contacto estará allí, o si han sido traicionados, arrestados, deportados. Cuando llega al punto de encuentro y no encuentra a nadie o es alguien que no espera, Janny se arrodilla como para arreglar el abrigo de su hijo, mira a su alrededor para evaluar la situación, se confunde con la gente, vuelve a la estación y luego a casa.

Mientras camina, siempre siente como si alguien la siguiera, pero debe mantener la calma. No ceder ante el impulso constante para correr, arrastrar a su hijo y escapar… ¿A dónde? No hay escapatoria. Si la atrapan, todo está terminado, y hasta entonces, será mejor que actúe normal y se mantenga enfocada.

Siempre llega a casa, de vuelta al Nido Alto. Al igual que el halcón cernícalo que ronda la parte trasera del jardín, donde el bosque oscuro devora el prado. Cada noche, después del atardecer, el ave le informa con sus claros gritos que él también ha regresado. Janny está al pendiente de él, su espíritu afín. Durante el día va de caza, observa lentamente el área, acelera con sus alas cortas y puntiagudas, luego planea en el cielo hasta que se lanza en picada para entrar en acción. A veces Janny tiene suerte y lo ve suspendido en el aire, una de las cosas más hermosas que haya visto. Tranquilo, espera el momento perfecto, que escoge de forma intuitiva. Su cola y alas extendidas en línea recta con la espalda y el cuello, como si el tiempo y el cielo se detuvieran. Su espalda de un hermoso color marrón rojizo, su cabeza gris como la cola con sus puntas profundas y oscuras. Entonces, de pronto se precipita hacia la tierra como si se zambullera hacia su muerte y reaparece en el cielo, segundos después, con un ratón de campo o un polluelo.

Cierta noche, Janny está recostada en la cama, mirando las vigas. Algunas veces la conmoción de la casa la abruma, pero ahora todo está tranquilo. Demasiado silencioso. Cierra los ojos con fuerza; trata de filtrar los suaves ronquidos de Bob a su lado y escucha. De pronto se da cuenta de que no ha visto ni escuchado al cernícalo desde hace algunos días. ¿Fue ayer? ¿Antier? Ha estado tan ocupada que no lo recuerda. Esta noche definitivamente no ha escuchado sus gritos. Janny se siente nerviosa, como si no fuera un buen augurio.

Se queda dormida, con un oído alerta a los sonidos del exterior. Al amanecer sale a rastras, descalza. El resto de la casa duerme profundamente. Un olor dulce persiste entre las paredes. Bajo la tenue luz de la mañana, cruza el jardín. El rocío en la hierba se siente frío bajo sus pies. Pasa la pérgola, donde ve la casa de muñecas de los niños y su juego de té de porcelana en miniatura. Camina hacia la parte de atrás a través del huerto, donde acecha el oscuro borde del bosque. Desaparece entre los árboles. Gruesos tallos de hiedra se enrollan alrededor de las viejas cortezas. Aquí y allá hay montones de hojas secas de otoño, amarillas y crujientes después de los calurosos meses de verano. Las ramas le arañan la piel; una espina jala del algodón de su camisón, pero camina con cuidado, la cabeza echada hacia atrás y la mirada centrada en las tupidas copas de los árboles.

Tras un par de metros, se queda quieta y contiene la respiración. Ahí está él, encaramado en el borde de un gran nido, construido en algún momento por cuervos. Sus garras sujetan las ramas, sus ojos pequeños y brillantes enfocados en Janny, listo para atacar. Detrás de él, en el nido, la hembra está empollando; su espalda ancha está maravillosamente moteada.

Con cautela, Janny se retira del bosque, se da vuelta, camina enérgicamente a la casa a través del césped y se arrastra de nuevo a la cama con Bob, con una sonrisa que se dibuja en sus labios. Todos están donde deberían estar.

21

CANCIÓN DE OTOÑO

CADA VEZ QUE VUELVE A ÁMSTERDAM, Janny encuentra la ciudad más vacía. Cuando toma el tranvía de la Estación Central y mira por la ventana, parece que nada ha cambiado. El majestuoso canal, las casas, los puentes y los toldos de las tiendas con nombres familiares, todo sigue ahí. Pero la gente se ha ido.

Es como pasar por un pueblo fantasma; recuerdos oscuros en cada esquina. La familia con tres hijas con las que estaba en la escuela se ha ido. El quesero y el carnicero se han ido. El adinerado empresario y su familia en la casa con esas pesadas cortinas de color borgoña se han ido. Toda la gente del mercado que conocía a través de su padre se ha ido. A veces sus casas, cortinas y todo, han sido tomadas por extraños. El estómago se le revuelve mientras mira a una madre alimentar a su hijo en una silla que no es suya. Un excompañero de clase solía vivir *allí*, una chica con la que Lien bailaba solía vivir *allí*. Y «solía» es solo hace un año.

Cuando tiene que recoger algo en el viejo barrio judío, Janny camina por el río Amstel y Waterlooplein. Las calles están desiertas. Es como caminar en un plano arquitectónico de la ciudad, los adoquines limpios y sin pisar hasta donde su vista alcanza. Nada le recuerda a la vida ruidosa y ocupada que hacía que esta área fuera tan hermosa, la vida que ella y sus padres, su hermana, su hermano disfrutaban. En esta versión del barrio, las casas parecen vacías, las cortinas están cerradas y las únicas personas que ve son policías.

Toda la vida del barrio judío quedó drenada; cientos de años de patrimonio destruidos.

Un día, en la primavera de 1944, Janny regresa al Nido Alto después de otro día en una Ámsterdam sin vida. Incluso antes de que haya rodeado la casa, es bienvenida por el parloteo de las mujeres que se filtra por la puerta de la cocina. Se relaja al instante. Más abajo en el jardín, en la pérgola, los pequeños juegan con su casa de muñecas y los sonidos del piano resuenan en el fondo de su hogar. Los chicos juegan a las canicas en la terraza. Cuando se acerca, su madre la saluda con la mano a través de la ventana de la cocina. Janny se limpia los pies, y cuando entra a la cocina se da cuenta de que su vecindario no está muerto. Han traído una pequeña Ámsterdam al Nido Alto.

Los aviones británicos pasan sobre sus cabezas por la noche, más cada vez. A la mañana siguiente, escuchan la radio y le dicen a su madre: «Mira». Las cosas están mejorando en el Frente Oriental. El Ejército Rojo está ganando terreno y las Fuerzas Aliadas aterrizarán pronto. No falta mucho tiempo más.

Joseph tiene un gran mapa en su habitación, donde marca el progreso en el Frente Oriental después de cada noticia. Cuando alguien en la mesa comenta algo sobre los movimientos de tropas que no es correcto, él lo corrige y suelta nombres de lugares que antes de la guerra jamás habían escuchado: Kursk, Vyazma, Bryansk. El verano pasado Joseph siguió de cerca la batalla de Kursk y cada victoria sobre las tropas fascistas, por pequeña o insignificante que fuera, fue celebrada por los residentes como un paso hacia la liberación. Por supuesto, las tropas aliadas en Sicilia también están marcadas en el mapa, así como la rendición, en mayo de 1943, de las tropas alemanas e italianas en Túnez. Pero esos son pequeños puntos, literalmente, en comparación con las sangrientas batallas en el este. Ha pasado mucho tiempo desde entonces y aún no hay un segundo frente.

Cada semana, la familia Brilleslijper intenta inventar algo para levantar el ánimo de todos, como una noche de música o una búsqueda del tesoro en el jardín. Cualquier cosa para no caer en la ansiedad, el aburrimiento o, en el peor de los casos, pánico. Con las partituras de ópera que Eberhard toma prestadas de la biblioteca de Ámsterdam, crean espectáculos para presentar en el Nido Alto. Eberhard estudia las partituras, Lien canta y él cubre las partes de barítono o de tenor cuando es necesario. Montaron sus óperas favoritas de Mozart, *Las bodas de Fígaro* y *La flauta mágica*. Cuando montan *Fidelio* —la única ópera de Beethoven, sobre Leonore, quien, disfrazada como un guardia de prisión, Fidelio, salva a su esposo, Florestan, de una prisión política— el ambiente en el Nido Alto está muy cargado. Los residentes se reúnen en la sala y se sientan alrededor de la mesa del comedor, en las sillas cómodas o con las piernas cruzadas en el suelo. Afuera reina la oscuridad, unas pocas velas sobre el piano iluminan la habitación. Lien canta sobre la batalla por la justicia y los temores de Florestan en prisión. El clímax llega cuando el coro de los prisioneros canta su oda a la libertad: «Oh, qué alegría, el aire libre. ¡Respirar libremente de nuevo! […] ¡La esperanza susurra suavemente en mis oídos! Seremos libres, encontraremos paz».

El 1 de mayo preparan una cena especial. Red Puck ha hecho menús con flores elegantes y han preparado no menos de siete tiempos. La comida no es diferente a la habitual —en su mayoría papas, vegetales, pescado y un poquito de carne para todos— pero su creatividad hace toda la diferencia. Sirven *Salade de prolétariat*, *Viande rouge*, *Pouding à la Révolution* y una tarta *Des plongeurs* para el postre.

La hermosa sala bajo las vigas parece un restaurante. La gran mesa del comedor está llena de vasijas robadas, vasos, velas, menús y papel higiénico doblado como flores que sirven como servilletas. Después de la cena, Eberhard toca el piano, otros cantan o tararean, y solo por una noche se olvidan del caos fuera de las paredes de ladrillo de la casa.

No se están engañando a sí mismos al decir que casi ha terminado: hay un buen progreso en el Frente Oriental. Mussolini se ha rendido y las fuerzas aliadas se han trasladado al sur de Italia. Desde 1941 Stalin ha estado pidiendo un segundo frente para aliviar presión sobre el este. No debe pasar mucho tiempo, están seguros de ello.

Los informes de los campos de concentración se han extendido por toda Europa, y si hasta ellos, en sus escondites, saben lo que sucede durante todo este tiempo, seguramente el mundo no puede ignorar los hechos durante mucho tiempo más. Janny y Lien escucharon por primera vez sobre Auschwitz en 1942; que innumerables judíos eran gaseados: hubo mensajes de radio sobre los gases de escape, más tarde sobre cámaras de gas. Decenas de miles de judíos transportados desde Ámsterdam a Westerbork, tren tras tren. Trenes de carga con más de 1 500 prisioneros salen de Westerbork a Auschwitz cada semana. En Radio Londres también escucharon sobre los campos en Majdanek, Treblinka y otros sitios en Polonia. El otoño pasado habían calculado ya que al menos 70 000 judíos holandeses habían sido deportados en ese año. Fuera de toda lógica. Todas esas casas abandonadas, escuelas vacías, tiendas. Todas esas personas en trenes; un viaje que, según sus cálculos, debe haber tomado al menos uno o dos días. ¡En vagones de carga! Trataron de convencerse los unos a los otros de que la mayoría de los deportados había terminado en fábricas de armas. Se aferraron a la idea de que era imposible matar a tanta gente en tan poco tiempo.

Aunque nunca hablan de eso, los residentes del Nido Alto saben que con cada día que pasa no están salvados, sino que están en una situación más y más peligrosa. Bert Bochove los mantiene informados sobre los escondites locales que se descubren. Al parecer, el área era menos *judenrein* de lo que inicialmente habían supuesto; descubren refugios en Naarden, Bussum, Laren, Blaricum, Huizen e Hilversum y los judíos son deportados a Westerbork, los no judíos a los campos en Vught o Amersfoort.

Así, durante la primavera de 1944, el Nido Alto es como una olla de presión con demasiada gente bajo demasiada presión, tratando de encontrar maneras de desahogarse. Jaap ha encontrado rápidamente su desahogo: cava un túnel por debajo de la casa hasta el jardín. En la habitación libre de la planta baja, en la parte trasera de la casa, donde el jardín se encuentra con el bosque, hace una escotilla en el pesado piso de madera; las juntas son invisibles y se pueden cubrir con la alfombra. Es la habitación que ocupan Lien, Eberhard y Kathinka, donde duermen y desayunan juntos, en la privacidad de su unidad familiar.

Tan pronto salen de su habitación, Jaap se pone a trabajar, día tras día. Para tener un mejor progreso, les pide a dos chicos que se esconden con ellos que lo ayuden. Cavan la arena debajo de la casa y la llevan en cubetas, una por una, hasta los arbustos. Una vez ahí, hay que extender la arena, para evitar atraer sospechas. Es un trabajo difícil, extenuante y el avance es lento, pero Janny sabe que Jaap no se detendrá hasta que pueda mostrar su trabajo con orgullo.

—Janny, esto no puede continuar.

Janny camina en las dunas con Frits Reuter. La brisa que pasa sobre los matorrales de brezos genera una oleada púrpura que se pierde en el horizonte. Caminan un poco cuesta arriba, el aire cálido y la arena suelta les golpean las piernas. Se detienen en lo alto de una duna. Janny siente la mirada de Frits sobre sí. Espera una respuesta. Apesadumbrada, retira unos mechones de cabello de su cara.

—Lo sé.

Bajan, cavando los talones en la arena, y Janny sabe que Frits quiere escuchar su plan. Pero no hay ninguno. Tanta gente en la casa, todas esas caras, cada una con su propia historia, todos esos ojos esperanzados que la miran cuando llega a casa: ya casi termina, ¿verdad?

¿A quién podría pedirle que se fuera? Todos pasan por su mente; la pequeña Red Puck, con su delantal y sus bromas. Jetty, con su descarada sonrisa que hace que todos los chicos volteen a verla. La entrañable pareja mayor, Bram y Loes, siempre juntos; aún recuerda la mirada de asombro en la cara de Bram cuando los soldados aparecieron en su cocina. Piensa en sus amigos que han caído: Gerrit, Mik y todos aquellos otros cuyo destino desconoce. En cuanto llegó Frits, les dijo que también habían perdido a Janrik van Gilse. El 28 de marzo, medio año después de que le dispararon a su hermano menor, Mik, fue asesinado por la Sicherheitspolizei.

Tanto ha sucedido en tan poco tiempo. Algunas veces Janny cree que se volverán a encontrar después de la guerra, tomarán café en el canal y hablarán sobre el futuro. Desearía poder seguir recibiendo a todos los judíos que aún no han sido deportados, toda la gente de la resistencia que aún no ha sido ejecutada, y todos vivirían en este lugar en el bosque.

Caminan hacia el lago y Frits se impacienta.

—¿Qué vas a hacer?

Janny suspira.

—Estoy trabajando en ello, Frits. Ya hemos colocado a dos personas en otra parte. Estoy preguntando para ver quién toma a los demás. Con Bert y Annie en Huizen, Grietje en Blaricum, mi contacto en Laren. Ámsterdam ya no es una opción, pero hay casas vacías más abajo en el bosque. El anfitrión de Karel Poons quizá sepa de un lugar para una, tal vez dos personas.

Ella mira a hacia un lado. Frits no parece impresionado.

—Lo resolveremos —dice Janny—. Sé que tenemos que hacerlo, estoy haciendo lo mejor que puedo.

Escuchan risas que vienen de atrás de la colina que los separa del agua. Lien, Eberhard y Bob llevaron a los niños al lago, mientras ellos se internaban en el bosque para tratar sus asuntos. Cor Snel, la novia de Frits, también está con ellos. Al llegar a la cima de la colina, la ven saludándolos con entusiasmo; el sol se refleja sobre su cabello rubio. «¡Vengan!», les dice, moviendo la boca como un pez. Janny se ríe y corre colina abajo.

Casi han perdido la esperanza, cuando de pronto llega: 6 de junio de 1944, el Día D. El segundo frente por el que han esperado tanto tiempo. Radio Londres transmite las dos primeras estrofas del poema *Canción de otoño*, de Paul Verlaine, un mensaje críptico que anuncia la inminente invasión:

Les sanglots longs	Los sollozos más hondos
Des violons	de violines
De l'automne	de otoño
Blessent mon coeur	hieren mi alma
D'une langueur	con languidez
Monotone	monótona.

Y ocurre: los británicos y los estadounidenses desembarcan en la costa de Normandía. Con un clima terrible, las olas rompen contra los empinados acantilados, las lanchas de acero bajan sus rampas para que miles de soldados se desplieguen sobre las olas, con las espaldas cubiertas por acorazados que disparan a lo lejos. Las bombas golpean en la arena y forman cráteres para que los soldados de la primera línea busquen refugio, pero la visibilidad es poca; miles de cohetes no encuentran sus blancos y terminan en el agua. Los jóvenes deben caminar por más de 400 metros de terreno arenoso sin protección alguna. El viaje los ha mareado, el aterrizaje los ha empapado. La arena se atora en las botas de combate y el equipo pesa mucho sobre sus espaldas. Por más de medio kilómetro, son objetivos móviles para los tanques alemanes.

Desde una perspectiva alemana, el agua está negra con los barcos aliados. Vista desde el cielo, sin embargo, la playa se tiñe de rojo con gran velocidad. Horas después, cuando el mar avanza y las olas, poco a poco, reconquistan la playa, la arena cambia a amarillo de nuevo. Se sufren grandes pérdidas, pero los aliados obligan a los alemanes a retroceder hacia París.

La gente oculta en los refugios de toda Europa está pensando exactamente lo mismo: es solo cuestión de tiempo antes de que nos liberen.

Cuando la noticia de la invasión llega al Nido Alto a través de la radio, un cinturón apretado alrededor de sus vientres parece romperse. Por primera vez en meses, los residentes respiran con libertad de nuevo. Se animan y se abrazan, se paralizan o estallan en llanto. Lien toma a su hermana del brazo para bailar de alegría, pero Janny se suelta después de unos pocos pasos. Camina hacia el hermoso armario donde se guarda el vino, en la esquina de la habitación delantera, toma un cuchillo y abre las puertas de madera. El armario está lleno de botellas de vino tinto caro con etiquetas amarillentas y letras elegantes; toma cuatro de ellas, las pone sobre la mesa y le pide a Jaap que consiga vasos de la cocina. Joseph y Fietje intercambian una rápida mirada, se encogen de hombros y comienzan a verter el vino. Brindan en voz alta —*Mazzeltov!*—, huelen el buqué hasta que los marea, dan pequeños sorbos, agitan el vino en la boca. El alcohol va directo a sus cabezas y colorea sus mejillas mientras se quedan pegados a la radio.

Mientras los demás beben y escuchan atentamente, Janny camina al armario con una nota para las hermanas Jansen: después de la guerra reemplazarán las botellas faltantes. Más tarde se arrepentirá de no haberse terminando toda la cava ese día.

22

EL JARRÓN CHINO

BOB Y JANNY SE LEVANTAN TEMPRANO. El resto de la casa aún está en paz, con solo algunos ruidos sordos que se elevan desde las habitaciones. Se sientan en la cocina en silencio, beben una taza de café, comen corteza de pan. El fresco de la noche permanece entre las gruesas paredes de ladrillo, pero cuando Janny abre la puerta del jardín, una oleada de aire bochornosa le presiona la piel. Otro día caluroso. Se dan un beso de despedida; Bob se va a la oficina y ella tiene una tarea especial en Ámsterdam.

Robbie va con ella, saltando felizmente a su lado; los niños brindan cierta protección durante los controles policiales. Toman el tren desde Naarden-Bussum hacia Ámsterdam, donde primero pasan por el registro para recoger algunas tarjetas de identidad. Sus contactos necesitan tarjetas nuevas y reales a nombre de personas que fallecieron; esas muertes deberán registrarse después de la guerra. Las tarjetas de identidad son tan difíciles de falsificar que esta es la forma más segura de obtenerlas.

Con las tarjetas en su sostén, continúa su viaje a Roelof Hartplein, en Ámsterdam, donde ha acordado encontrarse con su amiga Trees Lemaire, quien todavía trabaja en el centro de tarjetas de identidad. Tomará los documentos de Janny y los distribuirá clandestinamente.

Janny espera en la plaza que conecta Roelof Hartstraat, *J.* M. Coenenstraat y Van Baerlestraat. Lleva a Robbie de la mano. Tiene muy buena vista de todas las calles, pero no ve a Trees por ningún lado. Robbie se impacienta, comienza a quejarse, tira de su falda y Janny se pone nerviosa. Su amiga nunca llega tarde. Ninguno de ellos llega tarde; no pueden darse el lujo de hacerlo.

Los segundos transcurren, pero no pasa nada. No hay nadie más en la plaza, se siente desprotegida. El sol sube constantemente al punto más alto sobre la ciudad y bajo su cabeza caliente, las sienes comienzan a palpitarle. Las tarjetas de identidad están ardiendo en su pecho. Mira a través de la calle, donde un imponente edificio da la vuelta a la esquina, numerosas ventanas que la miran, comienza a caminar de arriba abajo.

Piensa en el día después del cateo de la casa en La Haya, cuando alguien le exigió las llaves de la imprenta y ella había aceptado encontrarse con él frente a la estatua de Willem III en Noordeinde. Los *Krauts* esperaban detrás de cada pilar.

Ahora Robbie comienza a llorar. Sus gritos se extienden por toda la plaza, hacia las tres calles. Janny resiste el impulso de taparle la boca con la mano e intenta calmarlo. «Pronto estaremos de vuelta en el tren. Eso será lindo». Mira por encima de la cabeza de Robbie, inspeccionando los alrededores. Han pasado al menos diez minutos. Algo no está bien. Tira de la mano de Robbie y comienza a caminar, rápido, lejos de la plaza, en dirección a Concertgebouw.

Se apresura hasta que Robbie deja de protestar; se enfoca en colocar sus pies junto a los de su madre sin caerse, sostenido por el agarre doloroso de ella. Janny siente la respiración de la Sicherheitspolizei en la nuca, una mano extendiéndose para tocar su hombro. Espera que aparezcan autos de todas las calles laterales, sirenas aullando, para cercarla, camina sin mirar atrás, su pecho se eleva en sincronía con la marcha de sus pies.

Un tranvía espera. Se suben. Estación Central. Atraviesa el pasillo de la estación con Robbie, que arrastra los pies y no dice nada. Sabe que hay «mudos» por todas partes. Actúa normal, tranquila, o algún *Kraut* con un sentido inusual de moralidad podría arrestarla por abuso infantil. Se detiene, se arrodilla y toma la cara de Robbie entre sus manos.

—Está todo bien, ¿verdad?

Le da un beso, se levanta, mira a su alrededor y se acerca tranquilamente a la plataforma, donde el tren a Naarden está listo para partir.

Mientras los campos pasan por la ventanilla, Robbie conduce un automóvil imaginario, sus pies cuelgan por encima del suelo. Su corazón está aún acelerado, los documentos pegajosos se mueven en su pecho. Escucha la lenta cadencia del tren, trata de respirar siguiendo su ritmo. ¿Habrán atrapado a Trees? ¿Si la interrogan, hablará? ¿Lo dirá todo? ¿Hablará sobre el Nido Alto? No, Janny se niega a pensar eso. Trees preferiría morir. Pero, aun así, hay otros que… un nudo en el estómago le bloquea la respiración, un puño justo bajo su diafragma.

Estación Weesp. Se bajan, todavía tienen que hacer compras.

Robbie salta, tomado de su mano; al parecer olvidó todo. Van con el granjero por una gran bolsa de trigo. Con el molinillo de café lo convierten en harina para pan. Aún es temprano cuando regresan a la estación de Weesp con dos pesadas bolsas, Janny siente que las plantas de los pies se le incendian.

Unos minutos más en el tren a Naarden. Los vagones están casi desiertos y cuando el tren acelera, su respiración vuelve a la normalidad. Nadie los ha seguido y otras posibilidades reemplazan sus oscuros pensamientos anteriores. Tal vez Trees tan solo se quedó dormida. O le dieron mal la hora. O tal vez tenía la ubicación incorrecta. Eso le ha pasado también a Janny. Distribuirá los documentos de otra manera. Apoya la cabeza en el asiento y suspira.

Cuando llegan a la estación de Naarden-Bussum, el tranvía está justo a punto de irse. Robbie corre por delante, Janny se retrasa por la carga. Tienen suerte y alcanzan a tomar el tranvía. En ocasiones caminan entre los matorrales, pero no hoy con todos estos comestibles.

Bajan en Ericaweg, luego caminan durante diez minutos más a lo largo del camino sin pavimentar, reducido por la naturaleza, hasta que desemboca en el Nido Alto, justo al borde del bosque. Las bolsas tiran sus brazos hacia abajo; casi se arrastran por el suelo. Puede dar solo unos pasos sin detenerse. El sol está alto en el cielo, los brezos exprimen lo último del agua del suelo, pero las puntas de los arbustos ya se han secado y crujen como hierba quemada.

Casi en casa. Janny siente alivio; baja su carga y se limpia la frente. Robbie corre adelante, se detiene, se da vuelta y espera a su madre.

—Corre —le dice Janny—. Pregunta si alguien puede venir a ayudarme. Esperaré aquí.

El pequeño se va. Sonríe cuando lo ve correr como si lo ocurrido por la mañana no hubiera sucedido. El niño sale corriendo y desaparece en el bosque, fuera de su vista.

Janny se deja caer sobre la bolsa de trigo y espera. Pasa mucho tiempo, demasiado tiempo. Cinco minutos más. Coloca las bolsas detrás de unos robles, hay una pared de arbustos entre sus troncos delgados, saca las tarjetas de identidad de su sostén y las esconde bajo los comestibles. Nota que sus manos tiemblan con violencia.

Sigue el camino con pasos rápidos y comienza a correr, los terrones secos de tierra entorpecen su marcha, se lastima el tobillo, pero se apresura. Su cansancio desaparece. El borde del bosque. No hay señales de Robbie. El camino de conchas cruje bajo sus pies, la casa aparece entre los árboles y su mirada se dirige hacia las persianas flanqueando la ventana, primer piso a la derecha, arriba del nombre de la casa. El gran jarrón chino se ha ido. Sus rodillas se aflojan y su mano intenta alcanzar un soporte imaginario. Un pensamiento pasa por su mente: si se da la vuelta *ahora* y huye por el bosque, tiene una oportunidad.

Liselotte. Robbie.

Abre la puerta en cámara lenta y camina por el sendero a la parte trasera de la casa, donde está la puerta de entrada. La tierra bajo sus pies se desmorona, parece hecha de espuma. Da pasos gigantes, pero apenas si avanza. Solo ahora nota el silencio. Todas las puertas, todas las ventanas están cerradas. No hay gente en el jardín, no hay música, nadie serrucha en el cobertizo. Incluso el ensordecedor canto de las aves se ha detenido. La casa está en su colina, imperturbable, pero toda la vida se ha acabado.

Está de pie, frente a la puerta carmesí con la ventana cuadrada y las pequeñas rejas blancas. Mira hacia atrás una vez más escudriñando el cielo azul brillante. El cernícalo no está. Entonces, toca el timbre.

La puerta se abre de golpe, un hombre con la cabeza afeitada y mirada penetrante está parado en la puerta. Se trata de Eddy Moesbergen, uno de los cazadores de judíos más exitosos de la Columna Henneicke. El grupo se disolvió en octubre de 1943, cuando Ámsterdam fue declarada *judenrein*, y Moesbergen se unió a la policía de Ámsterdam, que trabaja para el SD. Por su propia iniciativa y por el doble de recompensa de la tasa de 15 florines por judío, Moesbergen ha continuado la persecución por su cuenta.

Una de sus informantes es conserje de una pensión en Ámsterdam a quien una vez arrestó por esconder judíos. Desde su liberación, Moesbergen ha amenazado con enviarla a un campo de concentración, a menos que le proporcione información. El día anterior, el 9 de julio, la mujer desesperada le había dado una nota arrugada, que decía: «Bos, Villa el Nido Alto, Driftweg 2, Naarden». Había obtenido la dirección en septiembre de 1943 en un café de Ámsterdam, donde un miembro anónimo de la resistencia judía se la había dado como un refugio potencial para personas necesitadas; ella nunca lo usó.

Moesbergen tomó la nota y esa mañana viajó a Huizen con dos colegas: Harm Krikke y Willem Punt, ambos del SD. En la estación de policía local solicitó a dos oficiales vestidos de civil que lo acompañaran para echar un vistazo. Para su sorpresa, Moesbergen descubrió a un grupo de judíos escondidos en la remota casa de campo, y ahora hay otra llamando a la puerta.

Janny mira a Moesbergen y en un instante ve a Robbie, de pie en el pasillo detrás de él, con una mirada aterrorizada en la cara. Antes de que pueda llamar a su hijo, el hombre la agarra del brazo, la jala hacia adentro y le ladra a la cara:

—¿Quién eres?

Janny, en su desconcierto, le responde.

—¿Por qué no me dice primero quién es usted?

El hombre la golpea con la mano abierta varias veces en la cara.

Robbie comienza a gritar.

—¡Mamá, mamá!

Janny se tambalea, las paredes giran, pero se las arregla para mantenerse en pie. Moesbergen la arrastra a la sala; Robbie agarra su pierna al pasar. La puerta se abre y allí están, sentados en el piso de madera. Cuando ven a Janny y Robbie, se quedan sin aliento. ¡Ellos no! Habían esperado que la señal del jarrón funcionara.

Todos están ahí. Lien y Eberhard, con Kathinka. Jaap, Red Puck con —gracias a Dios— Liselotte en el regazo. Jetty. Simon. Loes y Bram, con una marca roja en el cuello. No, no son todos. Janny cuenta rápidamente. Faltan cuatro: papá, mamá, Rita, Willi. Cuando ve la cara descompuesta de su hermana menor, roja de un lado por los golpes, Lien se lleva la mano a la boca con un fuerte sollozo, Eberhard la presiona cerca. Bram Teixeira de Mattos mira a Janny con atención, sacudiendo lentamente la cabeza. Ella lee sus labios: «No es tu culpa». Otro hombre lo golpea y cae al suelo.

—¡Sin hablar!

Arrojan a Janny al piso también; Robbie se acurruca rápidamente con ella. Se sienta con las piernas cruzadas, asiente para tranquilizar a Liselotte, Puck la mira con ojos vidriosos y el labio inferior temblando, sus brazos envuelven con fuerza a la niña.

El sonido de fuertes pasos está por toda la casa; en las escaleras, en las habitaciones… la policía voltea todo en la casa con una fuerza brutal. Las lámparas sobre la mesa del comedor tiemblan. Observan en silencio, luego apartan rápidamente la vista. Uno de los hombres del SD, el detective Punt de Ámsterdam, los vigila y, después del desagradable golpe en la cabeza de Bram, no quieren provocarlo.

A través de la escotilla de la cocina escuchan a Moesbergen y otro colega comerse sus provisiones. Les gritan a los oficiales arriba, les arrojan algo de comer, comen ruidosamente, ríen y continúan la búsqueda en la casa. Gritan amenazas obscenas para expulsar a los restantes de sus escondites. Janny cierra los ojos y piensa en sus padres, acostados en su escondite sin saber lo que sucede ni quién ya ha sido atrapado. Con las yemas de los dedos se toca la mejilla, que comienza a inflamarse con lentitud.

Mientras se sienta en el suelo y trata de mantener la calma, escucha el ruido de los hombres y repite sus nombres como un mantra:

Moesbergen
Krikke
Batea
Hiemstra
Boellaard

¿En verdad habían pensado que eran intocables? ¿Creían que la colina donde está el Nido Alto tenía atmósfera propia, fuera del radar durante las redadas, ignorada por las autoridades y el tiempo? No, no vivían en un mundo de fantasía. Siempre estuvieron alertas y eran conscientes de los riesgos de su trabajo; habían realizado un simulacro con el botón de emergencia y las escotillas tan solo hace unos días.

Todos les habían dicho que era una locura: judíos dirigiendo un escondite para judíos. Bert y Annie Bochove, del pueblo. Mik, cada vez que lo veían. Frits y Cor, Jan y Aleid, Karel Poons y muchos otros más. Pero para Janny y Lien jamás hubo dudas: no solo ellos y sus familias sobrevivirían, también ayudarían a tantos otros como les fuera posible. Habían hecho lo que tenían que hacer, lo que *podían* hacer.

Con la casa inundada de personas en busca de refugio, miembros de la resistencia, en verdad tenían medidas de seguridad. Habían reubicado gente, ya no aceptaban invitados que no conocían y desarrollaron un protocolo para contactos de la resistencia que visitaban la casa. Tenían una alarma secreta, escondites para cada residente, un túnel, una red de informantes con las autoridades. El jarrón frente a la ventana era una buena señal para advertir a la gente que algo andaba mal desde lejos. Pero no pudieron armarse contra la traición.

Lien, Eberhard y Kathinka acababan de terminar el desayuno en su habitación, abajo, al lado del bosque, cuando de pronto escucharon ruidos fuertes afuera. Eran poco antes de las nueve; Bob y Janny ya se habían ido, pero el resto de la casa estaba despertando. La mayoría de las personas estaban en su habitación buscando paz y tranquilidad antes de sumergirse en el ruido del día. Lien y Eberhard se congelaron, se miraron el uno al otro, y con el rabillo del ojo vieron la imagen que a menudo los perseguía en sus sueños: hombres extraños caminando por los jardines.

Eberhard entró en acción de inmediato. Enrolló la alfombra, abrió la escotilla y guardó el cofre con mercancías prohibidas en el hoyo subterráneo: periódicos ilegales, letras de canciones en yidis, folletos de la resistencia, libros sobre cultura judía que Lien estudiaba con Leo Fuks y mucho más. Kathinka miraba perpleja, Lien rápidamente susurró:

—¡No le digas a nadie, cariño!

Cierra la escotilla, la cubre con la alfombra, pone la mesa y sillas en la parte superior.

Golpean la puerta de entrada.

—¡Abran!

Eberhard apretó la mano de Lien y abrió la puerta de su habitación hacia el pasillo. Caminó a la puerta principal, presionó el botón de emergencia, rezando por que todos arriba estuvieran despiertos e hicieran lo que tan a menudo habían practicado. Como los golpes y los gritos persistieron, buscó a tientas la cerradura para ganar algo de tiempo. En cuanto se abrió la puerta, entró un hombre con la cara roja y salvaje como un toro.

—*Sicherheitsdienst!*

Un segundo hombre lo sigue y, detrás de él, Eberhard ve a otros tres de pie en el jardín, mirando atentamente a su alrededor. Sus ropas de civiles lo asustaban más; por alguna razón los hombres con uniformes le resultaban menos amenazantes, como si su tarea fuera impuesta y, por lo tanto, pudieran dejarla de lado de nuevo. Los hombres hablaban holandés.

—¿Dónde están? —el líder de la manada gritó directamente a la cara de Eberhard. Una fuente de saliva acompañó sus palabras.

Eberhard pareció sorprendido. Lien trató de hacerse pequeña, apretujándose contra la pared del pasillo mientras sostenía a Kathinka muy cerca para que no viera.

—¿Quiénes? —preguntó Eberhard.

—¡Al salón!

El hombre volvió a la puerta principal, se asomó hacia afuera y llamó a los hombres que montaban guardia. En el salón les dio órdenes.

—Punt, cuida a estos tres; Hiemstra, ven conmigo.

Y subió las escaleras. Hiemstra, un hombrecillo de aspecto frágil, con ojos fríos, piel pálida y escamosa, corrió tras él con grandes pasos. El oficial del SD que había entrado antes estaba buscando en la planta baja.

Eberhard, Lien y Kathinka estaban sentados en el salón, con el detective Punt como guardia, esperando con ansias lo que los hombres encontraran arriba. Llevaron primero a Puck y a Liselotte. La niña tenía fiebre y se arrastró hasta el regazo de Puck como un gatito. Los hombres continuaron su búsqueda. «Juraría que vi a un chico parado en la ventana, cuando estábamos afuera», escucharon a través del techo de madera que alguien decía arriba. Lien contuvo la respiración, debía haber sido Willi. Cuando vio las luces de la alarma encendidas, debió de haber mirado afuera, curioso de ver qué pasaba. Habían acordado jamás hacer eso, la alarma significaba: ¡esconderse, *ahora*!

De vez en cuando, Moesbergen bajaba para gritarles. Los sacó de la habitación uno por uno para amenazarlos para que hablaran, pero mantuvieron la boca cerrada y, hasta ahora, los hombres no habían descubierto a nadie más en la casa. Lien estaba contenta de que al menos Bob, Janny y Robbie no estuvieran en casa, y recordó entonces su señal. ¡El jarrón en la ventana en el primer piso tenía que irse! No sabía qué estaba haciendo Janny —deliberadamente nunca lo comentaron— ni a qué hora volvería. Quizá ya estaba camino a casa.

Cuando Punt sale por un momento de la habitación, le susurra a Kathinka:

—Corre arriba, a la habitación grande. Te seguiré. ¡Ve!

Le dio un empujón a la niña y Kathinka corrió hacia el pasillo, para subir las escaleras e ir hacia la habitación, con su madre siguiéndola de cerca. Los oficiales del SD comenzaron a gritarle, y a gritarse el uno al otro, pero Lien fingió lanzarse en picada por su hija y derrumbó el jarrón en el alféizar de la ventana con el brazo. El tintineo ensordecedor de la porcelana estrellándose sobre el piso se ahogó con los gritos de Moesbergen a sus hombres. Kathinka no tenía idea de lo que ocurría; estalló en llanto cuando Lien la levantó en sus brazos.

El oficial Hiemstra las llevó de regreso por las escaleras; se las entregó de vuelta a un avergonzado Punt. Lien tranquilizó a Kathinka y le lanzó una mirada triunfal a Eberhard. El jarrón se ha ido.

—Esta es tu última oportunidad: ¿dónde están los otros?

Lien miró la cara de Moesbergen; una vena vertical se abultaba en su cuello, una horizontal en su frente. Se inclinó hacia Lien.

—Sé que hay más personas escondidas. ¿Dónde están?

Lien palideció de miedo. ¿Los habían estado observando? ¿Durante todo este tiempo sabían que estaban aquí? En ese caso estaban perdidos. Uno de sus contactos de la resistencia debía haber sido arrestado, debía haber hablado. O tal vez uno de sus antiguos residentes. Casi nadie podría haber soportado la tortura; ellos lo sabían, ellos entendían. Pero ¿quién demonios fue?

—No tengo idea de qué está hablando —respondió tranquilamente.

Ni Eberhard ni Puck dijeron nada, pero cuando Moesbergen sacó a Kathinka de la habitación entraron en pánico. Cinco minutos después, la niña volvió.

—Me dijo que podría tomar chocolate, pero le dije que no. No dije nada, mamá, solo que es un muy mal señor —dijo, orgullosa.

Lien presionó a su hija contra su pecho.

Después de una hora más, oyeron tropiezos en la escalera. La puerta se abrió, y arrojaron a Bram y Loes Teixeira de Mattosal al salón, con la cabeza inclinada y la mirada agachada. Moesbergen miró brevemente al grupo reunido frente a sí en el piso, y luego le ordenó a Bram que se levantara de nuevo y fuera con él. El viejo se levantó con dificultad y lo siguió hasta el corredor. La puerta estaba cerrada, pero podían escuchar cada palabra.

—Entonces, ¿eres judío? —Moesbergen gritaba como si estuviera frente a una multitud.

—No, señor. —Oyeron decir a Bram, su suave voz amortizada por los pesados muros.

Loes bajó la cabeza y lloró, cubriéndose la cara con sus manos.

—¡Aquí tenemos un judío que no sabe que es judío!

Risas, movimientos bruscos en el salón, sonidos perturbadores, muebles que se mueven, tal vez forcejeos, todos miraban fijamente a la puerta, con los rostros tensos por el miedo.

—¿Aún no eres judío? ¿Tengo que hacerte judío?

El grupo en la sala se estremecía con cada palabra. De pronto, la puerta se abrió de golpe. Bram entró tambaleándose, con las manos alrededor del cuello, los ojos inyectados en sangre, respirando con pesadez. Se sentó con dificultad en el piso junto a Loes, quien se movía hacia su esposo, pero él retrocedió y miró directo al piso, sin aliento y con la boca abierta. Después, silencio.

Una hora más tarde: Jaap, Jetty y Simon.

—¡Mira! —dijo Moesbergen con una sonrisa y un gesto teatral mientras los empujaba a la habitación—. Encontramos el siguiente lote. Irán a prisión, todos ustedes.

Habían derribado los paneles, los pisos de madera y descubierto sus escondites.

Alrededor de las dos de la tarde, el golpe mortal: Janny y el pequeño Rob. El jarrón roto no había evitado su destino.

Han estado en la sala por un tiempo y parece que los otros son demasiado difíciles de encontrar. Janny comienza a pensar con claridad de nuevo. El pánico anterior se ha ido; se siente fríamente tranquila. Hay asuntos urgentes que resolver en este momento. Necesitan advertir a Bob en el trabajo. Aquellos a quienes aún no han encontrado deben permanecer en sus escondites. Y tienen que sacar a los niños de aquí. Mira directamente a Lien y sabe que ella piensa exactamente lo mismo. Han podido posponerlo por tanto tiempo, pero ahora ha llegado el momento: tienen que separarse de sus hijos.

—Señor —le dice Janny con calma a Punt—, mi hija tiene fiebre.

Señala a Liselotte, desplomada contra Puck, con las mejillas rojas y los ojos somnolientos, como un pequeño payaso. El hombre se encoge de hombros y la mira inquisitivamente.

—Tiene que ir al médico, no sobrevivirá a la prisión.

Punt desvía la mirada y mira hacia afuera. No quiere escuchar el resto.

Janny mira a Lien y asiente.

—No tengas miedo —Lien le susurra al oído a Kathinka, y comienza a chillar como un cerdo.

Kathinka salta lejos de su madre, quien se recuesta sobre el piso, agitando violentamente los brazos y la cabeza de izquierda a derecha y sigue gritando. Todos en la sala están en estado de shock, incluido Punt, quien la mira como si fuera un fantasma. Se prepara para arremeter, pero no puede decidir a quién apuntar primero.

—¡Los niños no! ¡Los niños no!

Lien grita y llora. Está fingiendo un ataque de pánico, pero su desesperación es real. Escupe, babea, rueda por el suelo. Punt tiene que saltar a un lado y le grita que se detenga, pero Lien agrega un poco más.

—¡Llévame a mí! Pero no a los niños. Por favor, los niños no.

Los ojos de Janny se llenan de lágrimas. El resto mira, entienden que es una artimaña, pero también saben lo que está en juego.

—¡Basta, mujer! ¿A dónde tienen que ir los niños, entonces? ¡Detén esto!

Punt mira hacia la puerta, temeroso de que Moesbergen entre para establecer el orden y evidenciar una vez más que no puede manejar la situación.

—Pueden ir al médico —dice Janny con calma desde una esquina de la habitación.

Punt se da la vuelta.

—¿Qué?

—Hay un médico cerca. Estoy segura de que recibirá a los niños. Por favor. Puedo llamarlo ahora.

Lien gime como un animal herido y sigue murmurando: «Los niños no». Punt teme que tendrá otro ataque en cualquier momento. Él le asiente brevemente a Janny, pero Moesbergen entra. Da órdenes a Punt para llevar a todo el grupo, excepto a la pareja de ancianos Teixeira de Mattos, a la estación de policía de Huizen. No saben por qué Bram y Loes no vienen, quizá porque tienen dificultad para caminar, tal vez porque los oficiales piensan que pueden extraer más información de estas personas frágiles. Los dos oficiales locales que han ayudado a los hombres del SD todo el día, Hiemstra y Boellaard, escoltarán a Punt.

—Andando.

Los tres hombres los conducen afuera y los alinean frente al Nido Alto. Está claro que su descubrimiento fue una verdadera sorpresa; no tenían nada preparado: transporte, apoyo, un plan.

El grupo se dirige a Huizen a pie. Lien y Janny siguen presionando a Punt en el camino: «Los niños son mitad judíos, llévenlos al médico. Llévanos contigo. Si resulta que mentimos, siempre podrás recogerlos más tarde. El doctor vive a la vuelta de la esquina desde aquí. Ya casi llegamos, mira, esa es su casa. Vamos, por favor».

Punt cede. Envía a un oficial a la estación con el resto de los detenidos y le pide al otro que lo acompañe al doctor. Se desvían hacia Nieuwe Bussummerweg, donde vive el doctor Van den Berg y toca el timbre. El doctor abre la puerta y se sorprende al ver a las dos mujeres, blancas como la tiza, en la puerta de su casa. Son la señora Brandes y la señora Bos, abrazando a sus tres hijos pequeños; él los ayudó antes, sabe que ambas mujeres son judías y que tienen gente escondida en el Nido Alto. Detrás de ellos hay dos hombres. Punt se presenta como un oficial del SD; su colega es miembro de la policía de Huizen. ¿Pueden entrar? Antes de que el médico pueda responder, los hombres ya están en su casa.

A partir de ahí, todo transcurre con rapidez. El doctor y su esposa están preparados para acoger a los niños por el momento. Punt ordena que los niños permanezcan a disposición del SD en cualquier momento: el examen provisional demuestra que ambas madres están casadas con arios, por lo que al parecer los niños no son completamente judíos. Sin embargo, si resultan serlo, serán recolectados y deportados.

Robbie tiene casi cinco años y de repente se da cuenta de lo que está a punto de suceder. Mira a los hombres extraños y a su madre, presiona firmemente sus pequeños dedos en la piel de su madre y está a punto de estallar en lágrimas. Janny se arrodilla y pone sus manos alrededor de su rostro. Presiona su nariz contra la de él, lo mira a los ojos y susurra:

—No tengas miedo. Volveré, lo prometo. Papi vendrá a recogerte; le dices que volveré con ustedes, ¿de acuerdo?

El cuerpo le tiembla y tiene los ojos muy abiertos, pero Robbie asiente lentamente y deja que su madre le dé un último beso en los labios mocosos. Janny le da un pequeño empujón y el oficial de policía se lo lleva. Luego toma a Liselotte, quien aún brilla por la fiebre. Lien hace lo mismo con Kathinka. Ambas niñas tienen casi tres años, lloriquean suavemente, incapaces de entender lo que está sucediendo, pero completamente conscientes de que es algo terrible.

—Sé buena, mantén la calma, todo estará bien —susurra Lien en el cabello de Kathinka.

Janny presiona a Liselotte contra su pecho una vez más y luego el doctor se lleva a los tres niños a la sala. El silencio es absoluto cuando la puerta principal se cierra detrás suyo. Janny y Lien caminan hacia la calle, miran atrás una vez más. Los tres pequeños aparecen delante de la ventana. No saludan.

Un empujón en la espalda y se han ido.

23

LA BALA

En efecto, el SD no esperaba una captura tan grande; apenas si quedan unos cuantos judíos en el país. Pensaron que tal vez atraparían a uno, quizá dos, pero, sin contar a los niños, encontraron no menos de ocho: Janny, Lien, Jaap, Bram, Loes, Jetty, Simon, Puck. Más el desertor alemán, el traidor. Ni siquiera Moesbergen había hecho un descubrimiento tan valioso.

Todos, excepto Bram y Loes, están encarcelados en la comisaría de Huizen. Punt regresa de inmediato al Nido Alto para ayudar a sus colegas, Moesbergen y Krikke, que se quedaron para continuar con la búsqueda. Están seguros de que hay más personas escondidas en la villa del bosque, con todos sus espacios secretos construidos por expertos. Demuelen pisos y paneles, arrancan las alfombras, gritan blasfemias para amedrentar a cualquiera que aún esté escondido en sus refugios y derriban las paredes con martillos.

Pero todo permanece mortalmente tranquilo; las piedras del Nido Alto no hablan. Los hombres amenazan con llenar la casa de balas, fingen que han terminado, cierran la puerta y vuelven adentro, pero nada. Están furiosos. *Debe* haber más. Han contado los colchones en las habitaciones, los cepillos de dientes en los lavabos.

Mientras tanto, el grupo de nueve debe ser llevado a la sede del SD en Ámsterdam para interrogarlo. Sin embargo, como no estaban preparados, no hay camionetas de policía disponibles en Naarden ni en Huizen. Los oficiales del SD llaman por teléfono para alquilar furgonetas; pero es en vano: no hay disponibles. ¿Podrían llevar al grupo en tren? Demasiado arriesgado. Terminan por esperar a uno de sus colegas de Ámsterdam para que llegue por ellos en una furgoneta.

Mientras, Janny ha garabateado el número de la oficina de Bob en un trozo de papel y espera a la persona adecuada para dárselo. Ella sabe por experiencia que hay buenas personas en la policía de Huizen: oficiales que se hacen de la vista gorda en momentos cruciales, incluso transmiten información a la resistencia local y a las personas que se ocultan. Desliza la nota en la mano de uno de los oficiales que estuvo con ellos todo el día.

—Por favor llame: ¡*no* vuelvas a casa! —le dice entre dientes, apenas audible.

El oficial aprieta el puño alrededor del papel y no dice nada. Ahora debe esperar lo mejor.

Ya es tarde cuando la furgoneta del SD de Ámsterdam llega. Salen de la estación de policía y se detienen en el Nido Alto para recoger a Bram y Loes; la pareja tiene el semblante cenizo y se ve muy frágil. No saben lo que les sucedió en ese tiempo, pero las últimas cuatro personas: Joseph, Fietje, Willi y Rita, al parecer, no han sido descubiertas ni traicionadas.

En el camino a Ámsterdam, todos están callados; temen que cualquier palabra que digan pueda delatar a los otros. Lien y Janny apenas si pueden mirarse, derrotadas después de haber dejado a los niños, preocupadas por sus padres escondidos bajo su escotilla.

Tan pronto llegan a Ámsterdam, se enderezan. Es la primera vez que todos, salvo Janny y Eberhard, han vuelto en mucho tiempo. Entran a la ciudad por Weesperzijde y conducen hacia el sur, donde están las oficinas centrales del SD. Ámsterdam se siente entumecido. Sin ajetreo, solo soldados y policías en las calles. Incluso al final de este brillante día de verano, cuando el centro de la ciudad normalmente explotaría con ruido y actividad, una nube parece colgar sobre las personas y las casas.

Cruzan el puente y continúan hacia Amstellaan, pasan Rijnstraat, después el notorio edificio en Apollolaan, la Torre del Trabajo, como solían llamarlo. Un esqueleto de acero con armadura de vidrio, el orgulloso rascacielos del Banco de la Seguridad Social. Hace solo unos años, las hermanas habían observado con la boca abierta mientras el limpiavidrios colgaba en su canastilla; el primero en los Países Bajos. Pensaron que era aterrador, pero el hombre las saludó alegremente. Ahora, la Wehrmacht ha decorado el techo de la torre con reflectores y cañones antiaéreos. En el Nido Alto la ocupación era principalmente tangible; aquí es visible.

Al fin llegan a Euterpestraat, el edificio de la vieja escuela.

—¡Salgan!

Desde el vehículo, a través de la sala principal, hasta un sótano oscuro. Hay estrechas literas de madera contra la pared. La puerta se cierra de golpe. Están amontonados, alineados como si fuera una oficina de correos. Oscuro, húmedo, un solo foco en el techo. Se sientan en el piso frío al tacto; sienten la presencia de otras personas en el cuarto. Ninguno habla. Esa tarde, una camioneta de la policía los lleva a un edificio un poco más moderno en Marnixstraat. Después de una noche inquieta y llena de ansiedad, por la mañana son llevados de vuelta al sótano de Euterpestraat. El búnker de interrogatorio.

Juntos, han discutido varias opciones de escape, pero los guardias de las SS nunca se apartan de su lado. Los sacan uno por uno del sótano. El *Sturmbannführer* de las SS, Willi Lages, jefe alemán del SD en la región del norte de Holanda, es un experimentado torturador y ha participado en varias ejecuciones. Promesas, chantaje, blasfemias; despliega todas sus técnicas, pero todos mantienen la boca cerrada. Amenaza con recoger a los niños para que hablen; Janny y Lien temen que no se quedarán con la boca cerrada si lo hace. Lien está aterrada de que descubran que ella y Eberhard no están casados, lo que oficialmente hace que Kathinka sea totalmente judía y candidata para la deportación.

Cuando regresan a la estación de Marnixstraat esa noche, Bram y Loes Teixeira de Mattos han sido llevados al campo de Westerbork. Con el espíritu aplastado, Janny y Lien caminan por el corredor hacia las celdas. No pueden creer lo que ven: Joseph y Fietje están parados al final del pasillo. Viejos y frágiles. Una mano toca brevemente un brazo, los ojos se encuentran por un breve instante para captar la mirada abatida. Papá abraza a mamá en un gesto protector, sabiendo muy bien que no será suficiente.

—Resistimos tanto como pudimos —susurra Joseph, disculpándose. Baja la mirada—. Han descubierto también a los otros y los documentos de Eberhard.

Deben caminar hacia la celda. Lien se tambalea, intenta encontrar los ojos de Janny: todo ha terminado.

Tan pronto se mudaron al Nido Alto, Eberhard había enterrado sus papeles alemanes, incluida su tarjeta de identidad original, en un cofre de plomo al fondo del jardín. Después del Día D, en su optimismo, desenterraron el cofre para ver en qué estado estaban los papeles adentro. Estaban mojados y arrugados. En uno de los dormitorios había una chimenea fuera de uso; Eberhard había puesto ahí los papeles para secarlos. Tenía la intención de envolverlos mejor y enterrarlos de nuevo. Ahora sabían quién era realmente. Jean-Jacques Bos tenía una oportunidad. Eberhard Rebling irá a la horca.

Mientras tanto, todos en la sede del SD están encantados con la captura: dieciséis polizones, incluidos dos niños. A ellos los dejarán en paz por ahora; los *mischlinge*[15] no tienen que ir al transporte. El tercer

[15] *Mischling*, palabra alemana que significa *híbrido*, empleada para referirse a quienes se sospechaba tenían sangre aria e «impura». [N. de la T.]

niño es una historia diferente. Al encontrar los papeles alemanes de Eberhard, saben que él nunca se casó con la mujer judía; su hija es completamente judía.

Moesbergen está satisfecho con las noticias y ordena al doctor Van den Berg que entregue a la niña en persona en la oficina del SD en Ámsterdam lo antes posible.

Al tercer día todos los adultos, excepto Janny, Lien y Eberhard, son llevados a la casa de detención en Weteringschans. Unos pocos meses antes, su amigo Gerrit van der Veen, el compañero de Mik de *El Artista Libre*, cometió un asalto a esta misma prisión en un intento por liberar a otros miembros de la resistencia. El asalto al registro de Ámsterdam en marzo de 1943 había sido parcialmente exitoso, pero eso no impidió que Gerrit entrara de nuevo en la guarida del león. Irrumpió en Weteringschans en mayo de 1944. Recibió un disparo en la espalda, pero escapó.

Unas semanas después fue arrestado y ejecutado en las dunas cerca de Haarlem, en junio. Los Brilleslijper y los residentes del centro de detención desconocen la noticia. En el momento en que son encarcelados en Weteringschans, dos de los tres fundadores de *El Artista Libre* están muertos: Mik van Gilse y Gerrit van der Veen. El tercer miembro, el compositor Jan van Gilse, el padre de Mik, ya con muy mala salud, fallece unos meses después. La luz de *El Artista Libre*, abanderado de la resistencia de los artistas, se ha extinguido.

Lien y Eberhard pasan la noche del 12 de julio solos en una celda. Es su última noche juntos. Se abrazan en silencio, se preparan para su despedida, piensan en Kathinka, sin decir su nombre.

—Si sobrevivimos, nos encontraremos en casa de Mieke y Hakon, en Johannes Verhulststraat. ¿De acuerdo?

Eberhard mira a Lien inquisitivamente y ella asiente. Aquellas son las únicas palabras que cuentan, aunque describen un escenario poco probable. Mientras Lien llora, Eberhard la acuna en sus brazos. Janny le dio un Luminal, un sedante que puede derribar a un caballo. Lien parte la píldora en dos y le da la mitad a Eberhard para que pueda dormir un poco. Tiene que estar en forma para soportar el interrogatorio al día siguiente. Duermen anestesiados y a la mañana siguiente, el jueves 13 de julio, los separan.

Poco después, todos, menos Eberhard y Janny, son puestos en el tren a Westerbork: Joseph, Fietje, Lien y Jaap. Las chicas, Puck y Jetty. Simon, Bram y Loes. Su hija, Rita, y su yerno, Willi. Ya no son necesarios.

A partir de ahora, el SD se centra en el desertor alemán y la mujer judía de la resistencia. Juntos, han hecho todo lo que la Biblia aria prohíbe y la única pregunta es: ¿quién caerá primero?

No obstante, los oficiales holandeses de la estación de policía Marnixstraat son buenos con ellos, incluso parecen compadecerse de su destino, y Janny aprovecha la oportunidad: ¿acaso pueden comprar su libertad? Los oficiales les dicen que ayudarían si pudieran, pero simplemente no es posible. Las SS están en todas partes; no confían en nadie y los vigilan de cerca a ellos también.

El patrón sigue siendo el mismo: duermen en Marnixstraat y son interrogados en la sede del SD en Euterpestraat. Allí, el *Sturmbannführer*, Willi Lages, los interroga por turnos. Está en buena forma, este hombre alto con el cráneo en forma de huevo, labios delgados y nariz puntiaguda que parece permanentemente estar pellizcada. Janny no puede mirarlo a la cara; sus rasgos son demasiado agudos. La golpean para que Eberhard hable. Golpean a Eberhard para que Janny hable. Ambos permanecen en silencio. Lages se ríe de ellos.

—Tu destino está sellado de todos modos —se burla de Eberhard—: ¡pena de muerte por *Fahnenflucht*, *Landesverrat*, *Sabotage und Rassenschande*! —escupe la última palabra en su rostro con disgusto: contaminación racial. Un niño con una mujer judía: su compatriota no podría haber caído más bajo—. Aparecerás frente a la corte militar mañana y entonces estarás acabado.

Janny y Eberhard pasan una última noche en la estación de policía de Marnixstraat; saben que la ejecución lo espera al día siguiente. Janny da vueltas y vueltas, preocupada toda la noche, trata febrilmente de encontrar una manera de salvar a Eberhard de la bala, pero su mente está en blanco. Cuando por fin se duerme, sueña que cae en un pozo profundo, sus dedos no logran encontrar un resquicio, aún no llega al fondo, cuando los guardias la recogen de la celda en la madrugada del 14 de julio.

Cuando la llevan detrás de Eberhard a la camioneta de la policía que espera afuera, la cabeza de Janny casi estalla con migraña. El sol de la mañana que sube por un cielo despejado brilla más de lo que sus ojos pueden soportar. Las puertas en la parte trasera de la camioneta están abiertas de par en par; ven bancos de madera a ambos lados. Los oficiales los empujan dentro del vehículo, donde un detenido de edad avanzada está sentado, mirando las puntas de sus zapatos. Dos policías vestidos de civil toman su lugar a su lado y cierran las puertas. Abren las ventanas para dejar entrar aire fresco. Eberhard, Janny y un oficial en un banco, el otro detenido y el segundo oficial frente a ellos en el otro banco. Cuando la furgoneta comienza a moverse, los cinco vuelven la cara hacia las ventanas en la parte de atrás, y miran las calles de Ámsterdam que se ven a la distancia.

Por extraño que parezca, se dirigen hacia el norte. El cuartel del SD en Euterpestraat está al sur de la ciudad. Haarlemmerstraat. Janny y Eberhard intercambian una breve mirada. Spaarndammerstraat.

—¿A dónde vamos? —Janny pregunta. Oye su voz en el espacio de hojalata, como si no fuera suya.

—Ámsterdam-Norte. Tenemos que recoger a alguien más primero —responde uno de los oficiales.

Conducen en silencio. Puntos negros bailan frente a los ojos de Janny, las sienes le palpitan con fuerza y siente que la cabeza va a estallarle, pero no quiere cerrar los ojos. Quiere ver su ciudad, porque no sabe cuándo volverá. Si es que volverá.

El auto se detiene. Estación de policía Spaarndammerdijk. El oficial junto a Janny sale.

—Ya vuelvo.

Cierra la puerta detrás de él. Janny parpadea, una vez, diez veces, para ahuyentar las manchas. Eberhard se vuelve hacia ella, trata de encontrarse con su mirada. Mira la manija de la puerta a su lado. ¿Podría...? Janny se inclina hacia adelante, cerca de la cara del oficial frente a ella. Tiene una pistola en el regazo. Comienza a hablar con él con un tono de voz aterciopelado.

Eberhard ve lo que intenta hacer; tiene que actuar, ahora. Pero se congela. De pronto, Janny se arroja a los brazos del guardia.

—¡Fuera! —grita.

Eberhard se arroja a sus espaldas, por la ventana, fuera de la furgoneta. Una mano le toca el tobillo, tira de la orilla de su gabardina, la tela se rasga; Eberhard transfiere su peso hacia adelante y corre por el pavimento, lejos de la camioneta, su impermeable aleteando detrás de él.

El oficial ha empujado a Janny de su regazo y está en la calle, dispara su arma al aire.

—¡Alto!

Pero Eberhard ya está demasiado lejos. Ruido en todas partes, la gente se amontona, Janny sale y ve a Eberhard disolverse en la ciudad. Los golpes en su cabeza se han ido; se siente tan ligera como un globo que vuela sobre el brezal. De pronto todo se vuelve negro y se derrumba sobre los adoquines.

Janny está inconsciente cuando la llevan a la estación de policía. Vuelve en sí, se desmaya de nuevo, despierta, se desmaya, pero siempre la acompaña esa sensación efervescente de triunfo: Eberhard escapó. En primera instancia, los oficiales holandeses la toman bajo su ala, pero luego vienen los alemanes a buscarla. La suben en la camioneta y la llevan de vuelta a la sede del SD en Euterpestraat. Todos están furiosos. Con ella, entre ellos, con el desertor alemán. Entonces, aparece el *Sturmbannführer* de las SS, Willi Lages.

Comienzan a golpearla en el ascensor hasta el sótano. La golpean y patean en todas partes. Cuando cae, Willi Lages pone todo su peso sobre sus piernas; otros la golpean contra los barrotes del ascensor con cualquier cosa que tengan en las manos. Lages continúa sin descanso: tiene un látigo, hay puños, garrotes. La arrojan a un armario o un sótano, un espacio totalmente negro. Janny no puede ver nada, ni un rayo de luz; la oscuridad es sofocante.

Pierde el conocimiento, despierta, ha pasado un minuto o una hora. El dolor, la oscuridad. Pasos sobre su cabeza, dolor en todo el cuerpo. Siente las paredes con los dedos, pide ayuda, vuelve a caer en un sueño profundo. De vez en cuando, escucha a la gente caminar, lejos, y llora de dolor hasta que pierde la voz; nadie viene.

Por la noche todo está tranquilo.

Pasa un día y la puerta al fin se abre. Willi Lages está en la puerta, con las piernas bien separadas.

—Te atraparemos. Conocerás al pelotón de fusilamiento.

La luz brilla tenue alrededor de su cuerpo, sobre sus piernas, una masa sanguinolenta. Janny se toca la piel con cuidado: hay heridas en todas partes, su cuerpo está magullado de pies a cabeza. Entonces voltea hacia donde está Lages y lo mira directamente a la cara. El brillo más pequeño en sus ojos, una sensación de triunfo que disipa el dolor. Está segura de que le dispararán ahora, pero para su sorpresa, la esposan y la llevan a la prisión de Amstelveenseweg.

Tropezando y exhausta, Janny es llevada a una celda, donde le quitan las esposas y la puerta se cierra detrás de ella. Una celda para dos, poblada por seis. Recibe una cálida bienvenida; las voces le preguntan qué le ha pasado. Hay golpeteos en las barras y las tuberías de calefacción para informar sobre la recién llegada. Otros prisioneros la ayudan, limpian y curan sus heridas con suavidad. En unas pocas horas llega un paquete con ropa limpia a través de otra celda, especialmente para Janny. Una funda de almohada limpia, un lujo. Hay una nota dentro. La abre y mueve sus ojos a través de las letras: «Eberhard está a salvo y también los niños. Bob». Un grito se le escapa de garganta; los ojos se le inundan. Se tapa la boca con la mano; le tiemblan los hombros. No quiere llorar, pero estas son lágrimas de alegría.

Comparte la celda para dos personas en la Casa de Detención II en Amstelveenseweg con seis, a veces ocho personas. En los primeros días, Janny está aterrada: piensa que la cara de Willi Lages reaparecerá detrás de la puerta de la celda y será llevada ante el pelotón de fusilamiento. Pero nada sucede. Al parecer, nadie habló; sospechan mucho de su trabajo como miembro de la resistencia, pero no saben nada.

La idea de la traición le carcome la mente. ¿Quién sabía del Nido Alto? Pasa horas repasando nombres en su mente: residentes, personas de la resistencia, personas escondidas, contactos, tiendas donde obtuvieron sus suministros, transeúntes en el brezal, oficiales de policía, nazis holandeses, encuentros casuales, viejos amigos que fueron atrapados.

Por la noche, la cabeza le cruje como si miles de insectos entraran a su cráneo arrastrando las patas, los escucha golpetear contra el hueso. Se vuelve loca, murmurando los nombres hasta que se duerme, casi delirando:

Moesbergen
Krikke

Punt
Hiemstra
Boellaard

Los días se convierten en semanas mientras otra duda la asalta: ¿cómo estarán Lien, Jaap, sus padres, todos los otros residentes? ¿Qué le pasó a Kathinka? La nota de Bob dice «los niños»; ¿se refiere a los tres? ¿O los alemanes se llevaron a Kathinka también? Sus compañeros de prisión sufren con las mismas preguntas sobre sus seres queridos, la angustia no hace mucho bien a la atmósfera en la estrecha celda. Pelean sobre las cosas más pequeñas. Algunos pierden el control mientras otros se hacen cada vez más pequeños. La tía Betty del Jordaan, de Ámsterdam, también está en su celda. Está muy ofendida por haber sido arrestada, ella solo tiene dos abuelos judíos y ventila su enojo día tras día. Pero cada mañana, cuando les dan una taza de agua para que se laven, la tía Betty grita: «¡Chicas, no se olviden del culo!», y no pueden evitar soltar una carcajada.

Mientras tanto, en el centro de Ámsterdam, a un kilómetro y medio, más o menos, encuentran a otro grupo de judíos que, como los residentes del Nido Alto, veían el fin de la guerra brillando en el horizonte.

El 4 de agosto de 1944 el SD descubre un gran refugio detrás de una estantería giratoria en una casa del canal en 263 Prinsengracht, con ocho personas escondidas. El local alberga la oficina central holandesa de Opekta, una empresa alemana que produce pectina, un ingrediente para, entre otras cosas, elaborar mermelada. El 6 de julio de 1942 el director judío, Otto Frank, su esposa, Edith, y sus dos hijas adolescentes, Anne y Margot, se escondieron en el anexo del local comercial, un pequeño espacio distribuido en dos plantas. Pronto se les unieron un colega, su esposa e hijo, y otro refugiado. Aguantan por más de dos años, pero un viernes de verano por la mañana un grupo de oficiales holandeses del SD se presenta en 263 Prinsengracht para la búsqueda de la casa que conducirá a su descubrimiento.

24

WESTERBORK

WESTERBORK. *JUDENDURCHGANGSLAGER*, campo de tránsito judío. El campo parece más que un alojamiento temporal: tiene un hospital que alberga casi 1 800 camas y 120 médicos, un consultorio dental, guardería y escuela, oficina administrativa y una tienda, donde la gente paga con dinero especial del campo, pero no se espera que nadie se quede aquí.

Irónicamente, se estableció en 1939 como un campo para refugiados, un paraíso seguro para refugiados judíos de otros países europeos. Después de que las ss tomaron el mando en la primavera de 1942, se convirtió en la puerta de entrada a los muchos campos de concentración ubicados en la frontera. Los contratistas holandeses construyeron más barracas amplias, cada una de 80 por 9 metros, dentro del campo existente, de tal suerte que en el apogeo de la guerra hay veinticuatro cobertizos de madera llenos hasta el techo de gente.

Para que las deportaciones transcurran sin problemas, los días en el campo siguen el modelo de la vida normal: los alemanes mantuvieron a la Jüdischer Ordnungsdienst, la policía judía del campo. Estas «ss judías», como se les llama, a menudo están conformadas por hombres jóvenes, vestidos con uniformes verdes y una banda alrededor de la parte superior del brazo: OD. Un controvertido trabajo «honorario», que prolonga la vida, pero que acaba enloqueciéndote. En los primeros años, el OD es asistido por la policía militar holandesa, pero los oficiales de la policía de Ámsterdam han tomado su lugar, antes de que lleguen los residentes del Nido Alto.

La tarea crucial del personal del campo judío recae en su departamento administrativo. Cada semana, el comandante del campo y *Obersturmführer* de las SS, Albert Gemmeker, les da el número de personas que deben deportar y los asistentes administrativos elaboran las temidas listas de transporte. Gemmeker no selecciona o deporta a un solo hombre, mujer o niño; esa tarea la deja a los judíos.

Cuando los trenes de Westerbork comenzaron a correr hacia el este, en julio de 1942, hubo transportes semanales los lunes y viernes. Hacia finales de año, 39 762 personas habían sido deportadas, la mayoría de ellas terminaron en Auschwitz. Desde principios de 1943 hasta el martes 15 de febrero de 1944 un transporte salía cada martes, semana tras semana. El resultado deseado se hizo visible; la comunidad judía se estaba secando y los trenes de Westerbork fueron menos frecuentes. Los trenes salían cada diez días, los miércoles, viernes, incluso los domingos, con cada vez menos personas a bordo. Ya no como antes, cuando cargaban a 1 000, o incluso 2 000 judíos; ahora, 809, 732, 599, 453. En 1943, deportaron a 50 919 personas de los Países Bajos.

Entre junio de 1942 y septiembre de 1944 un número total de 107 000 personas: judíos, gitanos y romaníes, miembros de la resistencia y homosexuales, tanto hombres como mujeres y niños, fueron cargados en noventa y tres transportes del Ferrocarril Nacional Holandés, extirpados de la sociedad holandesa y llevados directamente a la frontera alemana, con la máxima eficiencia y vigor logístico.

Cada vez que los golpes rítmicos se habían evaporado y el tren se había perdido más allá del horizonte, hacia el este, el terreno cuadrado en medio de los matorrales se cubría con una extraña atmósfera. Una tóxica mezcla de alivio y desesperación. Desde el momento en que el tren se iba, la tensión en el campo crecía gradualmente hasta que, en los días previos al anuncio de las nuevas listas, las personas literalmente enfermaban. Una vez que se anunciaban los nombres por barraca, los que debían empacar se sentían casi liberados. La incertidumbre anterior era quizá más cruel que el veredicto mismo.

La traición del Nido Alto, las últimas semanas en Westerbork, la preocupación por Eberhard, Kathinka —aún no saben qué le sucedió a ella y a su hermana en la prisión de Ámsterdam—, todo ha dejado a Lien sin ánimos. Cada noche, después de un largo día en las sucias mesas del taller de baterías, le toma a Fietje toda su energía el infundir algo de ánimo en su hija mayor. Ya están en la *Strafbaracke* (barraca de castigo), no se les permite trabajar fuera del campo. Las personas en el bloque de castigo tienen cargos por delitos cometidos en el campo de Westerbork o antes. Ellos son los que intentaron esconderse, para escapar, los que, de una forma u otra, se atrevieron a violar las reglas alemanas.

La vida en el campo está deliberadamente estructurada como sería en la normalidad, para que la gente no se percate de que esta es la antesala para los campos de exterminio y no cause problemas; pero las condiciones siguen siendo abominables. En el Nido Alto habían estado bajo un gran estrés también, siempre ansiosos por ser descubiertos, traicionados, pero tenían todas las comodidades de un hogar, así como tranquilidad, espacio y aire fresco. Incluso cuando había más de veinte personas escondidas, siempre podían buscar un espacio para estar solos; en una de las habitaciones, la pérgola, el cobertizo, el bosque. En Westerbork, todos los cobertizos están repletos, se hinchan como cadáveres en verano. Cada centímetro es ocupado por personas atrapadas en un hedor a sudor y gases corporales. Están apilados en literas triples, gente mirándolos, respirando sobre ellos, en todas partes a donde vayan. La ropa cuelga de los techos para secarse. En Westerbork no hay lugar para estar solos; cada átomo de autodeterminación se les ha arrebatado. Incluso cuando ponen la cabeza bajo las sábanas para tener un momento de privacidad, el picoteo de las pulgas y piojos les recuerda que no hay ninguna. Aquellos días se acabaron. La única pregunta que los mantiene en pie es: ¿cuánto falta?

Atrás de la cerca entre el bloque de castigo y las demás barracas, Lien puede ver el resto del campo. Algunas veces ve a Jetty, Simon o alguno de sus antiguos compañeros de casa en el otro lado; ellos no son obligados a usar overoles con una banda blanca y una *S* de *Strafgefangener*, convictos, como Lien y el resto de la familia Brilleslijper. Los que tienen una *S* están en el primer lugar de la lista de deportaciones. Del lado de Lien, hombres y mujeres están separados, pero al otro lado de la cerca no lo están; incluso tienen pequeños espacios familiares especiales, donde las personas pueden vivir con sus familias. Pueden comprar víveres en la tienda del campo y las personas en las barracas regulares también tienen más probabilidades de ser enviadas a Bergen-Belsen o Theresienstadt en lugar de a Auschwitz, campos donde se dice que las perspectivas son mejores. Incluso se rumora que desde Bergen-Belsen, un campo en el frente alemán, la Cruz Roja te puede mover más arriba, hacia Suecia, donde los judíos son intercambiados por prisioneros de guerra alemanes. Algunas familias ricas han pagado una pequeña fortuna para terminar en esa lista de intercambio. Los resultados son aún desconocidos.

Todos los prisioneros tienen ganas de trabajar; no solo porque es mejor que mirar ociosamente cómo pasa el tiempo hasta que llegue o parta el próximo tren, también porque todos saben que los menos útiles son los primeros en irse. Lien tiene suerte de que ella y su madre fueron colocadas en el taller de baterías. Sam Polak, hermano menor de Ben y Hans Polak, sus amigos cercanos en La Haya, las ayudaron a obtener el empleo. El trabajo es sucio y pesado. Primero, abren las baterías con un martillo y un cincel, luego extraen el alquitrán y el carbono, que colocan en cestas separadas, y finalmente deben usar un destornillador para quitar la tapa de metal, que ponen en una tercera canasta. Después de un rato, sus dedos se han vuelto tan negros que es imposible saber dónde acaba la batería y comienza su mano.

Lo peor es la tos seca y desagradable causada por los productos químicos tóxicos que vuelan por todas partes y se acurrucan en sus pulmones. El sonido de los ataques de tos que fracturan las costillas se desliza fuera de las barracas a través de las grietas en la madera y flota sobre los prados, incluso de noche. Pero al menos los prisioneros pueden hablar en el taller, y un día que no pasan en un tren rumbo al este, es un día ganado, a pesar de los pulmones arruinados.

Lien llena sus días con trabajo, preocupación y espera. Todos en el campo esperan con angustia la llegada de nuevos transportes de Ámsterdam. A veces alguien se detiene en medio del campo, mira al suelo polvoriento, con aliento contenido. ¿Vibraron las vías? ¿Viene un tren? Desean que los últimos judíos que aún no han sido descubiertos lleguen al final de la guerra, que burlen a los alemanes.

Desafortunadamente, a medida que pasan los años de ocupación, parece que la gente se vuelve mejor para encontrar judíos escondidos. Incluso con la liberación a la vista, los cazadores de judíos holandeses sienten la necesidad de seguir buscando por sí mismos, y los civiles holandeses todavía sienten la necesidad de entregar a vecinos, amigos, extraños. Todo esto es profundamente humillante, incomprensible, pero también hay optimismo en el campo. Otros prisioneros, que han estado en el campo por más tiempo, le dicen a Lien que solo un transporte salió de Westerbork hacia el este en abril. El siguiente no fue hasta mayo. Otro a principios de junio y el próximo saldrá para finales de julio. El más suave de los susurros comienza a extenderse por todo el campo: «Vamos a lograrlo».

En la familia Brilleslijper, cada uno tiene una forma diferente de lidiar con la situación, con las historias que llegan al campo. Japie ha conocido a una chica y después de unos días de intercambiar miradas furtivas, reúne el valor necesario para caminar por la calle principal del campo con ella. Sus ojos brillan detrás de sus lentes cubiertos de polvo por primera vez en mucho tiempo.

Fietje mantiene el ánimo, como siempre lo ha hecho. Cada noche en la barraca de las mujeres trata de darle ánimo a su hija mayor. Han aguantado tanto y los niños están seguros; deben mantener la fe. No debe tardar tanto. Pero no hay palabra que alivie a Lien, y ella no es la única. Joseph pasa sus días en las barracas hirvientes; su vista es demasiado pobre como para que se le permita trabajar con los otros hombres en el taller de reparación de cables. Murmura y se queja consigo mismo y fulmina a los supervisores judíos con la mirada, qué inmundos y corruptos son para hacer este trabajo y obtener privilegios del personal del campo. Ser custodiado por su propia gente ha aniquilado el último vestigio de su fe en la humanidad.

Una tarde, Lien camina hacia el bloque de castigo, cansada y sucia tras trabajar con las baterías; entrecierra los ojos contra el sol brillante y ve a su padre a la distancia, sentado en la barraca de los hombres. No es más que una sombra oscura, los hombros colgando, cuello delgado y pequeño. Recuerda los tiempos en que sus padres iban a ver óperas al Teatro Carré, al Palacio de Frederiksplein o al Teatro Flora en Amstelstraat. Su padre siempre parecía diez centímetros más alto cuando llegaban a casa, con la barbilla levantada y el pecho henchido. Estaba tan impresionado con *El mercader de Venecia*, de Shakespeare, que memorizó el monólogo de Shylock y lo recitó una y otra vez en su pequeño apartamento en la planta alta:

> ¿Y cuál es su motivo? «Soy judío». ¿Es que un judío no tiene ojos? ¿Es que un judío no tiene manos, órganos, proporciones, sentidos, afectos, pasiones? ¿Es que no se alimenta de la misma comida, herido por las mismas armas, sujeto a las mismas enfermedades, curado por los mismos medios, calentado y enfriado por el mismo verano y por el mismo invierno que un cristiano? Si nos pincháis, ¿no sangramos? Si nos

> hacéis cosquillas, ¿no reímos? Si nos envenenáis, ¿no morimos? Y si nos ultrajáis, ¿no nos vengaremos?

Al mirar la sombra del hombre que una vez fue su padre, Lien entiende que la peor humillación no es que le hayan arrebatado su humanidad, es saber que probablemente nunca vengará el mal que le han hecho a su familia.

Un día, Sam Polak se acerca a Lien y le pide que lo acompañe a las puertas de la barraca familiar; alguien quiere verla. Lien está alarmada. En todas esas semanas no han escuchado nada de Janny, pero ninguna noticia es una buena noticia y cada día sin tren desde Ámsterdam es otro día ganado. Espera que su hermana no llegue a Westerbork, sino que se quede en Ámsterdam presa hasta la liberación. De mala gana, sigue a Sam hasta el portón.

Para su sorpresa, ve a Lily acercarse desde el otro lado, con la pequeña Anita de la mano. La cara tensa de Lien se rompe en una sonrisa; sus manos alcanzan automáticamente a su amiga. Pero hay una cerca entre ellas; Lien deja caer sus brazos. Las mujeres están separadas por un metro, una frente a la otra, contentas de encontrarse, pero tristes por las circunstancias.

La última vez que se vieron fue en la casa de detención en Weteringschans. La prisión de Ámsterdam fungió como centro para personas arrastradas fuera de su escondite y figuras destacadas de la resistencia. La mañana en que Lien se despidió de Eberhard, el 13 de julio, lo llevaron de vuelta a la sede del SD para interrogación y a ella la arrojaron a una celda con otras cinco mujeres y una niña. No le importaba nada. Había perdido a su hija y su hombre se enfrentaría al pelotón de fusilamiento ese mismo día.

La puerta de la celda se cerró detrás de ella con un timbre metálico. Lien encontró un lugar entre las otras mujeres. Una de ellas se compadeció e intentó alentarla, aun cuando tenía a su pequeña hija, de ocho años, encarcelada con ellos. Eran Lily y Anita, y mientras estuvieron en la misma celda, las mujeres se unieron.

Carolina, «Lily», Biet-Gassan, había estado casada con Samuel Gassan, miembro de una conocida familia de talladores de diamantes. Dos años antes, en 1943, Lily se había divorciado de Samuel y él había escapado de los alemanes justo a tiempo para huir a Suiza. Todo ese tiempo, Lily y la pequeña Anita se habían estado escondiendo, primero metidas en una pequeña habitación lateral con otra familia, en la casa de una familia con cinco niños. Tenían que estar calladas día y noche, para que los cinco niños no se percataran de la pijamada ilegal. Después de un tiempo, madre e hija se mudaron a una pensión, donde fueron traicionadas y arrestadas.

Lily y Lien se dieron valor la una a la otra en un momento en el que ya no les quedaba nada. Lien animaba a Anita contándole los cuentos de hadas que le leía a Kathinka antes de acostarse. Le cantaba canciones a la niña, en voz muy baja para que los guardias no la oyeran. Lily, a su vez, hizo algo por Lien que tal vez podría salvarle la vida.

Lien le habló sobre Eberhard, el padre de su pequeña hija, Kathinka, con quien no se le había permitido casarse debido a las leyes de Nuremberg. Para evitar que los judíos escaparan a la deportación, el 25 de marzo de 1942, se introdujo la prohibición de todos los matrimonios mixtos en los Países Bajos: los judíos ya no podían casarse con no judíos. Esto hizo que Lien y Kathinka fueran proscritas, mientras que Janny, que se había casado con Bob *antes* de las nuevas medidas, ahora era la madre de dos *mischlinge*.

Antes de que Lien terminara la oración sobre el matrimonio imposible, Lily tomó su mano y se inclinó hacia delante.

—Debemos obtener un certificado de matrimonio falso tan pronto como sea posible. Podrías tener una oportunidad. ¡Conozco a alguien! —Lien la miró con desconcierto—. Vas a escribir tu historia y luego tenemos que pasar esa carta de contrabando, dársela a alguien que pueda ir a ver a Nino Kotting. Lo conozco, es un gran abogado aquí en Ámsterdam. Nino ha ayudado a innumerables judíos de esa forma.

Lily tenía un poco de dinero y los contactos correctos; sabía quién, entre los guardias, no era nazi, y arregló que le dieran a Lien lápiz y papel. Lien se puso a trabajar. Dirigió su carta a sus queridos amigos, la familia Stotijn, en Ámsterdam, intentando que su mensaje fuera tan breve e inteligente como fuera posible.

> ¡Mis queridos!
> Esta es mi última oportunidad de escribirles. Por favor intenten recoger mi certificado de matrimonio inglés y llévenlo al señor Kotting. Intenten sacarme de aquí, cuiden a la niña y envíenme un paquete con ropa, comida, etc. No tengo nada, por favor ayúdenme. *J* [Janny] está en Avw [prisión de Amstelveensweg]. Intenten eliminar mi *S* [*Strafgefangene*] también.
>
> Saludos a todos y muchos besos, Lien

A las cuatro en punto, una mañana, sacaron a las mujeres de su celda y las llevaron a un tranvía. Cuando Lien pasó junto al conductor del tranvía, dejó caer la carta sin sello en su bolso como lo más natural posible.

Desde la estación central, el viaje continuó a través de los rieles, hacia el este, cada vez más lejos de la civilización. En el páramo de Westerbork, el tren se detuvo. Lily y su hija, Anita, fueron conducidas a las barracas familiares, probablemente debido a su riqueza, y Lien tuvo que ir al otro lado de la cerca, donde alojan a los *Strafgefangene*. No sabía si el último grito de ayuda había encontrado su camino, o si se había perdido para siempre entre los papeles de un conductor de tranvía anónimo, pero ahora Lily está parada frente a ella al otro lado del valla y Lien espera buenas noticias del abogado.

Lily ha venido a entregar un mensaje muy diferente. Habló con la vieja amiga de Lien, Ida Rosenheimer, la pianista que la acompañó cuando se volvió demasiado peligroso para Eberhard, y una de las primeras en advertirle sobre el objetivo final de los nazis: las cámaras de gas. Desafortunadamente, Lien nunca le había creído. Lily ha venido a decirle que Ida y algunos otros amigos en Westerbork han recaudado dinero para liberar a Lien de la *Strafbaracke*, llevarla a su lado de la cerca y colocarla en la lista de los privilegiados, los que serán deportados a Theresienstadt, un campo de concentración en Checoslovaquia.

Lien escucha, conmovida de que sus amigas puedan pensar en ayudar a otra persona incluso en estas condiciones. En silencio le sacude la cabeza.

—Lo siento, pero me quedo aquí. No dejaré a mi hermanito y a mis padres. Además, no estoy segura de si Janny vendrá; si es así, ella terminará en este lado de la cerca también.

Lily abre la boca, la cierra de nuevo y baja la cabeza. A lo lejos, se acerca un oficial de policía del campo; deben terminar su conversación.

—Entiendo —susurra al fin, apenas audible.

Lien asiente agradecida. Luego se da la vuelta y regresa con su madre.

25

EL ÚLTIMO TREN

A PRINCIPIOS DE AGOSTO DE 1944 las puertas de la celda al fin se abren. Es temprano en la mañana cuando, por primera vez en semanas, Janny es llevada afuera. El frío de la noche aún persiste, pero el aire fresco en sus pulmones es una delicia. Ámsterdam duerme profundo y el sol calienta lentamente las calles. Janny mira a su alrededor; el Vondelpark comienza por ahí, conoce bien este vecindario. Los guardias escoltan a su grupo de personas a un tranvía que los llevará a la Estación Central. Mira por la ventana, observa cómo pasa Ámsterdam-Sur, los canales, el centro, la hermosa ciudad. Todos están callados, temerosos de lo que viene, solo el chirrido del acero y el crujir de los rieles interrumpen el silencio. Graba las imágenes en su memoria, absorbe todos los detalles del cielo azul, los adoquines del pavimento, un pato flotando en el agua.

La plaza de la estación, salir, tomar la entrada lateral, a la plataforma. Una sombra fría cae sobre Janny cuando entran al oscuro edificio. En ese mismo momento llevan a otro grupo adentro; y camina también hacia la plataforma. En silencio se arrastran en la misma dirección; tráfico unidireccional en la estación: todo es surreal.

Viejos y jóvenes, hombres y mujeres, padres con hijos. Janny ve a una familia en ropa deportiva; los padres parecen abatidos, dos hijas adolescentes cargan mochilas como si se fueran de vacaciones. Cercados por muros y guardias, compañeros en la desgracia. La trampa. Todos esos años trató de mantener a la gente lejos de aquí, de las puertas de la trampa, a tanta gente como pudo. Sube los escalones finales a la plataforma y lentamente emerge del hueco de la escalera. El tren de pasajeros está esperando, con las puertas abiertas de par en par.

Salen del tren. El aire caliente golpea a Janny en la cara. El campo es grande, mucho más grande de lo que esperaba. Un pueblo desolado entre los brezales. Gente por todos lados. Hombres, mujeres, niños; si lo vemos con los ojos entrecerrados, este lugar es casi normal: una plaza de un pueblo en un *western*. Pero la realidad se oculta en los detalles. Todo es anguloso, de madera, compartimentado. El terreno es cuadrado, encerrado por profundas zanjas y cercas altas con alambre de púas en la parte superior. Las torres de vigilancia se erigen como plataformas de salvavidas con patas largas. Enormes graneros en hileras. Hangares de madera lo suficientemente grandes como para albergar aviones, de pie al lado de sus versiones más pequeñas. El suelo está seco y las nubes de polvo corren por los terrenos, retorciéndose entre los tablones de madera de los cobertizos, dándole un aspecto opaco a la piel de los residentes.

Los uniformes los están esperando. Gorras jaladas hacia abajo, colillas de cigarrillos brillando en donde deberían estar los ojos. Para su asombro, Janny no escucha una sola palabra de alemán, solo holandés. Algunos guardias parecen ser judíos, no nazis holandeses ni policías. La llevan desde la parte central del campo hasta una sección aislada detrás de las vías. Una prisión dentro de una prisión. El bloque de castigo.

Finalmente, Janny se une a su familia. La reunión es triste pero tranquila. Doce de los diecisiete residentes permanentes del Nido Alto están ahora en Westerbork. Papá, mamá, Lientje, Jaap: toda la familia Brilleslijper está aquí. Red Puck también está con ellos. Los otros seis terminaron en la barraca familiar, del otro lado de la cerca; Jetty y Simon, toda la familia Teixeira de Mattos: Bram, Louise, su hija Rita y su esposo Willi. Cuando ve los rostros de su familia, tensos pero ilesos, los hombros de Janny descansan.

Las heridas en sus piernas comienzan a sanar, los moretones en el resto de su cuerpo han pasado de azul brillante a un profundo púrpura a un marrón amarillento. Pero su tobillo está destrozado y apenas si puede apoyarse. Es claro para el resto de la familia lo que Lages y sus hombres le hicieron después de que ella ayudó a Eberhard a escapar.

Janny les cuenta las buenas nuevas que recibió en prisión: Bob y los niños están a salvo, ella supone que se refería a los tres. Al parecer, el oficial de policía en Huizen advirtió a Bob en el trabajo. Estas son chispas de esperanza: la idea de que algunos de ellos se mantuvieron un paso adelante de los alemanes, además de saber que aún hay personas lo suficientemente valientes como para pensar y actuar de forma autónoma.

Lien se niega a aceptar que Eberhard está a salvo. El escenario es demasiado bueno como para ser verdad y el optimismo ingenuo es un lujo que ya no pueden permitirse. Cree que lo atraparon mientras huía de la policía, o no pudo encontrar refugio, o fue traicionado una vez más; está convencida de que no terminó bien y Janny no puede hacerla ver que no es verdad.

Con la llegada del nuevo transporte, las barracas se llenan otra vez a ambos lados de las cercas. Es fácil detectar quién es nuevo. Ojos grandes en caras tensas, personas vestidas con ropa limpia con bolsas y maletas cuidadosamente empacadas, buscando una cama vacía, sus ojos se mueven con nervios de un lado a otro mientras observan las barracas, el sitio, la policía judía del campo. Algunos recién llegados han estado escondidos durante meses, o incluso años, y se destacan por sus rostros sin color, su piel gomosa y amarillenta.

El viaje, para ellos, fue la primera vez que salían al aire libre en mucho tiempo. Se sentaron en los asientos del tren de pasajeros, estiraron las piernas y observaron el paisaje holandés pasar. La realidad les pegó hasta que el tren disminuyó la velocidad, el sonido de las juntas bajo las ruedas se desvaneció lentamente y los pasajeros a ambos lados miraron desde las ventanas con ansiedad. Tierra de nadie hasta donde alcanzaba la vista. Una torre de vigilancia anunciaba la primera esquina del campo a medida que el tren entraba en la estación de Westerbork.

Las personas que, solo unos días antes, fueron descubiertas por el SD detrás de la estantería en el gran edificio en Prinsengracht 263 también terminan en el bloque de castigo: papá y mamá Frank con sus dos hijas, Anne y Margot. Las dos chicas y su madre, Edith Frank, se ponen a trabajar también en la fábrica de pilas. A Janny igualmente la asignan a ese taller.

De esta forma se cruzan los caminos de dos familias judías escondidas y sus rostros se vuelven negros con el polvo de alquitrán que vuela sobre el cobertizo. Ya que el trabajo es tan simple y monótono, les permite conversar. Edith expresa sus preocupaciones sobre el destino de sus hijas. Le dice a Lien que habían estado escondidos en el anexo de un gran edificio durante dos años y un mes, ocho de ellos alojados en cinco habitaciones secretas. En la planta baja había un almacén y los empleados no sabían nada, así que durante el día cada movimiento, cada tos, cada objeto que se movía podría ser el final. Un pensamiento enloquecedor, particularmente para sus hijas de tan solo quince y dieciocho años. Casi lo habían logrado; la redada fue una sorpresa, tal como ocurrió en el Nido Alto.

Suceden entonces dos cosas que le dan esperanza a toda la familia, y a Lien en particular. Primero, le entregan una carta a su nombre en la cual, para su sorpresa, se encuentra una copia certificada de un acta de matrimonio inglesa.

Eberhard Rebling y Rebekka Brilleslijper, 26 y 25 años, casados el 28 de marzo de 1938 en Londres.

Firma, sello, todo. Voltea una y otra vez la hoja de papel, como si no confiara en ella, pero en verdad lo dice. No solo el oficial de policía de Huizen, sino también el conductor del tranvía de Ámsterdam, arriesgaron su vida para ayudar a una completa desconocida: había entregado la carta a Haakon y Mieke. El documento tiembla entre sus dedos sucios, sus uñas negras contrastan con el blanco impecable del papel. Nunca podrá agradecerle a este hombre, ni siquiera conoce su nombre. ¿Y cómo puede agradecerle a Lily, que le ha dado el nombre del abogado con este truco administrativo bajo la manga?

Para ayudar con la «Solución final al problema judío», los alemanes habían establecido un departamento para casos discutibles. Cuando alguien creía que había sido registrado erróneamente como «judío», podía presentar una apelación en la Abteilung Innere Verwaltung (Administración General Interna). El jefe del departamento, Hans Calmeyer, un abogado alemán, tiene que lidiar con miles de apelaciones, a menudo una cuestión de vida o muerte. El abogado Nino Kotting y su compañero de trabajo suministran todo tipo de documentos falsos para sus clientes; están convencidos de que no es necesario observar leyes injustas y Calmeyer se hace de la vista gorda cuando revisa los papeles. En un baile notable entre estos dos abogados, uno holandés, el otro alemán, miles de personas son «no judías».

Lien está feliz de que, gracias a Kotting, su relación ahora está registrada como un «matrimonio mixto» y tiene el mismo estado que su hermana, Janny. Con suerte, eso reducirá la posibilidad de que estén separadas. Lleva los documentos a la administración del campo, donde se agregan a su archivo.

Otro paquete para Lien se entrega en la puerta. Tan pronto como llegó a Westerbork, le había escrito una carta a Mieke, solicitando urgentemente que le enviara mantas, toallas, artículos de tocador y unas cuantas canciones en yidis. No puede creer que su amiga haya respondido tan pronto. Arranca con rapidez el papel de la caja.

Fietje está sentada a su lado, en la cama, curiosa de ver qué aparecerá. Efectivamente, hay mantas y otras cosas que le había pedido a Mieke, y, en la parte inferior, hojas escritas con letras y notas. Lien toma los papeles de la caja y luego los sostiene con cuidado con las manos completamente quietas, como si estuviera pesando oro. Lee los garabatos; su boca se tensa y sus ojos se abren mientras murmura las palabras en yidis: «*Rajsele, wer der erschter wet lachn*». Lien vuelve rápidamente la cabeza hacia Fietje. ¡Es Eberhard! Su dedo presiona el papel.

—¡Eberhard ha escrito esto! Es su letra. Está a salvo.

Lien hojea los papeles buscando otra pista de Eberhard. Encuentra una vieja canción satírica yidis que ensayaron juntos en el Nido Alto. Por desgracia, nunca tuvo la oportunidad de presentarlo frente a una audiencia. Lee las primeras líneas en voz alta:

Wos bistu Katinke barojges,
Wos gejstu arobgelost di nos?
Un efscher wilstu wissn majn jiches
Un fun wanen un fun wos.

Lee de prisa:

Si is baj di fun 't hof,
Di mame ganwet fisch en mark…

Estas líneas son nuevas para ella, no pertenecen a la canción. Mira a Fietje, que se encoge de hombros. Lien entrecierra los ojos. ¿Qué está tratando de decirle Eberhard? *Si is baj di fun 't hof.* Ella está con la gente de la corte. ¿El tribunal de justicia? ¡De la Court! Sus amigos Albert y Cilia de la Court de Wassenaar con sus cinco hijos. Kathinka es la sexta niña en su casa. Lien presiona el papel contra su pecho, cierra los ojos y exhala.

Desde que se despidió de Kathinka, se había forzado a sí misma a pensar en ella lo menos posible, temerosa de que, de lo contrario, no podría levantarse por la mañana. Si se permitía, aunque fuera por una fracción de segundo, el pensamiento de que su pequeña niña fue arrebatada del doctor en Huizen por los nazis, las rodillas se le debilitaban. Sacudía la cabeza y se clavaba las uñas en las palmas de las manos hasta casi sangrar; se concentraba en el llanto continuo y la tos a su alrededor hasta que había sacado a su hija de su cabeza.

Ahora que sabe que tanto Eberhard como Kathinka están a salvo, la fuerza que la ayuda a creer regresa: vamos a lograrlo.

Es un hecho que los Aliados están progresando. Desde el Día D sus tropas se han movido hacia el este y el norte. En agosto de 1944 liberan varias ciudades francesas importantes. El Ejército Rojo vence en Rumania, reconquista Bielorrusia y el este de Polonia. El 25 de agosto se produce una importante victoria cuando Charles de Gaulle marcha a París y declara a la capital francesa liberada.

Sobibor, un pequeño campo en el lado derecho de Polonia, exclusivamente diseñado para el exterminio, es cerrado por los alemanes después de una gran revuelta de prisioneros en octubre de 1943. Pero no antes de que, por lo menos, 170 000 personas, incluidos la mayoría de los 34 313 holandeses deportados al campo, fueran asesinadas en un proceso altamente mecanizado, en menos de dieciocho meses. Nunca habrá un número exacto de víctimas, porque casi nadie ha logrado salir de Sobibor con vida.

Cada día las hermanas Brilleslijper, al igual que las hermanas Frank, caminan desde la *Strafbaracke* hasta el taller, donde cuentan la cantidad de baterías que dividen, esperando que estas sean las últimas diez, veinte, cien antes de la liberación.

Mientras tanto, hablan mucho. Alguien comenta sobre la marcha de la victoria de París a Bélgica, dice que las tropas británicas están muy cerca de Arnhem. Otro está seguro de que los transportes se han detenido y alguien más dice haber escuchado que si otro tren sale no irá a Auschwitz sino a Wolfenbüttel, otro campo de trabajo. Sam Polak les dice que incluso el comandante Gemmeker está nervioso porque se dice que los Aliados están en Limburgo.

El único que se niega a dejarse llevar por todo este optimismo es Joseph Brilleslijper. Su padre no está bien en lo físico ni en lo mental. Su mala vista lo ha agotado, ha perdido peso y apenas soporta la estancia en las sofocantes barracas calientes, con la presencia de tantos otros prisioneros. Cuando una noche escucha a sus hijas construir, de nuevo, castillos en el aire sobre la inminente liberación, de pronto estalla.

—¡Dejen de decir tonterías, dejen de engañarse! ¿De verdad creen que nos dejarán ir cuando aparezcan los aliados? ¿Que no tomarán venganza antes de que lleguen a la puerta? —resopla y sacude la cabeza, frustrado ante la ingenuidad de sus hijas, o tal vez por su propia incapacidad de cambiar su situación.

Joseph no está solo en su nerviosismo; todo el campo está en vilo por la liberación próxima. Por la noche, cuando los prisioneros se amontonan en sus literas triples y el polvo se deposita en las barracas debajo del cielo estrellado, la mayoría están bien despiertos en sus colchones de paja. El calor les impide dormir, ardiendo entre los tablones de madera, el hedor del sudor, el llanto de los niños. Se preocupan por sus familiares deportados, y lo que podría estar esperándolos. Se preguntan cómo es que terminaron en esta situación, o qué han hecho para merecer este destino. Están completamente despiertos porque siguen contando los días que han pasado desde que los últimos trenes partieron de Westerbork, el 31 de julio, como si con cada día extra se alejaran más del veredicto y en su lugar se dirigieran hacia un nuevo horizonte.

Uno de esos últimos trenes corrió a Theresienstadt y llevó a Jetty Druijff y Simon van Kreveld, que vivían en el Nido Alto con ellos. Un segundo, con destino a Bergen-Belsen, llevó a Lily Biet-Gassan y su hija Anita a bordo.

Es sábado 2 de septiembre cuando se aprueba la lista: 1019 nombres son llamados para el transporte. Excepto Willi y Rita, todos están en la lista.

Brilleslijper, Joseph
Brilleslijper-Gerritse, Fietje
Rebling-Brilleslijper, Rebekka
Brandes-Brilleslijper, Marianne
Brilleslijper, Jacob
v. d. Berg-Walvisch, Pauline
Teixeira de Mattos, Abraham
Teixeira de Mattos-Gompes, Louise
Frank, Otto
Frank Hollander, Edith
Frank, Margot Betti
Frank, Annelies Marie

El último tren a Auschwitz dejará Westerbork la mañana siguiente.

26

SECUESTRADA

La villa en la colina se ve desolada. Por dentro ya nada es igual: los muebles no están en su lugar, los colchones están al revés, las cortinas se cayeron de sus rieles. En la cocina, un plato cubierto con migajas y un cuchillo con un poco de mantequilla dan testimonio silencioso de la impertinencia de la policía.

El doctor Van den Berg no estaba preparado para la llegada de tres niños pequeños. Le pregunta al SD si puede transferir a dos de ellos con el doctor Schaaberg, uno de sus colegas en el pueblo. Promete quedarse con la niña Kathinka y vigilarla de cerca. Van den Berg también pide permiso para recoger algunas cosas de los niños en la casa. El SD lo aprueba y lleva a Robbie y Liselotte a la otra dirección. Mientras sus esposas cuidan a los niños, los dos médicos van al Nido Alto para recoger las camas de los niños y algo de ropa. En su camino de vuelta a casa, discuten la situación.

—Esos oficiales me hicieron jurar que me quedaré con los niños hasta que estén seguros de que no son completamente judíos —dice Van den Berg, pensativo—. Asegúrate de que esos dos no huyan, de lo contrario ¡después vendrá el SD por mí!

Schaaberg asiente en silencio. Él entiende lo que está en juego. Se quedan quietos frente a la casa de Van den Berg y descansan. Dentro de la casa está la pequeña Kathinka, agotada por los acontecimientos del día. Está esperando sola a que regrese ese extraño hombre. Schaaberg recoge sus cosas y saluda a su colega con un gesto de la mano. Luego camina hacia su casa, medio kilómetro más adelante, donde Robbie y Liselotte están sentados en silencio en el sofá de la sala.

Tan pronto como Jan Hemelrijk se entera de que el Nido Alto ha sido traicionado y los niños, por el momento, han sido alojados en otro lugar, sabe que cada minuto cuenta. Robbie y Liselotte, ambos medio judíos, están a salvo, pero es solo cuestión de tiempo antes de que el SD se dé cuenta de que Lien y Eberhard no están casados y que Kathinka es completamente judía. Lo que significa que será deportada.

Hemelrijk contacta de inmediato al doctor Van den Berg y le pide que le entregue a la pequeña lo más rápido posible. Van den Berg se niega. Le ha dado su palabra al SD y sabe lo que pasa cuando se ayuda a un judío a esconderse, incluso si ella tiene apenas tres años.

Jan Hemelrijk llama a dos amigos de la familia Brilleslijper que viven cerca del doctor. El primero es Karel Poons, el bailarín de ballet teñido de rubio platino. Cuando él y Lien ensayaban todas las semanas, Karel se convirtió en un amigo cercano de Eberhard y del resto de la familia. La segunda es una joven llamada Marion van Binsbergen.

La guerra unió a Karel y Marion por casualidad. Él estaba escondido en Huizen, en la casa del jardín de Cecile Hanendoes, y Marion, una recién graduada de Ámsterdam en sus veinte, se mudó a la casa de al lado, en 1943. Hija de un juez librepensador y de madre inglesa con problemas con la autoridad, desde muy joven alentaron a Marion a pensar por sí misma. Cuando comenzó la ocupación alemana, estudiaba Trabajo Social en Ámsterdam. Algunos encuentros con los fascistas causaron tal impresión en ella que rápidamente se unió a la resistencia.

Uno de esos eventos decisivos tuvo lugar en un hermoso día en la primavera de 1942. Marion pasó en su bicicleta junto a un orfanato judío justo cuando estaba siendo despejado por los nazis. La redada estaba en pleno apogeo cuando ella se detuvo en la calle. Todos los niños de la casa estaban llorando. Marion vio cómo los arrojaban a un camión uno por uno. Bebés, niños pequeños, niños de ocho años, aventados a un remolque, arrojados sobre el portón trasero como sacos de papas, de un brazo, una pierna, una cola de caballo.

Dos mujeres se acercaron, vieron lo que estaba sucediendo y se abalanzaron sobre los alemanes sin dudarlo. Fueron sometidas y arrojadas al camión junto con los niños. Marion se quedó petrificada observando y desde ese momento decidió que opondría resistencia, incluso si le costaba la vida.

Registra a los bebés judíos como propios y luego les encuentra escondites en distintos lugares en los Países Bajos. Esconde a un niño de dos años con ella durante meses; finge que es su hijo. Ayuda a una mujer judía embarazada; la familia que la esconde no quiere esconder bebés. Inmediatamente después del parto, lleva al recién nacido de Ámsterdam a Rotterdam, donde ha encontrado una familia con cuatro hijos que está dispuesta a adoptar al bebé. El acto más valiente, sin embargo, es el de encontrar un lugar seguro para Freddie Polak y sus hijos pequeños de cuatro, dos años y dos semanas de edad.

Es agosto de 1943 cuando nace la más joven, Erica Polak. Su madre es miembro de la resistencia y poco después de dar a luz la arrestan y encarcelan. Marion encuentra un escondite para la familia a las afueras de Ámsterdam, en el pueblo de Huizen, justo al lado de donde se esconde Karel Poons. Marion pronto se muda con Freddie para cuidar a los niños mientras él trabaja en su tesis. Ella es como una madre para los pequeños y hace creer a los vecinos que son suyos, niños cristianos. Aun así, está muy preocupada de que los encuentren. Debajo de unas pocas tablas del piso y una alfombra, crea un espacio para gatear, donde Freddie y los niños deben esconderse cuando otra redada sea inminente. Para mantener a la bebé

Erica tranquila en momentos tan críticos, a veces le dan una pastilla para dormir.

Sin embargo, una noche todo sale mal. Cuatro oficiales de las SS irrumpen en la casa bajo la vigilancia de un oficial de policía local, un conocido nazi holandés. Los hombres registran la casa, no encuentran nada y salen, pero el oficial local espera al anochecer. Marion está familiarizada con esta táctica e insta a Fred a quedarse el escondite.

Entonces los pequeños se inquietan y ella tiene que sacarlos. Nadie recibió pastillas para dormir esta vez. El oficial camina alrededor de la casa, entra y se encuentra cara a cara con los tres niños judíos. Marion tiene un segundo para decidir. Toma un arma de la estantería a su lado y dispara.

De inmediato entra en acción una red de ayudantes silenciosos. Marion entra en pánico, se preocupa por lo que podría pasarle a la familia Polak si el asesinato es descubierto, y llama a su amigo y vecino Karel Poons. Juntos, elaboran un plan. Marion quiere enterrar el cuerpo en el jardín de atrás, pero Karel tiene una mejor idea. Ignora el toque de queda, corre por la oscuridad con el panadero local, en quien confía, y le pide que venga a recoger el cuerpo con su camioneta. El panadero está dispuesto a ayudar y lleva el cuerpo a la funeraria local. Marion le ruega al empleado de la funeraria que la ayude a deshacerse del cuerpo para salvar la vida de tres niños. Lo hace. Ponen al policía en un ataúd junto con una persona fallecida recientemente. Al día siguiente lo entierran familiares de la persona, quienes ignoran la situación.

Pasan días, semanas y meses mientras Marion espera ansiosamente que alguien aparezca en su puerta, buscando al oficial de policía holandés que ha desaparecido de la faz de la tierra. Miembros de su familia, colegas o incluso los cuatro oficiales de las SS que lo acompañaron ese día; seguramente alguien debe extrañarlo. Pero nadie viene. Por lo visto, Marion no fue la única persona que se sintió aliviada de ya no tener que temerle a este hombre.

Es a esta pareja que Jan Hemelrijk llama para salvar la vida de la pequeña Kathinka antes de que sea demasiado tarde. Él les dice que pidió a Van den Berg que le entregara a la niña. Cuando el doctor se negó, Jan había tratado de sacar a Kathinka de la casa él mismo. Tan pronto como estuvo adentro, la señora Van den Berg comenzó a llorar como una sirena, con lo cual el doctor llamó a la policía y Jan tuvo que escapar rápidamente. La policía ahora monta guardia en la casa.

Marion y Karel aceptan de inmediato, aunque Marion piensa que debería ir sola; si Karel es atrapado, como judío, estará acabado, mientras que ella tiene la posibilidad de escapar con una sentencia de prisión. Karel no lo acepta, Kathinka es la hija de sus queridos amigos Lien y Eberhard, quienes le dieron sus documentos falsos. Está decidido a ayudar a salvar a la niña de ser deportada. Hemelrijk les da instrucciones; tienen que actuar a la mañana siguiente.

El 14 de julio de 1944 a las ocho y media, Karel y Marion se dirigen al pueblo juntos. Mientras Karel está conversando con la policía y el doctor al frente, Marion entra a la casa por la parte de atrás para buscar a Kathinka. Se encuentra a la esposa del doctor y sus hijos en el baño de arriba, inmersos en su rutina matutina. Kathinka también está allí, vestida y lista. Cuando la mujer ve a la intrusa, comienza a gritar de nuevo, pero Marion la empuja a la bañera sin piedad.

Marion toma a la niña, corre escaleras abajo, sale por la puerta trasera y se monta en su bicicleta. Pone a la niña en una canasta en la parrilla trasera y pedalea como loca. Ecos de gemidos y conmoción se disparan al otro lado de la calle desde las ventanas abiertas, pero la niña en la parte trasera de la bicicleta está completamente en silencio, como si entendiera lo que está en juego.

Marion acelera durante casi tres kilómetros en línea recta hacia Blaricum, donde entrega a la niña en la dirección de dos amigos de la resistencia. A ritmo pausado, regresa a Huizen, aliviada de que la niña está a salvo. Mientras tanto, Karel, en medio del pánico, ha escapado de la casa del doctor.

Media hora después, la Gestapo llega a la casa de Van den Berg para recoger a Kathinka y deportarla.

Los alemanes encontraron los papeles de Eberhard en el Nido Alto. Willy Lages tiene entendido que la pareja no está casada y ordena a sus hombres que traigan a Kathinka antes de deportarla; planea usar a la niña para hacer que su padre hable.

Los oficiales del SD se enfurecen cuando se enteran de que la niña acaba de ser tomada por una mujer desconocida en bicicleta. El doctor Van den Berg tiene que enfrentarse a la furia de los oficiales, pero terminan por liberarlo.

En todas partes de Huizen se colocan carteles con una imagen de Kathinka y debajo, en negritas:

¡SE BUSCA!

Kathinka Anita Bos Nacida el 8.8.1941

No reciben una sola pista; la niña se ha esfumado.

Robbie y Liselotte se quedan con el doctor Schaaberg en Huizen durante unas semanas; luego los llevan con sus abuelos no judíos a La Haya. El día de la redada, el oficial de la estación de policía de Huizen previno a Bob. Después del trabajo no fue al Nido Alto, sino directamente con Trees Lemaire, en Ámsterdam. Eberhard, después de que Janny lo ayudó a escapar de la furgoneta de la policía, se ha escondido con Eva Besnyö, en Leidsekade, también en Ámsterdam. Los hombres se encuentran en secreto en casa de Eva. Bob comparte con Eberhard que Kathinka está a salvo; Jan Hemelrijk le ha contado todo. Eberhard a su vez le cuenta a Bob cómo Janny le salvó la vida.

Poco después de la operación de rescate, Karel Poons y su casera, Cecile Hanedoes, se escabullen al Nido Alto a través del bosque y los brezales en medio de la noche. Quieren asegurar pertenencias personales y cualquier documento incriminatorio que pudiera haber quedado ahí.

Mientras Karel, riendo nerviosamente, monta guardia afuera de la casa, Cecile ilumina la tubería de desagüe, rompe una ventana y busca en la casa. Trata de tomar todo lo que pueda incriminar a los residentes apresados, incluido el cofre con partituras y canciones, escondidas debajo del piso por Eberhard y pasadas por alto por los alemanes. Por medio de Bob, llegan a Eberhard, quien envía parte de la música con un mensaje oculto para Lien en Westerbork. Esperan que eso la ayude a mantener la fuerza.

Bob, Robbie, Liselotte, Eberhard y Kathinka se separan, y se ocultan por todo el país, pero, de forma milagrosa, todos están a salvo. Bob y Eberhard rezan por que sus mujeres, el resto de la familia Brilleslijper y sus antiguos compañeros de casa permanezcan en Westerbork hasta que la inminente liberación sea un hecho.

TERCERA PARTE

SOBREVIVIENTES

Estábamos tan tristes, tan cansadas, teníamos frío, pasábamos días sin comer, nos desmayábamos; ni siquiera estábamos seguras de si teníamos hambre o no, porque la sensación se va, no sé si alguna vez… Afortunadamente nunca lo sabrás. Oh, Dios, por favor, que nunca lo sepas.

JANNY BRANDES-BRILLESLIJPER

27

EL VIAJE AL ESTE

Más de mil personas han sido convocadas y después de un breve lapso de incredulidad, el pánico se extiende por el campo. ¿A dónde va este transporte? Caos por todas partes. Algunos corren, intentando localizar a las personas adecuadas, buscan exenciones o más información. Otros reúnen a su familia, sin saber qué hacer. ¿Permanecer juntos? ¿Intentar escapar esta noche? Salir de Westerbork no es opción. Será mejor que esperen hasta que el tren esté en marcha y saltar. ¿Qué pasará con los niños? ¿Hay algún lugar donde puedan esconderlos? Pero si, en el mejor de los casos, el tren va a un campo de trabajo, ¿no sería mejor tener a los niños con ellos y esperar juntos la liberación? Otros consideran fingir síntomas de enfermedad o suplicar la ayuda de los médicos en el hospital. Hay doctores judíos en Westerbork que hacen todo lo posible para salvar a la gente, pero para los Brilleslijper esa ruta no es una opción. Porque en el bloque de castigo no pueden moverse con tanta libertad como los demás; para contactar a un médico, tendrían que realizar varias maniobras.

Desde el momento en que se recitan todos sus nombres, Fietje Brilleslijper ha sido inflexible: deben permanecer juntos. Ya sea que vayan a Bergen-Belsen, Theresienstadt, Wolfenbüttel o Auschwitz, lo que importa es que no se separen.

Los cinco se sientan juntos, se abrazan, discuten diferentes escenarios. Auschwitz parece el menos factible; el Ejército Rojo está en

Polonia, se dice que Lublin, una ciudad en el sur, a solo unos cuantos kilómetros de Auschwitz, ha sido liberada. Pero Janny, como siempre, trata de mantener los pies sobre la tierra.

—No debemos hacer ninguna suposición. Tampoco sobre si otros campos son mejores. Todos hablan de Theresienstadt como si fuera un golpe de suerte acabar allí, pero ¿cómo podemos estar seguros? ¿Cuántas personas has visto regresar de Theresienstadt?

Su padre se acuesta en la cama, paralizado por la impotencia. Los demás caminan nerviosamente por las barracas, sin un propósito aparente, pero buscando una solución que pueda salvar sus vidas. Japie busca la compañía de la chica que conoció aquí, en Westerbork. Otto Frank pasa corriendo varias veces, corriendo de ida y de regreso para recopilar información. Piensa que deben ir a Theresienstadt para que todo salga bien.

El tiempo es su enemigo. Con cada minuto que pasa, el tren que los recogerá se acerca con sigilo por las vías, carro tras carro.

Después de un largo día, durante el cual algunos prisioneros corrían desesperados y otros empacaban sus cosas en silencio, todos se reúnen alrededor de los barracones al anochecer. El calor es menos intenso que en agosto y el suelo se enfría más rápido por la noche. Las familias se sientan juntas, los niños en los regazos, tomados de los brazos. Fietje está sentada en su cama y ha reunido a su familia. Quiere hablar con ellos antes de que se preparen para la noche que terminará con el comienzo de su viaje. Se inclina hacia adelante para que escuchen su voz por encima del ruido, pero cuando habla todo a su alrededor se queda en silencio.

—Aprovechen al máximo cada momento que nos queda. Háganlo tan bueno como puedan.

Fietje mira atentamente a sus hijas e hijo, enfatiza cada palabra, su expresión tan gentil como siempre. Los pliegues entre su nariz y las mejillas se han profundizado.

—Y recuerden: esto también pasará —aprieta la mano de Joseph. Luego se vuelve hacia sus hijas—. Janny, Lientje, ¡asegúrense de permanecer juntas! No se preocupen por su padre ni por mí, nos cuidaremos mutuamente.

Mira a Joseph, con las cejas arqueadas, y él asiente para reafirmar lo dicho. Después él mira a una hija y a otra, se vislumbra la determinación en sus ojos, revelando al hombre que realmente es; lo habían extrañado tanto. Fietje continúa.

—Jaap estará bien. Es joven y fuerte, tiene suficiente energía para todos nosotros.

Mientras dice esas últimas palabras, trata de sonreírle a su joven hijo que se apoya en una cama, con los brazos cruzados sobre el pecho. Pero la cara de Japie está tensa; no puede complacer a su madre, ni siquiera por cortesía. Por supuesto que estará bien, pero está muy preocupado por sus hermanas y padres.

Cuando ya no quedan más palabras, se levantan y se abrazan. Asumen que mañana será un completo caos, cuando más de mil personas deban subir al mismo tren, y no habrá oportunidad de decir nada, mucho menos decir adiós.

3 de septiembre de 1944

Domingo por la mañana. Todavía está un poco oscuro afuera, pero cuando la Ordnungsdienst irrumpe en la barraca, gritando, nadie se despierta sobresaltado. La gente está lista para irse, algunos llevan puestos cinco pares de pantalones, faldas dobles, otras esconden polvo compacto en el sostén, un lápiz labial en un zapato. Imágenes y cartas de seres queridos cuidadosamente cosidos en el bolsillo de una camisa.

Las personas se bajan de sus literas, los enfermos y los ancianos se mueven con dificultad, los pequeños se frotan los ojos con sueño. Los padres toman las muñecas de sus hijos, el color se ha escapado de sus dedos, incluso antes de que hayan dejado las barracas. Las personas agarran sus pertenencias, se apresuran a salir, instadas por guardias que gesticulan salvajemente.

—¡Muévanse!

—¡De prisa!

—¡No lleven muchas cosas!

Desde los bloques de castigo hasta las vías del tren, ven a cientos de personas que se acercan desde el otro lado del campo. Incluso el comandante del campo, Albert Gemmeker, está presente a esa hora tan temprana: el brillo de sus botas es difícil de ignorar. Con sus oficiales de las SS y un par de perros grandes, mira desde un costado, relajado, pero con ojos de halcón; hace bromas, pero es muy serio en cuanto al trabajo en cuestión.

Janny y Lien se aferran la una a la otra, tratan de mantenerse cerca del resto de la familia, buscan en la multitud los rostros de amigos que intentarán saltar del tren en el camino; esperan ser capaces de seguirlos. Entonces se leen los nombres y sobreviene el caos. La gente va contra la corriente, los miembros de las familias se gritan los unos a los otros. Un último toque, luego se separan: Janny y Lien a un lado, Joseph y Fietje al otro. Jaap desaparece entre la multitud, su rostro sorprendido con las cejas arqueadas es lo último que ven.

El tren. No es un tren de pasajeros con asientos y pasillos y ventanas como el que se llevó a Janny de Ámsterdam a Westerbork, sino pesados vagones de madera para ganado, barracas en miniatura, sobre ruedas, abarrotados hasta el techo, no hay respiraderos visibles. Los vagones despiden un olor acre. Un olor agrio que les pica en el interior de las narices.

El tren parece interminable. La gente se apiña frente a los rieles, hay empujones, tropiezos, pero Gemmeker y sus hombres se contentan con ver cómo todos, lento pero seguro, se dividen y desaparecen en los carros. Las hermanas ven cómo llevan a Fietje y Joseph al mismo vagón que la pareja de ancianos Teixeira de Mattos, luego pierden de vista a sus padres. Esperan que Jaap esté con ellos.

Docenas de personas por vagón: sesenta, setenta, ochenta, más su equipaje, hasta que el carro esté abarrotado, los dedos de los pies y las narices se salen. Las personas en la fila exterior miran hacia la plataforma, pero sus ojos no pueden ubicar el suelo, unos pocos metros abajo, a punto de perderse bajo sus pies. La puerta se desliza, justo frente a sus caras, y tanto el campo como la luz del sol se han ido. Una barra de metal gira 180 grados, encerrándolos; marcan el número de prisioneros en el exterior del carro. Al siguiente vagón.

Las personas se ayudan mutuamente a subir al tren, Lien y Janny se agarran de la ropa de la otra, temerosas de que las separen en el último momento. Pero eso no sucede. Van en el mismo vagón, quizá porque ambas están etiquetadas como presas políticas *Häftlinge*.

Están dentro del carro, incrustadas entre cuerpos extraños. Todos tratan de moverse y cambiar de lugar, las personas mayores luchan por mantener el equilibrio, los niños desaparecen entre las piernas de las madres, los adultos se juntan unos con otros como con pegamento, y todo es contenido por cuatro paredes de madera que no se mueven un milímetro.

Algunos maderos delgados en la parte superior permiten que entre un soplo de aire, pero la cercanía es tangible incluso con la puerta abierta. Les dan un barril vacío y un balde de agua. «¡Manos! ¡Pies!», grita un guardia y la primera fila intenta moverse unos centímetros. La puerta se cierra.

El carro queda en oscuridad total; es como si los hubieran enterrado vivos. Todos a su alrededor lloran, respiran pesadamente, los niños entran en pánico porque no pueden ver nada. Alguien se ha parado en el pie de otra persona, una tos persistente en la esquina pone los nervios de punta. Lien está asustada, su pecho se agita y, cuando intenta moverse, descubre que incluso sus pies están atascados entre los de alguien más. Chilla, comienza a jadear, pero Janny pellizca la piel de la mano a su hermana, justo entre los pulgares y dedo índice, donde más duele.

—Quédate donde estás, no te muevas. ¡Mantén la calma! —repite en voz baja a Lien hasta que se distrae y su hermana retira la mano.

Escuchan gritos afuera, pasos fuertes en la plataforma, algunos alemanes se ríen de chistes. El ruido se desvanece y lentamente se calma, también dentro del tren. Tan solo se paran ahí y esperan durante lo que parece una eternidad. Con una sacudida gigantesca, gritan al unísono; caerían como fichas de dominó si no fuera por las paredes que los sostienen mientras el tren comienza a moverse. Los brazos de acero comienzan a moverse lentamente, incluso los niños guardan silencio. Un golpe, y otro, cada vez más rápido hasta que las ruedas pasen las juntas en una cadencia constante.

Mientras el sol sobre Westerbork escala el cielo, el tren de ganado atestado con 1 019 personas desaparece lentamente en la distancia.

Aunque intentan hacerse cada vez más pequeños, los contenidos del carro parecen multiplicarse. Algunas personas intentan sentarse, sobre su bolsa, en el piso, pero la mayoría tiene que pararse. Cada pulgada que estaba vacía cuando se fueron ahora está ocupada y el poco oxígeno que se filtra a través de las grietas parece ser absorbido por más y más bocas. Y solo han estado ahí una, tal vez dos horas. Algunas personas mayores lloran suavemente sin que nadie sepa cómo consolarlas; las madres les dicen a sus hijos que no lloren, que dejen de retorcerse y no, no puedes hacer pipí. Alguien vomita. El hedor es nauseabundo, pero se acostumbran.

Entonces, el tren baja la velocidad. Janny y Lien se apretujan, intentan verse, pero está demasiado oscuro. El tren se detiene de golpe. Todos en el vagón guardan silencio, contienen la respiración. ¿Y ahora? ¿Ya? ¿Es eso una buena señal?

Hay ruido afuera, gritos en alemán, los mismos pasos pesados pisoteando de un lado a otro, como si nunca hubieran dejado Westerbork. Mueven la puerta, el hierro cruje y, después, la brillante luz del sol. Entrecierran los ojos y abren la boca. El aire fresco fluye dentro del carro y lo succionan; tragan oxígeno como si fuera agua. Hace frío para ser esta época del año, quince grados más o menos, sienten que sus músculos se relajan y los huesos se les endurecen lentamente.

El alivio dura muy poco. Llegan guardias que empujan a la gente delante de ellas; rostros familiares del campo. Se mantienen quietos delante de los vagones abiertos y gritan órdenes: suban. Hay confusión, ya no es posible, no hay espacio, murmuran en la parte posterior, pero deben moverse. Se arrastran hacia atrás, unos centímetros, la mitad del ancho de una mano, la gente se levanta con los brazos extendidos y tan pronto están adentro, sus caras casi tocando las de la primera fila, la puerta se cierra detrás suyo. ¿Qué pasó? Los recién llegados cuentan su historia.

Se ha producido un intento de escape de uno de los vagones de la parte trasera. Exitoso para unos: varios prisioneros lograron saltar del tren en marcha a través de un agujero en la parte delantera del vagón. Alguien había pasado de contrabando una pequeña sierra de pan y se habían turnado para pasar el cuchillo sin filo de un lado a otro, hasta que lograron hacer una muesca en la pared de madera, cerca del acoplamiento entre su vagón y el siguiente. Luego, otro corte de sierra, hasta abrir una escotilla lo suficientemente grande como para que una persona pudiera pasar.

El primero extendió las piernas y encontró el equilibrio sobre el acero pulido entre los carruajes mientras las trabes de la vía parpadeaban debajo de él a una velocidad vertiginosa. No lo dudó: se sumergió en el hoyo como un nadador y desapareció bajo del tren. El siguiente, una vez afuera, se paró sobre los topes, con las piernas temblando, hasta que alguien murmuró que debería saltar y dar paso a los demás. Saltó. Nadie podría decir si fue atrapado por las ruedas o no.

Llegó el turno de una mujer. Metió los pies por el agujero y se deslizó de lado sobre su trasero hasta que se sentó sobre los fríos y suaves amortiguadores. El viento azotaba los vagones del tren que golpeteaban en la tierra, y ella se quedó ahí sentada, con los ojos bien abiertos. Habían pensado que no saltaría, pero luego lo hizo; se dejó caer de espaldas mientras el tren avanzaba.

Seis o siete personas en total habían logrado escapar de ese transporte de ganado —si vivos o muertos, nadie podría decirlo— antes de que los alemanes se dieran cuenta y detuvieran el tren. A los pasajeros restantes los golpearon y los sacaron del vagón, ahora con un gran agujero en el frente; desacoplaron el carro y repartieron a los pasajeros en el resto del tren.

Cuando las ruedas comienzan a moverse, uno de los recién llegados menciona que la fuga y la parada deben haber sucedido cerca de Zwolle; alguien que conoce el área lo dijo. Las discusiones sobre su destino se encienden de nuevo. ¿No se suponía que iban a ir al este? Entonces, ¿por qué fueron a Zwolle? Janny escucha y no dice nada. Ella sabe que todos los trenes de Westerbork primero tienen que subir a la línea de ferrocarril Assen-Zwolle, donde comienza el viaje a Polonia. Aun así, no cree que vayan hasta Auschwitz, o incluso a Wolfenbüttel; seguramente el Ejército Rojo casi ha llegado a Berlín. No, no viajarán muy lejos.

En las horas que siguen, todos se apoyan unos contra otros en el carro abarrotado corriendo por las vías. Al principio, todos intentan ser conscientes de las personas más cercanas a ellos. Si un vecino necesita sentarse un rato, te pones de pie, o si un niño quiere arrastrarse entre las piernas hacia su hermana mayor, a pocos cuerpos de distancia, intentas dejarlo pasar. Si alguien casi se desmaya porque no puede respirar, lo dejas tomar un poco de aire bajo los listones de acero, y si accidentalmente pateas o empujas a otra persona, le dices «perdón». Pero la civilidad es solo una cuestión de circunstancias y, en poco tiempo, la cortesía deja paso al instinto de supervivencia. Janny y Lien se aferran la una a la otra, y conforme la agresión aumenta en el espacio cerrado, las hermanas forman su propia barrera protectora.

A medida que avanza el día, algunas personas ya no pueden mantenerse en pie y se desploman, otras quedan atrapadas y comienzan a gritar. Los que encontraron un espacio en el suelo o, mejor aún, un poco de paja están atrapados, los patean o los golpean en la cara con una rodilla. Cuando un niño está callado, otro comienza a llorar y, de forma paulatina, el estado de ánimo se torna sombrío. Primero todos estaban en el mismo barco, pero la mayoría se siente tan miserable que su único objetivo ahora es sobrevivir a este viaje, por cualquier medio necesario.

Hay un barril de madera del tamaño de una cubeta donde pueden hacer sus necesidades, pero en las primeras horas solo los niños lo usan. Cuando cae la tarde y el tren no muestra intención de disminuir la velocidad, los adultos ceden a la presión de su vejiga, uno por uno. Incrustados entre extraños, se sientan en el balde y dejan a un lado el último vestigio de su dignidad. El barril casi se desborda y el aire es pesado con un olor tan denso que casi se puede saborear con la lengua.

Cuando cae la noche, pierden por completo los estribos y se sumergen en una negra capa de aceite. No hay nada que puedan hacer sino rendirse y, gradualmente, el vagón se queda en silencio. Janny y Lien han encontrado una manera de dormir. Están de pie, espalda con espalda, equilibrándose entre sí. La sensación de sus cuerpos presionados estrechamente juntos les recuerda a Ámsterdam, su hogar, su antigua cama. Es lo único a lo que pueden aferrarse.

4 de septiembre de 1944
Una sacudida, las ruedas se deslizan, otra sacudida, el tren se detiene. Los cuerpos se mueven con el carro, porque no pueden moverse por sí mismos. No más ruido, no más llanto. Las últimas veinticuatro horas han agotado a todos. El cerrojo se levanta, la puerta se abre. Sol matutino. Nadie se mueve, se quedan sentados, recostados, se paran donde estaban, miran delante de ellos con los ojos entrecerrados.

—¡Fuera!

Ninguna respuesta.

—*Dalli, dalli!* ¡Rápido!

Comienzan a moverse; unos veinte prisioneros caminan hacia la plataforma, vacían los barriles con orina y llenan los cubos de agua. Vuelven al vagón, cierran la puerta, deslizan el pasador. Todo está oscuro otra vez, huele como ayer, como si nada hubiera pasado. El tren acelera y pronto escuchan otra vez el sonido constante de las junturas debajo de sus pies.

Janny ha descubierto que, aparte de las grietas inclinadas cerca del techo del carro, hay dos rejillas de malla de alambre en la pared que dejan entrar un poco de aire. Lentamente, ella y Lien intentan acercarse a esas rejillas; maniobran en esa dirección con la cara vuelta hacia el techo, como si trataran de tomar un poco de aire fresco. Los cuerpos apiñados se mueven: hay oxígeno cerca de las rejillas, pero también una corriente de aire. Lien hace unos centímetros de espacio para Janny; Janny hace unos centímetros de espacio para Lien, y así se mueven hacia arriba.

Hay un tercer agujero pequeño cerca del cerrojo de la puerta. Con un poco de suerte, se puede mirar hacia afuera a través de este hueco. Cuando Janny finalmente presiona su mejilla contra la madera y ve el mundo, exhala profundamente e imprime cada imagen, cada color, cada sonido exterior en su mente. No hay una nube en el cielo y el azul brillante se destaca contra el amarillo ocre de los campos de maíz. Alguien intenta empujarla a un lado, pero no cede. A sus ojos todo es tan soleado, colorido y tranquilo que por unos segundos olvida las circunstancias desesperadas en las que se encuentra el resto de su cuerpo. Luego la empujan a un lado y su momento ha pasado.

Las hermanas intentan contar las horas, pero sus mentes se niegan a trabajar más. Están encajadas entre muchas personas en medio del vagón; el sentido del tiempo y el espacio se ha desvanecido, junto con la sensación de sus extremidades. Tienen un pedazo rancio de pan, pero están tan cansadas y el hedor es tan repugnante que no podrían comer, aunque lo quisieran. La gente a su alrededor balbucea, los niños gimen suavemente, las junturas de los rieles aúllan y el hierro chilla, hasta que el sonido y el ambiente se funden en otra noche interminable.

5 de septiembre de 1944

Se acuestan uno debajo del otro como sacos de arena apilados, una pierna termina en una mano, en una cabeza, en un pie. Un torso sube y baja lentamente, después deja de moverse. Cada vez que cambian de vías, todos se sacuden como uno; los cabellos rozan el sucio piso como abanicos. Ya no usan el barril. Ya no miran por la puerta. De vez en cuando las hermanas se miran. Wolfenbüttel no está tan lejos, seguro que no lo está…

En la tercera noche, el tren se detiene. Desbloquean las puertas; desde el cielo oscuro luces brillantes de reflectores inundan los vagones. Perros que ladran, órdenes en alemán, gritos a lo lejos. Manos que buscan cuerpos muertos en el vagón a tientas. Una pequeña voz suena como si fuera un estadio, más fuerte que todo lo demás.

Alle raus, schneller, schneller!
¡Todos afuera, más rápido, más rápido!
Austreten, alle Koffer hinlegen!
¡Fuera, dejen todas las maletas!

Las hermanas apenas si pueden levantarse, están cegadas, sus piernas y párpados se sienten pesados, tan pesados. Se tropiezan con un cuerpo en el tren, pierden el equilibrio cuando están en la plataforma, pero son sostenidas por un par de manos extrañas; un hombre con uniforme a rayas susurra: «*Ihr seid gesund. Lauf. Nicht auf die Wagen gehen!*». Están sanas. Caminen. ¡No se suban a los autos! Ellas no entienden, se toman de la mano y caminan, atrapadas bajo gruesos rayos de luz, pequeñas partículas de polvo caen sobre ellas como nieve.

Lien mira hacia atrás; la manta nueva que Mieke les ha enviado sigue en el tren. Pero cuando pasan por los otros vagones, ven maletas arrancadas de las manos, arrojadas a las plataformas en grandes montones. «*Alles gepäck liegen lassen, nichts mitnehmen!*». Dejen todo el equipaje, no lleven nada. Junto a los montones de equipaje, pilas de cuerpos se levantan, arrojados de los vagones por los guardias como si fuera un juego. Los perros están parados sobre sus patas traseras, las correas que los controlan están firmemente enrolladas alrededor de manos que sobresalen de los uniformes con botas de cuero altas. Los dientes pelados están terriblemente cerca. Rápido, caminen, más abajo sobre la plataforma.

Se forman filas. Hombres en un lado, mujeres y niños en el otro. Un oficial de la SS está de pie en una plataforma elevada, su silueta alta y oscura se recorta contra la luz brillante. Su boca se abre y se cierra, las venas se hinchan en su cuello. ¿Qué está diciendo? ¿Qué tienen que hacer? Janny y Lien no se sueltan la mano.

—*Alte und Kinder auf den Lastkraftwagen!*

Las personas mayores y los niños deben subir a los camiones. Gente de cincuenta años y mayores, que luchan por mantenerse en pie después del viaje agotador, son sacados de la fila y empujados hacia los vehículos, al igual que los niños que miran vagamente hacia el espacio. Las madres corren tras sus pequeños.

Las hermanas recorren la multitud con la mirada en busca de rostros familiares. Lien levanta la mano, pensando que vio a Jaap a lo lejos, sus cejas arqueadas sobre un mar de cabezas oscuras, pero no está muy segura; el chico ha desaparecido. Janny cree ver a sus padres cerca de un camión, pero las obligan a seguir adelante.

—*Dalli, dalli! Schneller!*

Juntas se paran en la fila, se aprietan la mano, intentan olvidar el hedor del tren y luego lo huelen. Huelen eso que nunca olvidarán y lo saben.

En la noche del 5 al 6 de septiembre de 1944, después del «Martes loco», cuando los holandeses sacan las banderas y estandartes de su nación porque esperan dar la bienvenida a los libertadores en cualquier momento, la familia Brilleslijper llega a Auschwitz.

El oficial de las SS grita sobre sus cabezas. La fila se adelgaza, pero cientos de personas aún pululan por la plataforma.

—*Ruhe!* ¡Silencio!

Levantan la vista, afinan el oído, pero hay mucho ruido y caos.

—¡Estoy llamando cincuenta nombres! *Extra Schutzhaftbefehl!*

Orden de detención preventiva. De pronto, todo está en silencio. El hombre baja la cabeza y lee los nombres de su hoja de papel. «Brandes, Marianne… Rebling, Rebekka».

Están juntas; es el resultado del certificado de matrimonio falsificado. Los hombres llamados son llevados de inmediato, las mujeres deben ir con un *Scharführer* (líder de escuadrón) con un portapapeles, quien revisa sus nombres una vez más. Su grupo es pequeño. Esperan y con cada respiro notan el olor a quemado. El cielo encima de los reflectores todavía está muy oscuro. Luego tienen que caminar.

Atalayas. Los postes de hormigón se elevan por encima de ellas: una curva en su parte superior hace que parezca que están saludando a todos. Hileras de alambre de púas electrificado entre los postes. Janny y Lien se miran y piensan lo mismo. Esto no es un campo de trabajo. Se les pone la piel de gallina, tal vez sea por el cansancio. No tenían idea de que se podía estar tan agotado sin morir. Lien apenas si puede levantar los pies del suelo; es como si estuviera caminando en asfalto derretido. Sus rodillas chocan y sus tobillos ceden, las lágrimas corren por sus mejillas. Se está dando por vencida. Rápidamente, Janny la toma de la parte superior del brazo, le brinda apoyo a su hermana, la mantiene al paso. Lien se limpia los mocos y se deja arrastrar.

La anciana frente a ellas está a punto de colapsar también, la apoyan tomando cada uno de sus brazos. Es ligera y frágil como la porcelana, debe tener al menos setenta años.

—Gracias —susurra.

Intentan evitar que se desmaye, le preguntan su nombre.

—Luise Kautsky.

Es apenas audible, pero Lien y Janny lo reconocen. ¿La esposa de Karl Kautsky? Un movimiento de cabeza y un intento de sonrisa. Su marido era un conocido político checo-austriaco y teórico de la democracia social. Las hermanas saben que murió en el exilio en Ámsterdam poco antes de la guerra; Bob y Eberhard a menudo hablaban de su trabajo. El extraño momento del contacto humano y el recuerdo de sus vidas pasadas les dan fuerza para los últimos metros. Las llevan a un edificio bajo, donde pierden de vista a Luise.

Un pasillo largo de piedra, frío y gris. Oficiales de la SS en uniforme y prisioneros con ropa rayada por todas partes. Mesas largas, como si fueran a inscribirse en una competencia de natación.

—*Ausziehen, alle Kleider hinlegen!* ¡Desnúdense, dejen toda su ropa!

La voz del oficial de las SS suena metálica, su orden hace eco en el espacio. Ninguna de las mujeres del grupo se quita la ropa, se miran las unas a las otras. No hay espacios separados, no hay cortina, hay gente por todos lados.

—*Dalli, dalli, schneller!* —el hombre grita una vez más.

—*Ihr werdet desinfiziert!* ¡Las van a desinfectar! —grita un prisionero con uniforme a rayas.

Janny y Lien se miran con ansiedad, pero otras mujeres comienzan a desnudarse y siguen de mala gana su ejemplo. No tienen la energía para resistirse y están rodeadas por guardias esperando una excusa para arremeter. Se quitan la ropa que seleccionaron tan cuidadosamente en Westerbork, con la esperanza de estar bien preparadas. Westerbork. El nombre de pronto parece eco de un pasado lejano, como la calle donde viviste de niño. Zapatos, calcetines, chaleco. Vacilan.

Sostén.

Calzoncillos.

Se paran descalzas sobre el suelo frío, con las manos cruzadas delante del pecho, la mirada hacia el suelo para no tener que verse a través de los ojos de extraños.

¡Muévanse!

A lo largo de las mesas, más rápido, los oficiales de las SS las apresuran con látigos y perros. Tantos gritos las asustan de nuevo; esconden la cabeza entre los hombros y levantan las manos en señal de defensa. Janny está más adelante y Lien acelera, se asegura de estar cerca de su hermana. Prisioneros con ropas del campo las esperan con navajas y una expresión vacía en el rostro. Las extienden. Donde sea que termines, te afeitan, no importa si lo hace un hombre o una mujer. Brazos, axilas, piernas, vello púbico. Giro. Les toman el cabello y lo cortan en un solo movimiento. Siguen caminando, aún más desnudas que antes.

Más mesas. Alguien las toma del brazo y les clava una aguja. No sienten dolor. La punta de la aguja deja lentamente una serie de cinco números en su piel, en la parte superior de su antebrazo izquierdo. Mientras el hombre le atraviesa la piel con su aguja, inyectando gotas de tinta, Janny mira a Lien, que mira vagamente en la distancia con el brazo extendido, cabello desordenado y su boca flácida.

88420.

Janny solo necesita ver el número una vez; se ha grabado en su mente para siempre.

Un cuarto de baño. El escuálido chorro de la regadera alterna entre caliente y frío como hielo. Tiemblan, un grito a lo largo de las paredes. Entre los cuerpos de las otras mujeres, intentan atrapar algunas gotas en sus manos ahuecadas, frotan su piel con dedos húmedos, pero la suciedad está en todas partes. Los brazos y las piernas tiemblan con tanta violencia que sus movimientos parecen convulsiones. Algunas mujeres parecen borrachas, se tambalean por la habitación; los guardias las corrigen, usando su látigo tanto para apresurarlas como para mantenerlas a distancia.

—*Schneller!*

Luise Kautsky, la anciana, cae al suelo y permanece sobre las piedras. Otra mujer logra que se reincorpore. En todas partes hay grupos de mujeres con manos ahuecadas bajo las duchas que esperan en vano. El vapor se junta alrededor de sus cabezas y por primera vez esconde a los guardias de su vista. Janny y Lien se miran, se abrazan brevemente, como solían hacerlo.

—Tenemos que superar esto —dice Janny.

No hay sonido; se leen los labios. Una decisión. Ambas asienten.

28

¿CONOCES AL HOMBRE MEJILLÓN?

UNA TARDE DE VERANO EN ÁMSTERDAM, cena con papá y mamá. Después de tomar el tren desde La Haya, Janny camina hacia la casa paterna por las calles que conoce de memoria, cada piedra en el pavimento, cada bache. Saluda a las caras familiares. Las tiendas están cerrando, sus viejos amigos van camino al bar y las aguas del Amstel dan vuelta sobre la ribera. El bullicio de Waterlooplein está llegando a su fin y las multitudes se dirigen hacia el Teatro Carré. Un corno francés, desafinado, emite sonidos desde la ventana abierta del sótano; abajo, un niño frente a un atril practica su instrumento. Los ciclistas pedalean duro en Magere Brug, algunos se bajan y caminan, divertidos por su propia incapacidad.

Janny gira a la izquierda en la esquina oculta de Nieuwe Achtergracht y entra en el número 14/II. Lientje, ya allí, recibe un sermón de su padre sobre su absurda carrera de baile, Lien levanta la mirada cuando entra su hermana. Se abrazan. Cuando la cara despistada de Japie aparece detrás de la puerta, lo saludan al unísono. Mamá está en la cocina, sartenes humeantes, una orden. Janny la ayuda. Fietje le pide a Joseph que abra la ventana. Sopla una brisa bochornosa y los sonidos del centro de la ciudad se convierten en música ambiental.

En la mesa, tantas historias, planes y sueños que comentar. El comercio, la familia, preocupaciones de dinero. Jaap casi ha terminado sus cursos nocturnos y está pensando en buscar educación adicional. Lien hace a un lado algunas papas de su plato.

—Estoy demasiado gorda —dice con una mueca.

—No estás gorda, somos pequeños —responde su madre sin apartar la vista de su plato.

Janny se queja del trabajo; no sabe lo que quiere hacer. Estos últimos meses ha trabajado como niñera con una distinguida familia en La Haya, un aristócrata, un tal De Brauw y su descendencia, pero no lo disfruta en lo más mínimo. Su trabajo en la Ayuda Roja Internacional, eso *sí* es útil. ¿Cómo puede cuidar niños cuando los fascistas se están apoderando de todo? ¡El mundo está en llamas! ¿Cómo puede su padre hacer negocios con los alemanes cuando ese hombre horrible es su líder?

Todavía está enojada con Joseph por vender una gran cantidad de fruta y verduras a una fábrica de acero alemana; han tenido discusiones terribles por tal motivo. En parte por esto, y también porque su padre pensaba que su trabajo en la Ayuda Roja era demasiado peligroso, se ha ido de casa para mudarse con su hermana a La Haya. Su padre sacude la cabeza, piensa que su hija está exagerando, una vez más, pero no quiere arruinar la atmósfera; ya han discutido por ese motivo en muchas ocasiones. No quiere saber qué trama Janny en su «batalla contra el mal», como ella misma la llama, y además cree que todo saldrá bien. Tiene un negocio que dirigir y eso es bastante duro en estos días.

—¡Y voy a ser una estrella! —en medio de la conversación, Lien lanza ambas manos al aire y se pone a cantar, alargando las letras de la última palabra.

Todos estallan en risa, disolviendo la tensión en la mesa. Afuera, la campana de cobre del camión de helados suena al ritmo de «¿Conoces al hombre mejillón?»,[16] al instante miran a su madre, tres pa-

[16] «Kent gij Jan de mosselman», canción infantil muy popular en los Países Bajos. [N. de la T.]

res de cejas levantadas de manera curiosa. El sonido se hace más fuerte, se acerca desde el canal. Fietje luce seria por un momento, pero luego su rostro se ilumina. Asiente y sus hijos se alejan como niños pequeños.

Se levantan, salen rápidamente. Casi se tropiezan en su prisa, uno detrás del otro, lado al lado, se rebasan para no quedarse atrás, sino en medio de la multitud que comienza a formarse. Ha comenzado a llover. No se trata de relucientes gotas de lluvia primaveral, es un chubasco, un camión de agua sobre sus cabezas. Nubes grises se arremolinan en las alturas, coloreando el cielo tan oscuro como el suelo.

Janny toma su lugar en la fila, busca a Lien. Está justo detrás de ella. Bien. Mira hacia adelante otra vez, avanza. La lluvia corre por su cara; gotas de agua caen de sus pestañas. En cuestión de minutos su ropa, húmeda por la llovizna previa, está empapada. Tiembla debajo de los trapos delgados que no se han secado en días. Sus zuecos se hunden en el barro y empiezan a llenarse. Estaban tan satisfechas cuando los obtuvieron y resistieron bien durante el primer mes, pero nada puede soportar estas circunstancias. Se ha hundido en el lodo hasta los tobillos y trata de sacar los zuecos, uno por uno, con mucho cuidado, para que nadie pueda ver. Cada movimiento puede ser demasiado obvio. Los *Kapos*[17] gritan, las mujeres aún vienen corriendo, demasiado tarde, son abofeteadas, caen al barro. No debes ser uno de los últimos, no debes estar en las filas exteriores, no debes destacar, no debes tener nada sobresaliendo. Ella y Lien tienen suerte de ser tan pequeñas.

---

[17] Se les denominaba *Kapos* a ciertos presos de los campos de concentración a los cuales los nazis les asignaban funciones administrativas bajas o de capataces a cambio de ciertos privilegios en comparación con los otros presos, lo cual aumentaba sus posibilidades de supervivencia. [N. de la T.]

Pasan las horas y el conteo continúa. Un error, comienzan de nuevo, cientos de cabezas alineadas por todas partes en un tablero de ajedrez gigante. A veces alguien colapsa y ocasiona un agujero en el patrón. Janny mira la espalda de la mujer frente a ella, peleando contra su impulso de resistirse a los gritos continuos de los *Kapos* y las *Aufseherinnen*, las guardias femeninas, ignorando la lluvia, el hambre, el punzante dolor en su cuerpo enjuto. Fueron pelados, capa por capa, como una cebolla, hasta que nada más permaneció la esencia de su ser. Primero tomaron sus trabajos, sus escuelas, sus casas y su ciudad. Sus vecinos y sus amigos. Luego sus familias y su libertad. Finalmente, su ropa, su cabello, su reflejo. Pero no la esencia; eso es en lo que necesitan enfocarse, jamás la tendrán.

Pueden decir que ocurre justo lo contrario, al mirar a los muertos vivientes que vagan a la deriva por los jardines. Los *Müselmanner*, «hombres mejillón». Han renunciado a sí mismos, se han entregado incluso antes de que los nazis los empujen por el borde. El aspecto comatoso de los *Müselmanner* es quizá el mayor triunfo para los fascistas, incluso mayor que las chimeneas humeantes del campo. Yacen tendidos, cuelgan, tropiezan en los terrenos, hombres y mujeres. Agotados y demacrados, entumecidos y mudos, sus mandíbulas como pinzas de hierro y ojos como canicas que ya no expresan nada. Durante la selección, los *Müselmanner* son los primeros en ser enviados a un lado con un barrido de la mano, incluso antes que los enfermos, las embarazadas, los niños y los ancianos; en sus mentes ya han hecho el viaje a la cámara de gas. No gritan ni lloran, ya no son conscientes de su entorno, o tal vez son demasiado conscientes de su desesperanza. Por eso los demás prisioneros los evitan.

La lluvia golpea la cabeza de Janny, la ropa empapada se ha disuelto sobre su piel. Tiembla en su camisola. Sin calzoncillos, el viento sopla directamente a través de ella. Sus pies están tan entumecidos por el frío que los zuecos de madera parecen crecer directamente de sus piernas. Pero cada vez que su esencia parece desaparecer, encuentran lo que la mayoría de los demás aquí carecen, alguien a quien recurrir. Esa otra les ayuda recordar quiénes son, porque la otra les recuerda a quiénes fueron alguna vez: dos hermanas de Ámsterdam.

29

LA VIOLETA DE LIEN

LAS HERMANAS PRONTO SE PERCATAN de que el campo se maneja a través de una pirámide de humillaciones que enfrentan a unos contra otros. Aunque a primera vista Auschwitz-Birkenau parece un caos sumergido en lodo, en realidad es una máquina de matar perfectamente orquestada, diseñada hasta el último detalle en las mesas de dibujo de las SS, cámaras de gas y crematorios incluidos, construida sobre las marismas alrededor de la localidad polaca de Brzezinka. La construcción del campo mató a docenas de prisioneros por sí misma. Cuando se pusieron los cimientos, el suelo pantanoso se tragó a los trabajadores. Por mandato de Hitler, el *Reichsführer* de las SS Heinrich Himmler organizó ahí el campo de exterminio perfecto.

El enfoque de Himmler no fue experimental; ya tenía amplia experiencia. En 1933 abrió el primer campo de concentración para presos políticos en Dachau, cerca de Múnich. Este hombre pulcro, con cabeza ovalada de oficinista, labios apretados y gafas sin montura, le tenía más lealtad a Hitler que amor a su propia madre, y una obsesión por crear una raza puramente nórdica; se imaginaba a sí mismo como el máximo higienista racial. Como era de esperarse, se concentró principalmente en las mujeres. El rápido exterminio de mujeres judías fue clave para que no produjeran la próxima generación de judíos, nacidos con la intención de vengar a sus padres. Por su parte, las mujeres arias tenían que reproducirse lo más rápido posible. Debido a lo anterior, con Auschwitz-Birkenau como destino final para muchas de ellas, Janny y Lien fueron víctimas de ese programa.

Desde el comandante del campo de las SS en la cima, los rangos bajan hasta las barracas. Los presos elegidos ejercen el último resquicio de poder. Patear lo más fuerte posible ayuda a que mantengan su posición, y esta posición es de vital importancia. Un rango más alto significa un pedazo extra de pan cuando otros mueren de hambre, o la exención cuando envían a otros a las cámaras de gas. Usar prisioneros para vigilancia ahorra dinero y provoca que las víctimas peleen entre sí, lo cual es una forma efectiva de destruir la comunidad, o lo que queda de ella, de adentro hacia afuera.

Hay un *Stübenälteste*, jefe de barracas, que tiene que obedecer a un *Blockälteste*, jefe de bloque, que tiene que inclinarse ante los *Kapos*, quienes rinden cuentas a los *Aufseherinnen*, quienes marcan la pauta con su enfoque violento, cada uno a su manera. Uno ondea estoicamente su látigo sobre los prisioneros, otro golpea el cráneo de una niña hasta que su cerebro queda a sus pies. Los prisioneros no solo son aplastados en líneas verticales: la división se fomenta en todas partes. Polacos contra rusos, rusos contra húngaros, húngaros contra europeos occidentales. Las hermanas pronto notan que la mayoría de los *Kapos* son mujeres polacas con un odio especial por las mujeres francesas y holandesas.

Janny y Lien están en un bloque separado con otras presas políticas, mujeres de todas las nacionalidades: Grecia, Francia, Italia, Rusia y Dinamarca. Todas tienen hambre y están exhaustas, todas extrañan a sus hijos y a sus familias. A pesar de los intentos desesperados por obtener información sobre sus familiares, las hermanas aún no han podido encontrar a Jaap, papá y mamá. Tampoco hay rastro de Red Puck y la pareja mayor, Loes y Bram Teixeira de Mattos, pero eso no significa nada: el campo de Birkenau es más grande que trescientos cincuenta campos de futbol con decenas de miles de prisioneros en cientos de barracas. Además, está el campo base, Auschwitz I, y, más allá, Auschwitz III. Allí se encuentra el sitio industrial con, entre otras, la compañía química IG Farben, donde los esclavos del Tercer Reich producen caucho sintético. Cuando, como sucede a menudo, no pueden dormir por la noche, apretadas contra los cuerpos de otras mujeres inquietas en sus literas de madera, intentan imaginarse a su padre, madre y Jaap en la línea de montaje. Cansados y sucios, pero con un corazón que aún late. O tal vez hayan terminado en uno de los cuarenta campos más pequeños en el área y ahora están trabajando la tierra. En las horas nocturnas se presentan los escenarios optimistas, pero durante el pase de lista en la mañana oscura, la primera cosa que ven otra vez es la chimenea, que se eleva triunfal por encima el campo.

En su primera mañana en Auschwitz, cuando una mujer en ropa rayada finalmente las llevó a una barraca de cuarentena, pasaron junto a uno de esos edificios bajos con una enorme chimenea.

—¿Qué tipo de fábrica es esa? —preguntó alguien de su grupo.

La mujer no levantó la vista, no movió un músculo.

—¿Fábrica? —dijo ella, señalando hacia la chimenea con la barbilla—. Ese es tu transporte… hacia los hornos.

Quieren creer que el resto de la familia está bien, pero cada día que pasa sin que sean liberados los hornos queman una nueva carga. Sin descanso. El hedor cubre los terrenos del campo como una manta y se los recuerda todo el tiempo, así como su voz, que suena más áspera cada día mientras dicen las primeras palabras por la mañana.

Los días están llenos de trabajo sin sentido o pases de lista interminables. Seis horas seguidas, a veces doce, a veces las veinticuatro, hasta que reaparece el acuoso sol polaco. En el primer mes, los vellos en sus brazos todavía responden, elevándose como brotes hacia la fuente de calor, proporcionando un alivio momentáneo mientras permanecen allí, moribundas, con mil, a veces dos mil personas en bloques de veinticinco personas. Pero cuando septiembre se convierte en octubre, un velo oscuro cubre el cielo y derrama un diluvio tras otro. Pronto, la roca dura de la superficie se ablanda para formar una gruesa capa de lodo apestoso. Sus ropas ya no se secan y las barracas se convierten en establos húmedos en los que los hongos y las alimañas se multiplican a la velocidad del rayo.

Las camas triples en sus barracas no son más que estanterías para apilar personas. Cada nivel está diseñado para dos, pero como el campo está abarrotado, de cinco a seis mujeres yacen de costado en cada uno. Esto suma hasta dieciocho cuerpos temblorosos por litera. Si tienen suerte, hay algo de paja, pero a menudo es solo la madera que cruje peligrosamente, un pedazo de manta y su propia mano que sirve de almohada.

Las sacudidas y giros por la noche son insoportables. Las nalgas huesudas de una extraña contra tu vientre, siempre una boca llena de llagas y ampollas que respira en tu cara, la tos constante, el llanto de aquellas que no han podido mantener el pensamiento de sus niños fuera de la mente. Tu nariz en la escamosa cabeza de tu vecina, una rodilla en la espalda, el roce de la herida supurante de otra persona con tu piel. Alguien está tratando de abrir tu mano y agarrar tus objetos de valor. Una mujer arriba de ti está enferma y se deja ir por completo, otra está delirando, una tercera se vuelve agresiva.

Pero todas las molestias palidecen en comparación con la picazón. La picazón enloquecedora se arrastra debajo de la piel, repta por el torrente sanguíneo hacia el cerebro. Nunca se detiene. Janny a menudo piensa que las personas en el campo pierden más la razón como resultado de la picazón que a causa de todas las otras dificultades combinadas. Los piojos, pulgas, chinches y otras criaturas están en todas partes: en su ropa, en la cabeza, en las pestañas, entre los dedos de los pies, debajo de sus axilas y en su entrepierna. Docenas, cientos de picaduras minúsculas en todo el cuerpo, cada minuto, cada segundo, en la mañana, al mediodía, por la tarde, en la noche. A la hora de pasar lista, en el baño, en sus camas. Los bichos son muy pequeños y son tantos que parece que un ejército invisible se las está comiendo vivas; enloquecen a la gente. Se arrancan tiras enteras de piel con uñas, dientes o pedazos afilados de metal. Los cráneos están repletos de heridas abiertas y la gente camina con llagas en la cabeza, que lentamente se abren. Nada detendrá la picazón y el mayor desafío es no rendirse ante ella.

Janny sigue diciéndole a su hermana: debemos sobrevivir a esto. Solo si permanecen juntas, mantienen la cordura y se cuidan mutuamente. No pienses en los niños. Mantente limpia. Come lo que puedas. No rasques ni abras tu piel. Y sobre todo: no ser seleccionada por Josef Mengele y su equipo de médicos de las SS.

La *Selektion* es una amenaza constante y el momento que todos temen más. Por supuesto, la selección principal ya tuvo lugar en la *Rampe*, la plataforma, a su llegada. El frágil, el enfermo, los bebés, niños menores de quince años caminaban desde el tren a las cámaras de gas en una línea recta. Pero eso no fue todo. En momentos aleatorios, el doctor de las SS, Josef Mengele, viene y selecciona una vez al mes, una vez a la semana, a veces dos meses maravillosos pasan sin que aparezca. Él decide quién todavía puede trabajar, quién es interesante para sus experimentos médicos y quién se ha vuelto completamente inútil. Él envía a la gente a las cámaras de gas, como si fueran moscas, despidiéndolas con un simple gesto con la mano. Si terminas en cualquiera de las otras miserables categorías, al menos aún hay esperanza.

Las selecciones a menudo tienen lugar inmediatamente después de *Zählappell*, el conteo de presos. Hoy, después de la espera interminable, no se dispersan por el sitio, sino que, de pronto, hay ruido por todas partes. Guardias, perros, *Kapos* nerviosos, los gritos son aún más fuertes de lo habitual.

—*Großer Appell! Antreten zur Selektion!*

—*Schnell!*

¡Pase de lista importante! ¡Alinéense para la selección! ¡Rápido!

La multitud se dispersa, todos corren a su propio bloque, se desnudan. El pánico se extiende por los barracones. Mujeres desnudas corren, detienen a sus compañeras, buscan a su familia, hijos, amigos. No tienen tiempo, pero inspeccionan ansiosas sus cuerpos, recurren a vecinos y amigas en busca de ayuda.

—¿Puedes ver una erupción aquí?

—Estas manchas, ¿son llagas?

—¿He perdido más peso?

—Presiona tu brazo contra tu costado, no quieres que vean esa herida de ahí.

Alguien se frota un trozo de mantequilla guardada con cautela en las mejillas para dar un poco de brillo a su piel opaca. Una mujer se abofetea para dar color a su cara macilenta, otra se muerde los labios y extiende la sangre. Un trozo de lápiz labial vale una fortuna, al menos tres raciones diarias de pan; un poco de color puede salvarte del *Malach ha Mòwes*, como llaman al doctor Mengele en yidis, «el ángel de la muerte».

Janny ya se desnudó y mira a Lien; ve qué flaca se ha puesto. Su hermosa hermana, perseguida por todos los chicos cuando eran jóvenes, con su figura envidiable y su cabello espeso y oscuro…, cabello que ahora se enrolla como púas alrededor de su cráneo; se ve quebradizo y derrotado. Lien mira desesperada el caos en las barracas, sus constantes preocupaciones absorben toda su energía. Janny es más fuerte, es más ecuánime, a veces incluso estoica, como su madre; ella es la más resistente.

Una mancha de aceite azul profundo fluye a través del ojo derecho de Lien, testimonio de su temperamento impulsivo. Anteayer una chica en su barraca le robó sus zuecos de abajo de la cabeza; cuando Lien fue a exigirle que se los devolviera a la mañana siguiente, comenzaron a pelear. Ambas tiraban del mismo zueco, gritaban, y antes de que Lien pudiera arrebatarle el segundo, la mujer la golpeó en la cara con el zapato. Lien vio estrellas, pero tenía sus zuecos de vuelta.

—¡Lientje! —Janny toma los brazos de su hermana—. Pon atención. Debemos superar esto. Papá, mamá y Japie están afuera en alguna parte, esperándonos. *No* debemos ser seleccionadas, ¿me escuchas?

Lien asiente con resignación, pero no puede encontrar la fuerza para prepararse para el enfrentamiento con Mengele. Han estado en la inspección durante horas; está cansada y hambrienta y solo quiere recostarse en su cama. Solo por un rato. Cuando Janny la sacude, su cabeza se balancea como un tulipán roto en su tallo.

—Soñé con Eberhard —susurra Lien, apenas audible, con la mirada baja.

Las mujeres a su alrededor comienzan a correr hacia afuera y Janny observa a su hermana con impaciencia. De pronto, Lien mira hacia arriba.

—Cuando descubran que Kathinka es judía, nunca veré a mi bebé otra vez, Janny. Y está bien que digas que Eberhard logró escapar, pero…

Un sollozo escapa de su boca y sus hombros caen aún más. Janny los empuja hacia arriba y acerca su rostro a Lien hasta que sus narices casi se tocan. Sus ojos oscuros destellan cuando habla.

—¡Basta! Están seguros. Y, maldita sea, ¡tenemos otras cosas de qué preocuparnos!

Grita a través de las barracas prácticamente desiertas. Janny sacude a su hermana otra vez hasta que Lien se molesta, intenta zafarse y comienza a responder. Janny no la suelta hasta que Lien está lívida y están una frente a la otra, peleando como cuando eran jóvenes, mejillas rojas y ojos brillantes. Entonces ella da un paso atrás y exhala.

—Bien —dice Janny—. Ahora, sal y mantén la cabeza en alto.

Los perros se vuelven locos, los oficiales de las SS les ladran a las mujeres que sigan adelante. Rápido, corre, pies descalzos a través del lodo helado, viento raspando contra sus cuerpos desnudos. Están aterrorizadas con los gran daneses que pelan los dientes, la espuma de sus hocicos salpica contra su piel, mientras pasan.

Se forman y pasan la selección una por una. Mengele, acompañado por su personal médico, está esperando. Inspecciona alegremente cada cuerpo con los ojos. Su uniforme impecable, como siempre, su rostro simétrico con patillas afeitadas que desaparece debajo de una gorra; sus ojos marrones se llenan de emoción al ver qué traerá hoy la selección. Los gemelos en particular lo llevan al éxtasis, pero esos son un hallazgo raro en los cargamentos tardíos: tiende a elegirlos desde la plataforma. Su entusiasmo por el trabajo no tiene precedentes; incluso en sus días libres, aparecerá entre los otros médicos, esperando una buena captura.

Aquí, en Birkenau, puede continuar la investigación científica sobre higiene racial que realizó en la Universidad de Frankfurt, sin restricciones... y muchas cosas más. Diez años atrás, Mengele, entonces en sus veinte, obtuvo su doctorado con una tesis sobre «diferencias raciales en la estructura de la mandíbula inferior». Pero sus fantasías arias no tienen límites y el suministro de «conejillos de Indias» en Birkenau es infinito. Mengele intenta hacer azules los ojos oscuros y está trabajando en un experimento para conectar el torrente sanguíneo de los gemelos. Las mujeres han escuchado que él cose gemelos jóvenes, venas y todo, espalda con espalda, muñeca con muñeca. Pero también hay historias de él trayendo leche y galletas a los niños. Ya no saben qué creer.

—¡Siguiente!

El campo lleno de mujeres huesudas se mueve constantemente, como una cinta transportadora con personas. Se inspecciona el frente. Vuelta, la parte trasera. Giro de nuevo y esperan su gesto con la mano. A la izquierda significa trabajo o bloque de experimento, a la derecha significa cámara de gas. El rostro de Mengele es suave, no tenso como las caras de la mayoría de los otros oficiales de las SS; camina rápidamente, asiente aquí y allá, su rostro angelical es un modelo de encanto.

Una prisionera rusa dijo que una vez Mengele arrojó camiones llenos de niños menores de cinco años a un enorme pozo de fuego porque eran muy difíciles de introducir en las cámaras de gas a esa edad. Cerca de diez camiones de volteo llenos de pequeños condujeron en reversa hasta el borde del pozo, después de lo cual los oficiales de las SS, supervisados por Mengele, los arrojaron a las llamas por un brazo o una pierna. Los niños que intentaron salir del pozo fueron empujados con largos postes.

—¡Siguiente!

Un paso adelante. Se están acercando. Es casi el turno de Lien. No pueden evitar mirar las manos de Mengele, dando instrucciones como un oficial de tránsito.

Izquierda.

Derecha.

Camina un poco entre líneas, amigable, su postura recta como un jinete a caballo. Cada segundo otro veredicto silencioso.

Izquierda.

Derecha.

Todos en el campo han perdido peso, pero algunos están peor que otros.

¿Es eso una protuberancia debajo del ombligo? A la derecha; no queremos mujeres embarazadas.

¿Eso es una erupción? Una inspección más cercana, llama a otro médico y juntos examinan a la chica desnuda. Un movimiento de cabeza; a la derecha.

Pellizcan a una mujer en la parte superior del brazo. ¿Tienen todavía algo de grasa para poder trabajar? A la izquierda.

Alguien está jorobada. El interés de Mengele se despierta; la toca, traza la columna vertebral de la mujer con los dedos, siente la caja torácica que sobresale como un casco abierto, y asiente con aprobación. Al bloque de experimento.

Tú, saca las manos, date la vuelta. Tienes sarna, *Krätze*, ve a la izquierda, hacia el *Krätzeblock*. El ácaro del picor está desenfrenado en el campo; la diminuta criatura excava en la piel para poner sus huevos. Causa picazón y erupciones infernales, pero no te mata. Una vez que te han curado, puedes volver a trabajar. Justo así es como enviaron a Anne Frank al *Krätzeblock*, separada del resto del campo por un muro alto. Margot había fingido estar enferma, para poder seguir a su hermana. Janny no las ha visto desde entonces.

Izquierda.

Derecha.

El grupo de mujeres disminuye de forma gradual; la multitud se divide como el mar cuando Mengele pasa. Cerca en la fila, Janny está un poco detrás de Lien y la vigila con atención. El médico camina entre las mujeres, se acerca, examina y asiente, está de buen humor y entusiasmado como siempre.

Se detiene frente a Lien y comienza a reír. El aliento de Janny se congela. Mengele ha puesto casualmente sus pulgares detrás de su cinturón. Está hablando con su hermana. Janny aguza el oído.

—*Fue hast du gemacht?* ¿Qué has estado haciendo? —Divertido, con la cabeza inclinada hacia un lado, mira a Lien.

Janny puede ver el hueco entre sus dientes frontales relucir. Lien no responde. Janny ve cómo se le tensan los hombros y el cuello. ¿Por qué no dice nada?

Mengele se acerca a ella y señala su cara con una sonrisa.

—*Woher has du denn das Veilchen?*

Lien no entiende. Levanta un hombro brevemente, sacude la cabeza.

Una *Veilchen*, ¿una violeta? ¿Se refiere a la flor? ¿Qué dice?

—*Ich habe keine Blumen* —«No tengo flores», responde ella, titubeante.

Entonces comprende. Se arma de valor. Janny se da cuenta al mirar la espalda de su hermana, lo cual es relajante. El mentón de Lien sube y mira al doctor sin miedo.

—*Ach so. Ja, ich hab mich mit einem Mädchen gestritten, und sie hat mich mit einem Holzschuh aufs Auge geschlagen* —«Ah, ya veo. Sí, tuve una pelea con una chica, y ella me golpeó en el ojo con el zueco», dice.

Mengele se echa a reír, le da una nalgada en el trasero desnudo y apunta a la izquierda. Lien puede irse.

Janny relaja los puños, siente que las uñas le salen muy lentamente de su carne.

La mujer después de Lien es un desastre nervioso cuando Mengele se vuelve hacia ella. Las hermanas la conocen; ella es de una familia reconocida de fabricantes de marcos en una ciudad cerca de Ámsterdam. No habla una palabra de alemán, así que cuando él comienza a hablar con ella también, casi está hiperventilando. La boca de Mengele cae, levanta una ceja mientras la examina.

—*Und du? Fue hast du dann gemacht?* —«¿Y tú? ¿Qué has estado haciendo?», pregunta.

Disgustado, le mira el vientre, aún no tan hundido como la mayoría, y espera una respuesta. La mujer mira a su alrededor con desesperación incapaz de comprender lo que se espera de ella, hasta que Mengele señala su abdomen.

—*Nein, nein…* —tartamudea, sacudiendo salvajemente la cabeza—. Yo… *ich…* tener… mi pequeño está en casa, dos años. —Hace gestos con la mano a la altura de la rodilla, asintiendo con la cabeza al médico con los ojos, muy abiertos, esperando que él entienda. Él no entiende. A la derecha—. ¡No! —grita, ruega en holandés.

Mengele ha terminado con la conversación y quiere seguir adelante. La mujer comienza a llorar, grita que todo es un malentendido, el blanco de sus ojos está inyectado en sangre. Janny se muerde el labio inferior; casi no puede controlarse. Mengele da un paso atrás y golpea a la mujer con fuerza en la cabeza. Luego llama a los guardias para que se la lleven.

Unos segundos después, Mengele también ha pasado revista a Janny y tiene luz verde. Las filas casi se han secado y apenas si queda gente en el campo; debería sentir alivio, pero está tan furiosa por lo que acaba de pasar con la mujer holandesa que corre fúrica por el sitio. Luego ve a una *Aufseherin* holandesa, una guardia de las SS. Sin pensar, corre hacia la mujer y la agarra del brazo.

—¡Esa mujer no está embarazada y lo sabes! Es una presa política, no es judía. Si la gasean, tú serás personalmente responsable.

Janny es pequeña, pero enfrenta a la mujer sin miedo. Luego se da la vuelta y regresa a sus barracas. Como por obra de un milagro, la mujer holandesa es arrastrada lejos de las puertas de la cámara de gas, y la encuentran de nuevo más tarde, ambas todavía vivas.

30

«LA MARSELLESA»

A QUIENES MÁS TEMEN JANNY Y LIEN es a los *Kapos*. Estos prisioneros, hombres y mujeres, se deleitan en humillar a sus compañeros cautivos. Son nombrados por las SS y parecen ser reclutados entre los criminales en lugar de los maestros. En la primera semana, las hermanas se preguntaban por qué su propia *Blockälteste*, una rubicunda chica polaca judía llamada Rosa, las trataría con tal sadismo, pero luego vieron cómo trataban los *Kapos* a Rosa. Si no seguía la misma línea, moriría. No pasaría mucho tiempo antes de que Lien provocara la ira de uno de esos *Kapos*.

Ruth Feldman era una robusta mujer holandesa de su barraca, exjefa de enfermería del Hospital Central Israelita. Estaba en su transporte de Westerbork a Auschwitz y a su llegada pasó el «sauna» con ellas, el mismo edificio donde fueron «marcadas».

En una ocasión, las hermanas y Ruth están en la «casa de mierda», como llaman a las letrinas, un edificio largo de piedra con una hilera de agujeros redondos de un lado al otro, en el que deben hacer sus necesidades. Huele terrible y es más sucio que una pocilga, pero por esa misma razón es uno de los pocos lugares donde las SS no vienen y donde pueden hablar brevemente en privado. Janny y Lien han terminado, pero Ruth tiene diarrea y no puede levantarse del agujero. En poco tiempo, una *Kapo* irrumpe para ahuyentarlas. Como Ruth no se levanta, muy enferma y preocupada por mancharse, la mujer se pone furiosa. Se abalanza sobre Ruth e intenta empujarla por el agujero, al pozo de mierda.

Las mujeres gritan y gritan mientras Ruth intenta desesperadamente salir del agujero. Sin pensar, Lien se quita el zueco de madera y lo lanza con toda su fuerza a la cabeza de la *Kapo*. El sonido de un corcho que sale de la botella. La *Kapo* deja ir a Ruth y los gritos se desvanecen. Lien se da vuelta rápidamente y corre por su vida; la *Kapo* la persigue, maldiciendo. La mujer pronto la pierde en el enorme sitio y, para cuando llegan los refuerzos, Lien se ha mezclado con la multitud.

Cuando regresa a la barraca mucho después, Janny se enfurece con su hermana, después la abraza con fuerza; ambas saben que si la *Kapo* la hubiera atrapado, la habría golpeado hasta matarla. Aun así, el incidente probablemente les salva la vida; cuando vuelven a ver a Ruth, ella les dice:

—Me he inscrito como enfermera y vendrán conmigo.

No importa qué tanto se empeñen los nazis en despojar a los prisioneros por completo de su personalidad, en las barracas su última onza de humanidad está de pie, persistente. Imitan a un oficial de las SS, su mandíbula inferior sobresale como la de una piraña, tambaleándose por el sitio con sus piernas cortas, saltando para llamar la atención cuando un superior pasa a su lado. Se burlan de esa *Kapo* con su vestido corto de angora esponjosa, botas altas y cabello recogido. Janny fantasea con enterrar ese trozo de angora en el barro polaco hasta que la última hebra de pelusa se sofoque.

Pero la mayoría de las conversaciones en las barracas gira en torno a la comida. Hablan de albóndigas y puré de papas con un pequeño agujero para la salsa, pasta al dente con salsa boloñesa y trozos grandes de parmesano, chuletas de cordero, asadas con miel y tomillo. Sobre vino tinto de barriles de madera, café de granos tostados y limonada casera con cubitos de hielo tintineando en el cristal. Hablan hasta que se llena el agujero que les roe el estómago con comida imaginaria.

Cuando parecen estar divirtiéndose demasiado, entra la *Kapo*:

—*Jetzt wird nicht gefressen, jetzt wird gestorben!* ¡Ustedes no están aquí para comer, están aquí para morir!

Y al salir del cuartel, una mujer delgada en una camisa deshilachada camina tras ella, las piernas bien separadas, la misma pose arrogante y mirada sucia, y ríen aún más, apiladas en sus literas.

Cada día es una batalla; luchan por comida, por sus vidas; luchan por todo lo que les ha sido robado, por un buen lugar bajo la mísera regadera, donde las mujeres golpean sus manos como tazas contra otras manos para obtener unas gotas de agua; pelean por la manta rota que encuentran en su cama después del trabajo; por las tiras de tela que pueden atar a manera de calzoncillos que las protejan del aire gélido que se cuela debajo sus camisolas. Pero, al mismo tiempo, intentan darse ánimos mutuamente con toda la fuerza del espíritu de lucha que aún les queda. La fuerza de las mujeres italianas hace reír a Janny y le encanta la inventiva de las francesas. Con un trozo de vidrio y un peine de tres clavijas, les dan forma a sus cabezas erizadas y cejas peludas, y con un poco de tierra húmeda dibujan un elegante arco sobre sus ojos. Atan un trozo de tela alrededor de su cuello y ponen una sonrisa coqueta. No es vanidad, es *esprit*, como Janny le explica a su hermana, pronunciando a la perfección la palabra francesa recién adquirida.

Toda la fealdad tampoco ha extinguido la voz de Lien. Algunas veces le canta suavemente a Janny; las canciones de cuna que cantaba a los niños, canciones en yidis de su repertorio con Eberhard. Las remontan a los tiempos del Nido Alto, cuando tenían miedo, pero no estaban muriendo, y, sobre todo, seguían juntos. A veces parece que ha pasado toda una vida. Pero cuando Lien canta, Janny cierra los ojos y se ve caminando hacia la casa desde la parada del tranvía en Ericaweg después de un largo día, el halcón cernícalo planeando sobre su cabeza en el cielo azul brillante. Aparece el bosque, el sendero de conchas, la puerta, las persianas vino, en el salón alguien en la mesa del comedor la saluda. Pasa el cobertizo, saluda a Japie, inclinado sobre su mesa de trabajo. Lien está en la parte de atrás del jardín con los tres niños, están parados afuera de la pérgola, cantando. Cuando estira las manos, casi puede tocarlos.

Un día, expulsan a todos de las barracas.

—*Läusekontrolle! Alles ausziehen! Raus, Raus!* ¡Revisión de piojos! ¡Quítense toda la ropa! ¡Fuera, fuera!

Cientos de mujeres dejan caer sus trapos en bultos sobre el suelo y corren desnudas hacia la fría mañana de octubre. No es pase de lista; se les deja en sus propias barracas en el campo y se apiñan en grupos. Sus pies estériles se hunden en el barro.

—Esto no es un control de piojos —dice una mujer del grupo de las hermanas—. Sin ropa significa cámara de gas.

Tiemblan. Todas conocen la historia de Mengele, quien, cuando ocurrió una epidemia de fiebre tifoidea, persiguió a mil gitanos desnudos para arrearlos desde sus barracas directamente a la cámara de gas. Su enfoque efectivo cuando se trata de epidemias incluso le valió una condecoración, conocida como «la medalla del tifus», otorgada por los prisioneros cuando se burlaban del funesto personaje. No hay nada de qué reírse ahora.

Se quedan en silencio y esperan en este baldío bajo un cielo polaco otoñal, parecen extraterrestres con sus cuerpos delgados como ramitas y grandes cabezas tambaleantes. De pronto, una mujer francesa de su grupo, Michelle, comienza a cantar. Con una suave voz de soprano, canta las primeras notas de «Chevaliers de la Table Ronde», una popular canción francesa sobre los caballeros de la mesa redonda, a menudo acompañada de violín, pandereta y guitarra.

La canción trata sobre tomar vino, beber con alegría y el deseo de ser enterrado en una bodega con la boca bajo la llave del tonel. El coro, «Oui, oui, oui, non, non, non», lo cantan por lo general los espectadores con los brazos entrelazados mientras giran. Las demás miran hacia arriba, desconcertadas.

Michelle continúa cantando, con confianza, y con ojos brillantes reemplaza la letra con un nuevo poema satírico sobre Hitler y los cobardes colaboradores de Vichy, refiriéndose a la parte no ocupada de Francia, donde el gobierno simpatiza con los nazis. Tan pronto capta la melodía, Lien se une y algunas otras mujeres tararean suavemente también.

Cuando las últimas notas se han evaporado, Lien comienza a cantar una canción yidis. Es una melodía alegre con letras divertidas. Más y más mujeres se reúnen alrededor de ellas y las que conocen la canción cantan suavemente. La voz de Lien flota sobre las cabezas rapadas, las abraza y las une, mientras las *Kapos* ponen sus barracas de cabeza. De pronto, Lien irrumpe con la partisana canción yidis *«Zog nit keyn mol, as du geyst dem letstn veg»*, «Nunca digas que este es el último viaje», y algunas mujeres polacas se unen. Están sorprendidas de escuchar la canción, que recientemente apareció en el gueto polaco de Vilna y se extendió entre los judíos en el resto de Europa. Lien todavía no sabe toda la letra, pero las mujeres polacas ayudan. En poco tiempo, todas las mujeres de sus barracas están de pie a su alrededor, desnudas y tiritando de frío, juntas en un gran círculo, sus rostros se miran el uno hacia el otro, cantando donde pueden.

Antes de que Lien termine, mira a Michelle, quien le enseñó «Le chant de la libération», himno de la resistencia francesa. Michelle asiente y juntas comienzan a cantar el himno de batalla. Todas las mujeres francesas se unen, pero otras, que han escuchado Radio Londres, lo saben también; la BBC ha comenzado a usarlo como su tema musical. Especialmente desde que los nazis prohibieron «La Marsellesa», «Le chant de la libération» se ha adoptado como un himno alterno, excepto, por supuesto, en Vichy.

Ami, entends-tu le vol noir des corbeaux sur nos plaines?
Ami, entends-tu les cris sourds du pays qu'on enchaîne?
Oh, partisans, ouvriers et paysans, c'est l'alarme!
Ce soir l'ennemi connaîtra le prix du sang et des larmes.

Amigo, ¿oyes el negro vuelo de los cuervos sobre nuestras llanuras?
Amigo, ¿oyes los gritos sordos del país que encadenan?
¡Oíd, partisanos, obreros y campesinos, es la alarma!
Esta noche el enemigo conocerá el precio de la sangre y de las lágrimas.

La canción suele ir acompañada del sonido de tambores, perfecto para la marcha. Cantan juntas con suavidad, sus rodillas se levantan con una cadencia uniforme, sus pies marcan las palabras. Por un instante se olvidan de la chimenea que lanza humo detrás suyo, del frío, el hambre, el número tatuado en su antebrazo. Juntas son una voz y cada pie desnudo que golpea en el lodo hace que su sangre fluya un poco más rápido.

Ese día, nadie es enviado a las cámaras de gas. Incluso Rosa, la cabeza de su bloque, normalmente tan fría como el hielo, se conmueve hasta las lágrimas por las canciones en yidis y le da a Lien un pedazo extra de pan.

Unos días más tarde, Michelle es golpeada hasta la muerte y se llevan a un gran número de mujeres francesas. Desde el camión que las conduce hacia las cámaras de gas, pueden escuchar la prohibida «Marsellesa» en voz alta detrás del lienzo que lo cubre.

Allons enfants de la Patrie,
le jour de gloire est arrivé!
Contre nous de la tyrannie
L'étendard sanglant est levé.
L'étendard sanglant est levé:
Entendez-vous dans les campagnes
Mugir ces féroces soldats?
Ils viennent jusque dans vos bras
Égorger vos fils, vos compagnes!

Marchemos, hijos de la patria,
¡que ha llegado el día de la gloria!
El sangriento estandarte de la tiranía
está ya levantado contra nosotros.
Está ya levantado contra nosotros:
¿No oís bramar por las campiñas
a esos feroces soldados?
¡Vienen a degollar
a nuestros hijos y a nuestros compañeros!

Entonces Lien cae enferma. Todas se sienten miserables, todo el tiempo, pero siempre y cuando puedan levantarse por la mañana, permanecer despiertas durante el conteo y trabajar, pueden atravesar la niebla que se cierne sobre el lodazal, día tras día, día tras día. Algunas intentan escapar durante el conteo, pero siempre es en vano. Son colgadas y las demás deben mirar. Luego de vuelta al trabajo. Doblan plástico para los aviones, separan los zapatos con su última gota de fuerza, arrastran piedras de un lugar a otro, a donde sea que los *Kapos* les digan. El propósito de estos trabajos es claro para ellas. «No hagas preguntas, solo sigue adelante», Janny lo repite como un mantra, incluso cuando el dolor de su tobillo roto se eleva hasta sus dientes. Una de las chicas de su grupo ignora el consejo: abre la boca, se queja y tiene que pagar por ello. Arrodillada sobre una piedra grande, tiene que sostener una roca por encima de su cabeza durante todo el día; cada vez que baja los brazos, el látigo abre grietas en su delgado cuerpo.

Una mañana, Lien está por rendirse. Todavía está oscuro cuando deben presentarse para pasar lista, son las cuatro o cinco de la mañana, no pueden llegar tarde. Pero a ella ya no le importa. Levantar los ojos le es casi imposible, mucho más balancear las piernas sobre el borde de la cama y sostener ese cuerpo débil. Preferiría estar muerta. Hierve como una estufa y la energía escapa con velocidad de su cuerpo; Janny sabe que tiene que actuar pronto. Una chica en sus barracas tiene escarlatina, una infección bacteriana en la garganta que se transmite fácilmente mediante la tos. Solo se dieron cuenta cuando la mujer estuvo cubierta con una erupción roja (en la lengua, la cara, todo el cuerpo) y quizá ya había infectado a la mitad de los barracones. De mala gana Janny lleva a su hermana al *Krankenblock*, la enfermería, y la deja allí, apesadumbrada. Es la primera vez que están separadas.

Los siguientes días Janny ronda la enfermería como un depredador. Demasiado suspicaz, vigila de cerca a doctores y enfermeras. Observa su lenguaje corporal, los susurros, las conversaciones de las personas que abandonan el área; está buscando pistas en todos lados. Los médicos de las SS también están cazando enfermos en los barracones, eligiendo al más débil para la *Selektion*, pero ¿cuándo? Lien duerme y duerme y nadie sabe qué le pasa. La fiebre ha drenado la última reserva de energía de su cuerpo y ha dejado de hablar. Varios metros más allá, Janny yace despierta por la noche; lo único en lo que puede pensar son las palabras de mamá en esa última noche antes del transporte, cuando los cinco se sentaron juntos en Westerbork: «¡Deben permanecer juntas!».

Al tercer día, Janny interviene. Camina hacia la entrada de la enfermería y habla con una doctora checa. La mujer asiente y entra. En la cama de Lien, se queda quieta.

—*Komm mit*, levántate. Tu hermana está afuera.

Lien levanta los párpados, suspira, los cierra de nuevo. Sacude suavemente la cabeza.

—No puedo. Estoy enferma.

La mujer la toma del hombro, tira de su camisola de algodón e insiste.

—Ven, ella no se va a ir hasta que no salgas.

La mujer se queda junto a su cama hasta que Lien finalmente desliza sus piernas huesudas hasta el borde de la cama y se impulsa hacia arriba para que la doctora pueda levantarla al tomarla bajo las axilas. En la entrada, le entrega a Lien a Janny, quien asiente agradecida. Su hermana aún no se ha recuperado, pero la fiebre ha disminuido.

—Si no me hubieras sacado de allí, me habrían enviado al gas —le dice Lien a su hermana unos días después, todavía débil—, pero ya no estoy enferma.

Han escuchado que habrá otra selección. Janny se encoge de hombros. Si no se cuidan, todo habrá terminado.

Contra el brillante haz del foco, el hombre se ha desvanecido y transformado en una silueta, pero es él, inequívocamente. La mano detrás de la espalda, una leve sonrisa en el rostro, enérgico como siempre, está parado frente a la multitud como un director frente a su coro. Están esperando ansiosamente el próximo gesto de su mano. A su lado, una larga mesa con colegas de las SS, lápiz y papel listos. Las básculas separan a las mujeres de la mesa. El cuarto está lleno a reventar. El trabajo de hoy es grande.

Mengele asiente y la siguiente mujer da un paso al frente. Está desnuda y calva. Su caja torácica es un entramado puntiagudo que sostiene la cueva de su vientre, dos colgajos de piel son el recuerdo de sus senos, las vértebras se arremolinan en su espalda como un collar de cuentas. La mujer detrás de ella se ve igual, y la siguiente y la siguiente. Apenas si pueden mantenerse en pie sobre las básculas, las rodillas se les doblan. La mano de Mengele.

—Derecha. Se puede ir. Siguiente.

La mujer es una copia de su predecesora, pero su cuerpo parece un poco más fuerte. Una ligera diferencia. Mengele hace un gesto.

—Izquierda. Siguiente.

El grupo de la derecha crece rápido. Demasiado vieja. Demasiado enferma.

—¡Tengo veintinueve! —una mujer le grita a Mengele—. ¡Nunca tuve diarrea! —Ni siquiera parpadea.

—¡Derecha! —Su voz resuena por el pasillo, sin emociones, como si estuviera organizando equipos deportivos en el gimnasio—. Siguiente.

Edith Frank da un paso adelante. Mengele hace un gesto al instante.

—Derecha.

Ella se agacha bajo los reflectores y rápidamente se da vuelta; ahora viene la parte más importante.

—¡Siguiente!

Anne y Margot dan un paso adelante. El cuerpo de Anne está cubierto de costras de viejas llagas de sarna. Acaba de ser dada de alta de la enfermería; Margot estuvo a su lado todo el tiempo. Juntas, se paran bajo el haz del foco y delante de la mesa de selección. Margot empuja a su hermana y Anne endereza su espalda.

—¡Izquierda!

Una pluma rasca el papel. Las chicas pasan la lámpara de metal y desaparecen en la oscuridad al otro lado. Edith jadea.

—¡Las niñas! Oh, Dios… ¡las niñas! —grita, pero se han ido.

Es el 30 de octubre de 1944 y la selección final en Auschwitz-Birkenau ha terminado.

31

CAMPO ESTRELLA

UN TROZO DE PAN, UN TROZO DE SALCHICHA y una rodaja de queso duro. Sigue adelante, próxima plataforma. *Dalli, dalli.* Perros, látigos y gritos. A estas alturas ya conocen la mecánica. ¡Andando! ¡Andando! ¡Andando! Vagones de ganado esperándolos, como en Westerbork.

—*Schneller! Hier rein!* ¡Más rápido! ¡Entra!

Sube, entra, ese olor de nuevo. No importa, al menos se van de Auschwitz, o eso parece. Entra más gente; se mueven hacia delante. Las hermanas se aprietan la mano. No me sueltes. La sensación familiar de cuerpos extraños presionados contra ellas, pero ahora esos cuerpos son más angulosos. Colocan recipientes con agua en el piso, entre las piernas de los pasajeros, antes de cerrar la puerta, un ruido sordo y cae el telón. Un foso negro. Abre o cierra los ojos, no hay ninguna diferencia. El aliento de Lientje a su lado. Ligero, delgado. Janny no puede distinguir su cara, pero sabe que la está mirando. Se miran la una a la otra, sin poder verse.

—Nos vamos —susurra Janny, y sabe que su hermana asiente.

Es como si regresaran. Regresaran en el tiempo y en el espacio, de vuelta a los Países Bajos. El sonido sibilante de las ruedas sobre los rieles, el ritmo del golpeteo de las junturas que late todo el tiempo. Cuentan cada golpe hasta que su cabeza gira, hasta que los minutos se convierten en horas y los viejos trucos les ayudan a mantenerse en pie. Mantente lo más cerca posible de las puertas, toma aire de las grietas. Párate junto a las paredes laterales; ellas te protegerán. Duerme con tu espalda pegada a la mía. Es diferente esta vez. Son mucho más débiles ahora que entonces. Ya no pueden mantener una actitud civilizada; cada quien ve por sí mismo.

Se detienen todo el tiempo, recorren una distancia corta antes de que suene la sirena de ataque aéreo. Primero, el rugido de un motor en marcha, luego un arranque, cada vez más alto, hasta que converge en un coro de sirenas de todas direcciones que ahoga el latido de sus corazones. Disparos, golpes fuertes, guardias saltando del tren para cubrirse, mientras ellas permanecen en el vagón estacionado, petrificadas, preguntándose qué demonios está sucediendo allá afuera. Es como si una bomba pudiera caer sobre sus cabezas en cualquier momento. Toda su emoción por el avance de las fuerzas aliadas se ha esfumado.

Un día. Una noche. Las primeras personas colapsan, yacen entre sus piernas, les arrebatan las mantas de los cuerpos. Parada, se abre la puerta, un trozo de pan y un poco de agua, la puerta se cierra. El aire en el carro es denso y pesado, les falta el aliento, los músculos se debilitan y la cabeza palpita. Presionan sus caras contra las paredes, su boca contra las grietas para inhalar algo de oxígeno. El frío, hace tanto frío, pero ni el frío logra disipar el hedor. Las ruedas se precipitan a través de los rieles. No saben a dónde van, pero mientras escuchen ese sonido, saben que están vivas.

Un día. Una noche. Pueden salir por un momento. El horizonte, los campos, los árboles al lado de la zanja; todo es oscuro, gris y húmedo, pero es maravilloso. Alguien dice que están en Alemania, en verdad están volviendo. De vuelta al vagón, rápido, no sueltes mi mano. Entra hasta el último, quédate cerca de la puerta donde están las grietas. En la parte posterior del vagón, sobre el suelo sucio, caras conocidas con los ojos muy abiertos, la mandíbula inferior rígida.

La puerta se cierra, el perno de metal cae. Oscuridad. Las ruedas vuelven a moverse de a poco.

Ruido afuera, están quietos. Acero chirriante de otros trenes a su alrededor, silbidos agudos, conversaciones en alemán. Detrás de su puerta, risas. Susurros graves desde un rincón oscuro.

—Creo que estamos es Ravensbrück.

¿El campo de mujeres cerca de Berlín? Historias de niños arrojados vivos al fuego, bebés abandonados en habitaciones vacías. Janny y Lien tiemblan y se abrazan, dedos rígidos alrededor de la parte superior de sus brazos sin carne, una sucia manta de caballo envuelta alrededor de sus hombros. Una sacudida, un movimiento hacia adelante, el tren arranca de nuevo.

Un día. Una noche. Buscan oxígeno como un pez moribundo. Quienes aún están vivos se pegan a las paredes del vagón, rascan la madera con las uñas. Creían que ya no había nada más que pudieran quitarles, pero eso fue una ilusión. Papá, mamá, Jaap; a veces cuando las hermanas miran hacia arriba, parece que están sentados a su lado, vivos. Casi pueden tocarlos. Pero cuando extienden sus dedos, acarician a un extraño. Un gruñido, una bofetada.

¿Dónde están sus seres queridos? ¿Se quedaron en Auschwitz? Sus mejillas están febriles, sus cuerpos congelados y las imágenes atormentan sus mentes. Sus parientes han desaparecido, se fueron sus familias, las mujeres y niñas que estaban con ellas en Auschwitz, todos se han esfumado. El vagón se balancea en cada junta, alguien cae sobre ellas, la empujan lejos. Nadie ha hablado durante horas, tal vez nadie hable de nuevo, tal vez ni siquiera tengan voz. Ninguno sabe quién sigue consciente y quién se ha perdido. Incluso el hedor ya no les molesta. Un pellizco en el dedo, ¿sigues allí? Un pellizco como respuesta.

Se detienen.

¿Hay algo más delicioso que el olor a pino en otoño? Va directo al cerebro desde los pelos de la nariz, contundente y fresco como el comienzo de un nuevo día. Camas recién hechas, sábanas perfectamente extendidas, tensadas bajo el colchón; las primeras «flores» congeladas se dibujan en las ventanas. Bajar las escaleras, salir por la puerta de la cocina, respirar nubes, el aire contra tus mejillas como el hierro congelado, pero no tan glacial como en los próximos meses. Hacer una caminata por los brezales con Bob, tomados de la mano.

Un paisaje ondulado, arbustos bajo una suave capa de niebla hasta donde la vista alcanza, es como caminar a través de las nubes, en el cielo. Janny no tiene que colocar sus pies, un paso sigue al otro. Están flotando sobre bolas de algodón, delante de ellos otra pareja flota y otra más frente a ellos. Una guirnalda interminable de figuras encorvadas serpentea a través del brezal, desaparecen en el horizonte púrpura. Un sol blanquecino comienza a desvanecerse detrás de las oscuras nubes y siente que las primeras gotas le tocan la piel. Levanta la vista, los cielos se cierran sobre sus cabezas, cubren el brezal con un lienzo de sombras. Deben volver al Nido Alto antes de que comience a llover. Janny se da vuelta, alguien choca con ella, la fila detrás de ellos es interminable. Bob tira de su mano, la arrastra.

—¡Janny, vamos! —Lien le sisea a su hermana y tira de su brazo.

Caminan, tropezando con las raíces de los árboles y las piedras a lo largo del camino. Sus pies están entumecidos, debe levantarlos más alto. No hay nubes flotantes. Janny recuerda dónde están: Estación Celle, Alemania. Las sacan del tren, apenas capaces de tenerse en pie.

—*Raus!* ¡Fuera!

Tuvieron que arrastrar a los muertos fuera del vagón, pero estaban exhaustas. Sus manos tiraron y jalaron, pero no tenían fuerza. Dejaron los cuerpos en la plataforma, pesados y pálidos, con los pies separados. Debían moverse, apresuradas por perros y guardias.

Tiran de la manta de caballo un poco más fuerte, pero el frío muerde sus pantorrillas desnudas. Ha empezado a llover. El viento crece, aun así, el aire del bosque sigue siendo encantador. Pulmones, corazón, caminar.

Cuando caminaron por la ciudad durante la primera parte del viaje, su sangre comenzó a fluir más rápido, sus cabezas se levantaron. Civilización. Gente normal. Los guardias y sus perros formaron una línea entre la procesión de esqueletos tambaleantes y los ciudadanos. A través de los huecos, las hermanas intentaron vislumbrar sus caras, encontrar sus miradas, calle tras calle, kilómetro tras kilómetro. Un hombre, una mujer, un panadero, un carnicero, un grupo de niños, una pareja de ancianos. Pero tan pronto como sus ojos se encontraron, los otros miraron hacia otro lado. Personas que pasan de la dirección opuesta, en bicicleta, en carretas tiradas por caballos, abrieron paso, fingiendo no verlos. Los peatones de ambos lados se detuvieron y observaron. Pero nadie habló.

Continúan, ¿cuántos kilómetros hay que recorrer? Hace horas que dejaron Celle atrás. El sendero del bosque por el que caminan termina en un tramo de brezales. No hay más cobertura. La lluvia azota sus caras, baja en ríos hasta su cuello, llena los agujeros detrás de sus clavículas. Las ráfagas de viento se aceleran en el campo abierto, corren e intentan derribarlas, alguien resbala. No pares. Rodillas arriba, un paso al frente. Quienes pierden el ritmo están perdidas. Las gotas se convierten en granizo, piedras, el viento se convierte en tormenta. Mal tiempo. Las órdenes son apenas audibles. Sus cuerpos se doblan hacia adelante. Alambre de púas. El campo. Bergen-Belsen.

Las hermanas se miran, se abrazan fuerte, suspiran. Relucientes granizos caen de sus cabellos, ruedan sobre sus ojos, sobre sus mejillas. Cuando alguien lo mencionó en la estación de Celle, ellas no lo creyeron, pero es cierto. Eso es bueno. Bergen-Belsen es bueno. No hay cámaras de gas aquí. Es solo un campo.

Las abandonan como animales en un corral. Sin pasar lista, sin líneas, sin trabajo, sin gritos. Solo un páramo brumoso y árido lleno de siluetas grises bajo la lluvia, carpas y chozas hasta donde alcanza la vista. Janny y Lien se hunden en una colina de arena y se acurrucan juntas, tiran de sus mantas empapadas hasta sus narices. Se siente como si estuvieran bajo tierra; hay humo y vapor por todas partes, la gente se pone en cuclillas, se hace pequeña, camina inclinada, como si el techo fuera bajo. Una adolescente vagabundea, vestida solo con una camisa a rayas, sus piernas sobresalen de la tela como ramitas. Una mujer en el suelo agarra la mano de una guardia que pasa y presiona sus labios contra ella; ella no la suelta hasta que le empuja la frente y cae hacia atrás en el lodo. Alguien revuelve una olla sobre el fuego. Una mujer se inclina hacia adelante, la parte superior del cuerpo desnuda, mientras que otra mujer vacía un cubo de agua helada en su cabello. Se dispara una nube de vapor como una llamarada.

Se arrastran dentro de sus mantas. Ya no sienten hambre, el vacío en su estómago es un bloque de concreto que se ha vuelto familiar, ha estado allí por meses. Pero el frío que les cala los huesos, el frío que ha convertido su piel en papel de lija rosado, el frío que traba sus mandíbulas; es imposible acostumbrarse al frío.

Una figura sin forma se acerca a través de la lluvia. Dos cabezas afeitadas se estiran como pájaros congelados. Se miran unas a otras. Un resplandor cálido, las mandíbulas se aflojan. Un grito de alegría se dispara en el viento. Se quitan las mantas y las cuatro se abrazan, llorando. Son Anne y Margot.

Bergen-Belsen nunca se creó como un campo de exterminio; se estableció en el brezal alemán para prisioneros de guerra, incluido un gran número de soldados rusos. Durante la guerra, el campo se expandió once kilómetros cuadrados, con varias subsecciones. Debido a las malas condiciones y a un gran número de enfermedades infecciosas, la mayoría de los soldados pronto murieron. Enfermedades como la disentería y el tifus se transmitieron de vecino a vecino y se propagaron aún más por los piojos y los ácaros. Tan pronto como alguien contraía una de estas enfermedades, la vida literalmente se escapaba por sus orificios. Casi todos los uniformes enemigos fueron vaciados sin necesidad de un solo disparo.

Solo un año antes de la llegada de las hermanas, en 1943, las SS tomaron la administración del campo y Bergen-Belsen también se convirtió en un campo de intercambio para judíos. La idea era cambiar a estas personas por prisioneros de guerra alemanes en otros países. Los judíos elegidos están en la llamada Lista de Palestina y colocados en el *Sternlager*, el Campo Estrella. Los cautivos deben llevar una estrella amarilla en la ropa. Los intercambios nunca ocurren, pero la mayoría de los prisioneros no son forzados a trabajar o usar ropa de prisión y, lo más importante, no hay cámaras de gas. Y así, el rumor de que este es uno de los mejores lugares en los cuales terminar se extiende por toda Europa.

Este mito es desmentido en unos pocos meses. En la primavera de 1944, los alemanes deciden recoger a miles de mujeres polacas y húngaras de los guetos, y transferir también a todas las judías de otros campos de concentración que están enfermas, pero no terminales, a Bergen-Belsen para su «recuperación». Para facilitar esto, se agrega alojamiento extra, un *Zeltlager*, un campo de tiendas, construido con grandes carpas de circo para albergar a unos miles de mujeres. A veces siete mil personas se quedan allí. No hay atención médica, no hay servicios sanitarios, no hay suministro adicional de agua o alimentos ni ninguna forma de organización para recibirlas, y mucho menos para ayudarlas a recuperarse.

A finales del verano de 1944, cuando las tiendas apenas empiezan a aparecer en los brezales de Lüneburg, ocurre un desastre logístico. Los trenes hacinados descargan su carga en la estación de Celle, a dieciséis kilómetros de distancia, y ejércitos de prisioneros demacrados llegan a las puertas del campo cada día. Hombres, mujeres, niños; la afluencia es inmensa. Las SS rápidamente ordenan a los prisioneros que construyan más barracas, se pasa lista en el Campo Estrella para las nuevas cargas de pacientes que esperan de Birkenau; unas tres mil mujeres. Se suponía que el transporte de las hermanas debía estar alojado en esos barracones también, pero no se terminaron a tiempo.

Mientras tanto, las carpas se llenan hasta el tope con personas moribundas, a veces casi mil por carpa, y para cuando Janny, Lien, Anne y Margot llegan, a principios de noviembre de 1944, el número de prisioneros en Bergen-Belsen se ha duplicado. Pero la avalancha está por venir.

El Ejército Rojo avanza más y más, los campos de concentración nazis serán evacuados en los próximos meses. Las hermanas Brilleslijper y Frank están al frente de la evacuación en masa; tuvieron suerte de estar en vagones de ganado. Después de Año Nuevo, los alemanes persiguen a cientos de miles de hombres, mujeres y niños, apenas capaces de ponerse de pie, por delante de los frentes, en interminables marchas de la muerte. Mueren como moscas en el camino: agotados, congelados o cuando los guardias les disparan. Muy pocos afortunados llegan a Bergen-Belsen.

En el invierno de 1944 a 1945, Bergen-Belsen desciende en caída libre hacia la enfermedad y el caos. No hay cómo pararlo. Dentro de unos pocos meses, decenas de miles de prisioneros mueren y sus cuerpos son apilados alrededor del campo como madera muerta en la parte trasera de un jardín.

32

LA TORMENTA

Las carpas están abarrotadas. Todas las literas para dormir, los tres niveles, están ocupadas, así que las cuatro pasan sus primeros días acurrucadas en un poco de paja en el piso. Janny y Lien toman bajo su ala a las hermanas Frank, diez años más jóvenes; se aseguran de que las chicas se laven todos los días bajo el pequeño grifo, incluso cuando el viento helado aúlla y son muy reacias a quitarse las mantas y los vestidos delgados en el frío. Mantenerse limpias, comer, permanecer juntas.

Cuando las chicas las encontraron en la colina de arena, su alegría fue inmensa. Habían recorrido un largo camino desde los Países Bajos a Polonia, a Alemania, y habían perdido a mucha gente desde Westerbork. Se preguntaron en qué vagón habían viajado y a quién habían visto en el transporte.

¿Y dónde estaba su madre, Edith?

—Seleccionada —fue todo lo que dijo Anne.

Están exhaustas y duermen mucho, a pesar de que los piojos casi se llevan sus mantas. En este campo, también, las criaturas están en todos lados; en la ropa, las cabezas, las entrepiernas. A veces Janny mira hipnotizada el cráneo afeitado de una compañera de prisión; parece que su piel se mueve. Justo cuando piensa que realmente es así, ve la capa viva de piojos arrastrándose por la cabeza de su anfitriona, como un casco. Durante el día las ponen a trabajar en un polvoriento cuartel, donde tienen que quitar las suelas de viejos zapatos de cuero a mano. Les dan un poco de sopa acuosa y un trozo de pan a cambio. Es un trabajo duro y sus uñas y dedos pronto se convierten en tocones de sangre. Las personas a su alrededor mueren de envenenamiento en la sangre. Anne y Lien abandonan la faena. Margot y Janny duran un poco más.

Comienza a llover de nuevo. Suave al principio, un inocente golpeteo en la tienda, pero la llovizna pronto se convierte en torrentes salvajes de agua que cae sobre el lienzo de las carpas. El viento aúlla a través de los terrenos y las carpas se agitan como un látigo. El suelo se moja, la paja se empapa y sus mantas gotean. La noche del 7 de noviembre, la tormenta golpea en verdad el campo.

Hacia el anochecer, cuando todas deben encontrar un lugar para dormir, Anne y Margot están afuera, bajo la lluvia, discutiendo. Las tiendas están llenas de mujeres enfermas y confundidas. Entrar y salir es casi imposible, es como si todos los visitantes de un estadio usaran el mismo acceso. Una vez dentro, no es fácil salir antes de la mañana siguiente: está oscuro dentro de la tienda y cientos de mujeres están juntas. Ir a hacer pipí no es una opción, pero las letrinas (fosas abiertas llenas de diarrea) están demasiado sucias de todos modos como para visitarlas en la oscuridad. Al igual que los visitantes de un estadio, utilizan una gama de tácticas, algunas siempre están al frente porque quieren mejores lugares; otras simplemente se dejan llevar por el destino. Janny y Lien siempre han usado la misma estrategia: miran a la gente empujando y peleando desde la distancia, y cuando la mayoría se ha asentado, entran a la tienda y encuentran un lugar en silencio. Pero esta noche las hermanas Frank no las esperarán. El clima es terrible; quieren entrar a la tienda lo antes posible.

Janny y Lien se quedan afuera en el frío, viendo a una figura encorvada tras otra desaparecer detrás de las telas de la tienda; las colas parecen interminables. Cuando la cola se ha ido, se deslizan dentro.

La carpa está más llena que nunca, cada día llegan masas de personas y deben subir a la cima para encontrar un lugar.

Está oscuro y la tos, gemidos y discusiones habituales quedan apagados por la tormenta. Todo el campo parece temblar hasta sus cimientos. Ráfagas de viento giran alrededor de la carpa, tirando y empujando las paredes; el granizo golpea en el tejado. El agua empapa la tela, sus caras, el piso. En algunos lugares el lienzo ya está hundido, casi pueden tocarlo con los dedos. Janny y Lien se acurrucan juntas. Cuando comienzan los rayos, todos se callan. Los destellos se disparan a través de la carpa e iluminan sus rostros distorsionados por el temor. El trueno sube con violencia y explota por encima de sus cabezas con un fuerte estallido; esperan que la tierra se divida y su tienda se desvanezca en las profundidades. Las mujeres yacen en sus camas, petrificadas. Luego un grito, un ruido infernal, el sonido de tela rasgada y madera rota, camas cayendo, un golpe en la cabeza; es como hundirse bajo el agua. No pueden respirar, todo es negro, las voces suenan lejanas y apagadas. Los postes han cedido, el lienzo está roto y toda la carpa, con cientos de mujeres adentro, se ha derrumbado.

Un pozo negro, brazos agitados, una patada contra una mandíbula, hacia arriba, hacia arriba, fuera del lienzo, oxígeno. La lluvia le golpea el cráneo, un respiro profundo de aire, y Janny está fuera. ¿Dónde está Lien? Aquí estoy, ¡aquí! Salir rápido, gatear sobre las cabezas y los cuerpos, hay gritos y gemidos debajo de la tela de la tienda, no pueden ver nada.

Se las arreglan para llegar al campo abierto; todo tiembla, sus dientes castañetean. Mujeres heridas en todas partes; otras tiendas se han derrumbado. Un vacío en el paisaje donde antes solían erigirse las negras siluetas. Cuerpos sin vida en el lodo. La tela en el suelo se mueve como un dragón chino mientras cientos de mujeres intentan salir a rastras. Janny y Lien tuvieron suerte; sus camas estaban en la parte superior, no fueron sepultadas por otras y pudieron salir de la tienda a través de una rasgadura en la tela.

Por fin, las SS vienen corriendo. Sus gritos se evaporan en la tormenta; todo lo que pueden ver son bocas abiertas. Aquellas que lograron salvarse son arreadas a la carpa de la cocina. Permanecen allí durante horas, apretadas, temblando, hasta que los primeros rayos de sol acuosos revelan el daño.

Los terrenos están cubiertos de escombros, madera, ropa, personas. Las mujeres heridas deambulan, gimiendo y desorientadas. No alcanzaron a ver el refugio en la tienda de la cocina por la noche. Todo el *Zeltlager* se borra del mapa. No hay agua ni comida extra, ni asistencia médica. De la carpa de la cocina son transferidas a las barracas de los zapatos, donde encuentran a Anne y Margot. Las muchachas tiemblan de frío, pero están ilesas. Se abrazan, miran fijamente en el desorden a su alrededor: mesas llenas de zapatos desmantelados, montones de trapos, una gruesa capa de tierra cubre el suelo.

Han dejado de creer que el cambio a Bergen-Belsen es su salvación.

Las sobrevivientes de la noche de tormenta son puestas en un pequeño campo para mujeres. Los guardias construyen un amplio seto de alambre de púas y fardos de paja, así que están aisladas del Campo Estrella de al lado. Acercarse demasiado a la cerca y hablar con alguien del otro lado es motivo de castigo, al igual que tirar productos o alimentos. Un castigo severo espera a quienes son atrapadas, desde estar sentadas en el frío helado por un día o sostener una piedra sobre la cabeza, hasta que les disparen. Aun así, la gente se acerca a los prisioneros del Campo Estrella, que están un poco mejor. Vale la pena arriesgarse por ropa caliente, una lata de comida; para algunas vale la pena arriesgar la vida.

Hay muy pocas barracas en el nuevo campo de mujeres. A algunas las acomodan en otras partes del campo, pero nuevos transportes siguen llegando y simplemente no hay suficiente espacio para todo el mundo. Por las noches solo tienen que esperar y ver si pueden encontrar un lugar para dormir, las personas que no pueden encontrar una cama a tiempo reciben un disparo. Hay tal caos que Janny y Lien no logran encontrar a las hermanas Frank por días.

Cada día se pone peor. En Birkenau, los más débiles fueron apartados a medida que se deterioraban y los más fuertes, incluidas las hermanas, permanecieron. Aquí, deben ser testigos del deterioro, cada pequeño paso en el proceso, hasta que una mujer respira por última vez mientras yace justo a su lado. El pequeño crematorio ruge, escupe penachos de humo negro, pero no es suficiente. Cada noche cientos de vidas se extinguen en el inmenso campo y cada mañana los cuerpos se apilan fuera de los barracones. Grupos grandes de nuevos prisioneros llegan a la puerta todos los días, pero a pesar de todos los recién llegados, la población del campo no crece rápidamente.

Las raciones se hacen más pequeñas, el agua limpia es escasa y las fosas llenas de mierda, compartidas por decenas de miles de prisioneros cada día, son foco de infección; fiebre tifoidea, tuberculosis, disentería. La persona con la que hablaste por la noche puede estar al día siguiente afuera de la barraca en la pila. No hay manera de acostumbrarse.

Una cosa se aclara rápidamente: no tienes ninguna posibilidad por tu propia cuenta. Janny y Lien buscan rostros familiares para formar un grupo y encuentran a Anne y Margot y a otras mujeres. A partir de ese momento, se aseguran de permanecer juntas.

Hay tres pares de hermanas holandesas en las barracas: Janny y Lien Brilleslijper, Anne y Margot Frank y Annelore y Ellen Daniel. Dos mujeres más, que estaban en un transporte más reciente, se unirán a ellas: Sonja Lopes Cardozo y la señora Auguste van Pels.

Sonja solo tiene diecinueve años y ha tenido el mismo viaje que las hermanas Brilleslijper y Frank; fue atrapada en su escondite, enviada a Westerbork y luego a Auschwitz, donde dejó a sus padres y a su hermano mayor, Matthieu, detrás. No tiene idea si todavía están vivos. Sus padres son Greetje van Amstel y Lodewijk Lopes Cardozo, con quienes vivió en Kerkstraat, en Ámsterdam, conocidos de Janny y Lien antes de la guerra. Sonja es una chica alegre e inteligente, que a todas les cae bien. Nunca se queja y siempre trata de levantarles el ánimo; talla títeres de pan para darles a las demás, nunca deja de hacerlas sonreír.

Auguste van Pels estaba escondida en el anexo con las chicas Frank y, ya en sus cuarenta años, es la más grande del grupo. Algunas piensan que ella es la madre de Anne y Margot, pues son muy unidas. En su barraca también está Rachel van Amerongen-Frankfoorder, una mujer judía con antecedentes socialistas que trabajó para la resistencia. Ella estaba en el campo de Westerbork con las familias Brilleslijper y Frank; también terminó en Auschwitz.

Las mujeres se vigilan, se animan, encuentran comida para compartir. Siempre hay alguien buscando algo para comer; cuando no estás al frente de la cola, tu oportunidad para ese día se ha ido.

Anne y Margot comparten la cama debajo de Janny y Lien, y juntas intentan llenar las horas vacías contándose historias, cuentos infantiles, leyendas, chistes, recuerdos de Ámsterdam y, por supuesto, elaboran discursos sobre comida. Algunas de las mujeres de las barracas odian cuando las otras hablan de comida; las hace sentir náuseas y salen corriendo, maldiciendo. Pero no las cuatro hermanas. Ellas atienden una cocina fantasma como grandes chefs, elaboran menús y describen con gran detalle qué platillos comerán cuando lleguen a casa.

Un día sueñan con el elegante Café Américain, en Ámsterdam; las cuatro ordenan generosamente del menú del restaurante. Mientras las demás se imaginan entrando a la hermosa cafetería con sus techos abovedados y, con los ojos cerrados, tragan saliva, Anne de repente estalla en lágrimas. Sabe que la posibilidad de que alguna vez regresen a Ámsterdam es cada día menor, e incluso los castillos en el aire más bellos no pueden ayudarlas más a escapar de esta realidad.

Hacia finales de 1944 su barraca se llena de mujeres y niñas deportadas de Hungría, Checoslovaquia y Rusia; son judías, gitanas y presas políticas. La barrera del lenguaje hace que sea difícil comunicarse con ellas. Una mañana, cuando Janny pasa lista, una chica húngara se dirige a ella en un mal alemán. Está visiblemente trastornada, pero Janny no entiende lo que quiere. Poco después, la niña regresa con una amiga y una maleta llena de cosas. Janny entiende que están a punto de desinfectar sus barracas; las chicas tendrán que entregar todo lo que trajeron con ellas. ¿Puede Janny cuidar sus pertenencias? Sin pensar, toma la maleta y la esconde con Lien en la cama más alta. Las chicas húngaras, muy aliviadas, regresan esa noche para recoger su maleta. Quieren pagarle a Janny el favor. El comercio en el campo es muy activo; los medios de intercambio son un pedazo de pan o una cebolla, ropa cálida o calzoncillos hechos de un trozo de manta. Pero Janny se niega; no ha hecho nada especial y se alegra de haber sido capaz de ayudar.

La maleta oculta marca el comienzo de una alianza con un grupo de presas políticas húngaras, que las ayudarán a Lien y a ella siempre que puedan. Algunas de las mujeres trabajan en la cocina y les pasan algo extra de vez en cuando. Una cebolla, una papa, chucrut para Lien, que sufre de diarrea, y una vez hasta una taza de leche. La comida es agria y grumosa, pero estas son las líneas de vida que las salvan de las pilas de muertos. Quizá más importante que la comida es la información que tienen las mujeres húngaras. Con ademanes y en su mal alemán, Janny las escucha y por la noche informa a sus amigas holandesas de la barraca. Las fuerzas aliadas están llegando, Hitler está acorralado, si aguantan un poco, tan solo un poco más, saldrán de aquí vivas. Si es verdad o ficción, nadie lo sabe, pero no tienen otra razón por la cual vivir.

El 1 de diciembre de 1944 Josef Kramer se convierte en el nuevo comandante del campo de Bergen-Belsen. Las hermanas lo recuerdan de Birkenau. Su figura corpulenta, cara de rana y labios fruncidos, una bestia al lado de Mengele, el delicado ángel de la muerte. Mengele seleccionaba con guantes de terciopelo, mientras Kramer estaba a cargo del viaje a las cámaras de gas. Este excontador de Múnich, poco inspirado por la contaduría, encontró su vocación tan pronto se unió a las SS y, durante los últimos diez años, había hecho una gloriosa carrera en los campos de concentración. Inició como guardia, subió la escalera hasta ser comandante del campo. Cuando Kramer llega a Bergen-Belsen, ni un solo prisionero en el sitio podría haber levantado un dedo contra los nazis, pero instaura un reino de terror de todos modos. Desde torturar y lanzar a las personas a los perros hasta ejecutar en masa a grupos enteros de personas paradas al borde de las fosas comunes, Josef Kramer pasará a la historia como La Bestia de Bergen-Belsen.

Desde enero de 1945, más de dos mil personas a la semana mueren en el campo. Cada mañana se apilan unos trescientos cuerpos nuevos al lado de los barracones y es imposible quemarlos. Aparecen fosas afuera del campo, tan grandes como piscinas públicas, en las cuales las víctimas del moribundo régimen nazi desaparecerán; sus tumbas anónimas, pero sus restos para siempre ligados al brezal de Lüneburg.

33

LA FIESTA

JANNY VE QUE SU HERMANA Y LAS HERMANAS FRANK se deterioran; sus cabezas rapadas y prominentes pómulos las hacen verse como calaveras. Las húngaras dicen que los aliados progresan rápidamente; deben mantenerse vivas hasta que las tropas lleguen a las puertas del campo. Janny idea un plan para celebrar Navidad, Nochevieja y Hanukkah, todo en uno, en la última noche de diciembre. Todas están emocionadas, tan solo los preparativos les levantan el ánimo. A partir de ese momento guardan una miga de pan cada día y sus amigas en la cocina le dan a Janny dos puñados de cáscaras de papa. Anne consigue un diente de ajo, las hermanas Daniel milagrosamente «encuentran» un nabo y una zanahoria, y Lien canta canciones para los guardias, para ganar algunas rebanadas de pan y una cucharada de chucrut. En la mañana del gran día todas guardan algo del mejunje marrón que reciben por las mañanas en sus tazas de lata, para tener también algo de beber.

Por la noche se reúnen con su grupo holandés en la parte superior de las literas, bajo el techo de piedra de los barracones; la comida recolectada está frente a las convidadas. Todas están allí: Janny, Lien, las hermanas Frank, las hermanas Daniel, Auguste, Sonja. Hablan con entusiasmo, comen y cuentan historias deliciosas sobre las cosas que harán cuando lleguen a casa. Anne fantasea con la idea; lo primero que quiere hacer es comer en el elegante restaurante en la esquina de Leidsestraat y Prinsengracht: Dikker & Thijs. Más mujeres de sus barracas se reúnen a su alrededor, curiosas por ver qué ruido está alterando el habitual estado de ánimo abatido. El frío, el dolor en los huesos y la ausencia de sus seres queridos se olvidan brevemente mientras celebran su cena festiva, sentadas con las piernas cruzadas sobre las camas de madera. Entonces alguien comienza a cantar una vieja canción infantil:

> El pequeño carro conducía por el viejo camino arenoso.
> Clara era la luna, ancha la carretera.
> El caballito caminaba con deleite.
> Se abrió camino, solo, a través de la arena.
> Mientras el conductor dormía tan profundo.
> Te deseo un buen viaje a casa, amigo mío, mi amigo,
> Te deseo un buen viaje a casa, amigo mío.

Todas cantan, balanceándose al ritmo de la música en sus camas. «Constanza tenía un caballito», seguido de «Click, Clank Reloj» y «El pequeño sol nos está dejando». Aplauden como un grupo de niñas de guardería en clases de canto, pronuncian las palabras holandesas como si nunca hubieran escuchado algo más hermoso. Algunas de las mujeres en las barracas están molestas por toda la alegría y sisean para que se callen: en francés, en ruso, en palabras que no entienden, pero comprenden el significado. No importa; la energía que había dejado sus cuerpos hace mucho tiempo fluye de nuevo a través de sus extremidades y las anima.

De pronto, las mujeres checas reaccionan con mayor energía que las otras. Se inclinan hacia adelante desde sus camas, sus dedos presionados contra sus labios. ¡Sh! ¡Sh!

Janny y las demás se sorprenden y dejan de cantar. Son amigas de este grupo y no entienden qué está mal. Cuatro checas comienzan a cantar y el resto de la barraca se calla. Es hermoso. Cantan en armonía a cuatro voces, la melodía perfecta, el holandés no tanto:

Constant had een hobbelpaard.
Zonder kop of zonder staart.
Zo reed hij de kamer rond.
Zomaar in zijn blote…
Constant had een hobbelpaard.

Constanza tenía un caballo para mecerse.
No tenía cabeza ni cola.
Estaba cabalgando por la habitación.
Solo en su desnudo…
Constanza tenía un caballo para mecerse.

Y así cantan. La tensión en la habitación se rompe y el grupo holandés bajo el techo rompe en llanto, aliviadas de que ya no tienen que aguantar la tensión.

Son los albores de 1945, la muerte empuña su guadaña y lo único que Janny puede hacer es ayudar en lo poco que le sea posible. Lien y ella intentan salvar a cualquiera que pueda ser salvada. Casi todas en su pequeño campo de mujeres están demasiado enfermas o débiles como para trabajar. Ana, Margot, Sonja y Auguste se quedan en las barracas, semilleros de bacterias. Lien también cae enferma. Por la noche, el agua helada se filtra por los techos hacia sus camas y por la mañana envuelven a las muertas en sus propias mantas mojadas y las tiran en la pila de afuera.

Janny se ha ofrecido como voluntaria para trabajar como enfermera de nuevo; cuando las SS entraron a las barracas a reclutar candidatas, sin preguntarle, levantó el brazo de Lien también. Ahora son enfermera y auxiliar de enfermería. Llevan una banda blanca alrededor del brazo, tienen acceso a la farmacia del campo y pueden moverse por el sitio con mayor libertad. Janny está siempre ocupada, da órdenes, delega. Su cuerpo se encoge y su cabeza se siente más pesada cada día, pero se aferra a la promesa que le hizo a su madre y los niños: Lien y ella saldrán de aquí. Necesitan agua para que las enfermas beban y también para lavar los cuerpos y la ropa. La bomba de agua no es un lugar seguro, hay demasiado caos, demasiada gente, y en el camino de regreso a las barracas otras pueden intentar quitarles el agua. Janny reúne una escolta de mujeres para que la acompañen y pueda obtener agua con seguridad. Suben y bajan con tazas y cubetas, intentan mantener a la gente limpia, tratan de lavar la ropa más sucia y secarla en el aire helado. Hay una epidemia de tifus, pero no tienen nada con qué combatirla. Para dar a sus pacientes al menos un sentido de humanidad, Janny roba puñados de cosas malolientes de la farmacia para deshacerse de los piojos y las pulgas.

Una mañana, Lien le pide a su hermana que venga a un pequeño bloque en la misma parte del campo que acaba de ser llenado con recién llegadas. Para sorpresa de Janny, las mujeres abarrotadas ahí son todas holandesas. Hay algunas personas mayores y una pareja de niños muy pequeños. Conoce a algunos de ellos, como Marianne «Sis» Asscher y sus tres pequeños. Los niños están en muy mal estado y algunas de las mujeres ya no pueden tenerse en pie. No hay gemidos, ni llanto, solo observan con ojos grandes que apenas si pueden registrar alguna cosa.

Resulta que este no es un nuevo transporte; las mujeres dicen que antes estaban en una parte diferente del campo, con sus esposos. Todos ellos son parientes de comerciantes de diamantes que habían estado en Bergen-Belsen por algún tiempo y habían aplazado su destino pagando. Cuando no les quedaron ya diamantes ni oro para sobornar al comandante del campo y sus oficiales, los maridos fueron puestos en un transporte. Hasta ahora habían sobrevivido porque estaban juntos, pero cuando las familias se separaron, todo el grupo se derrumbó como un castillo de naipes. Su voluntad de vivir se ha ido; se ha ido con sus hombres en los trenes.

Las hermanas se ponen a trabajar de inmediato. Envían a las mujeres a buscar agua, ayudan a los ancianos a acostarse, los niños se lavan al aire libre en el frío helado, luego se secan firmemente con trapos. Intentan encontrarles algo de comida. Sis Asscher es apática; sus dos hijos, el pequeño Bram y Jopie, se mantienen cerca de ella y su hija Truusje, nacida en Westerbork hacia finales de 1943, que yace en una sucia carriola como una muñeca, con las extremidades extendidas. Janny ve de reojo a Lien y sabe que piensan lo mismo: Liselotte, Kathinka. Se sacuden esos pensamientos y continúan, no hay tiempo que perder.

Las nuevas mujeres y los niños están tan mal que Janny y Lien son nombradas cuidadoras de tiempo completo de las barracas pequeñas y se mudan con ellos. Le piden a Anne y a Margot que vengan, pero Margot tiene diarrea y no se le permite salir de su bloque debido al riesgo de infección por fiebre tifoidea. Anne intenta cuidar a su hermana mayor lo mejor que puede, Janny y Lien se mantienen al pendiente de las chicas. Las hermanas Brilleslijper son ahora responsables de los enfermos y los muertos en sus nuevos y pequeños «barracones de diamantes», y deben conseguir agua y comida para todos y mantener las barracas limpias; durante horas seguidas recogen piojos de las mantas y ropa, con la esperanza de proporcionar algo de alivio.

El grupo de mujeres «diamantes» incluye también a la señora Henriëtte Van Amerongen. Janny y Lien le dicen que hay una Van Amerongen en sus barracas anteriores también: Rachel. Resulta ser su nuera. Rápidamente encuentran a Rachel y aunque la reunión le hace mucho bien a la señora Van Amerongen, no es suficiente; está demasiado enferma para recuperarse y fallece poco después. Janny y Lien le cierran los ojos y la llevan a la pila. Toman el abrigo de piel y el anillo de bodas, antes de que lo haga un extraño, y se lo entregan a Rachel más tarde.

Cada día en el pase de lista, Janny tiene que decirles a los guardias de las SS qué personas ya no pueden caminar ni pararse. En una de esas ocasiones, una guardia se inclina sobre la carriola de Truusje Asscher y salta hacia atrás: el vientre de la bebé está hinchado como un globo, sus brazos y piernas sobresalen como ramitas. La sobresaltada guardia escribe un cupón para un galón diario de avena con leche. Truusje deja de respirar esa misma tarde, pero Janny usa el cupón para alimentar a muchos otros niños.

En otro cuartel, los alemanes han apartado a los niños holandeses que no son completamente judíos. Janny y Lien intentan animar a las hermanas Frank y les piden que las ayuden a cuidar a estos niños. Que les lean, jueguen con ellos, les corten las uñas, el cabello, cualquier cosa para hacer más llevadero el día a los pequeños. Anne y Margot vienen algunas veces, cantan canciones holandesas para niños y cuentan algunos cuentos de hadas, pero pronto se sienten demasiado enfermas como para dejar sus barracas. Margot ya no puede ponerse de pie y Anne no se aparta del lado de su hermana.

En un intento final por infundirles un poco de vida a las chicas, Janny y Lien llevan a Jopie y Bram, los hijos restantes de Sis Asscher, a Anne y Margot, pero las hermanas no juegan con ellos. Se han retirado a un mundo de sombras y están demasiado débiles para responder a los pequeños.

Lien y Janny recogen comida para llevarles a las chicas cuando pueden, pero un día encuentran sus camas vacías; transfirieron a Anne y Margot a la enfermería. Estas son malas noticias; ellas no van a recibir ningún tratamiento allí, estarán expuestas a más bacterias.

Todos en la enfermería tienen una enfermedad terminal como disentería o fiebre tifoidea.

Lien y Janny van a ver a las chicas, intentan convencerlas de que vayan con ellas, pero es en vano. La enfermería tiene calefacción, por lo que están cálidas y se les permite compartir la misma cama. Anne dice que quiere quedarse con Margot. Margot ya no habla.

34

LA CIUDAD DE LOS MUERTOS

JANNY SE ENCUENTRA AL BORDE DE UN ENORME FOSO mirando hacia las estrellas sobre los brezales de Lüneburg. La luna creciente brilla sobre los cadáveres. Se para allí, con los hombros colgando, apretando la manta entre sus dedos —acaba de soltar el cuerpo desnudo de una mujer, debe recuperar la manta—, su cabeza rapada se levanta hacia el cielo. El olor a descomposición entra en su nariz incluso cuando aprieta los labios y aguanta la respiración. Bandadas de pájaros rondan sobre los cuerpos y se lanzan en picada al foso. Janny se queda quieta, mira al cielo y espera una señal de las estrellas.

Las marchas de la muerte todavía traen a grandes multitudes de personas, más de las que el campo puede contener. En un cuartel diseñado para ochenta soldados, están abarrotadas más de 1 400 mujeres. Las recién llegadas deben luchar con las otras prisioneras por un lugar en el suelo sucio. Muchas solo se dan por vencidas, dejan que sus cuerpos tengan el descanso que tanto anhelan y se postran en el suelo.

Los piojos del cuerpo siempre fueron un problema, pero debido a la falta de control y abundancia de nuevas prisioneras, las barreras se rompen y una plaga inmensa se adueña del campo. Cientos de miles de pequeñas criaturas rondan los barracones para chupar sangre humana y esparcir una red de fiebre tifoidea alrededor de cada tienda. No hay escapatoria de la enfermedad. Comienza con dolor de cabeza, náuseas, dolor en todos los músculos y fiebre ardiente. Después de una semana, una erupción roja brillante cubre el cuerpo y la mayoría de los pacientes se hunden en el delirio. Terminan en una bruma entre la vida y la muerte, y para el invierno de 1945, ya casi nadie atraviesa esta neblina para llegar a la luz.

Lien también está enferma y en cama. Margot ha estado enferma por un buen tiempo y se deteriora de prisa. Janny camina entre los barracones, intenta hacer lo que puede, y entre turnos vigila a las hermanas Frank. Margot tiene fiebre alta y solo puede susurrar. Anne no se aleja de ella, pero también tiene fiebre, sus mejillas resplandecen y sus ojos son grandes. Trata de cuidar a Margot, pero Janny sabe que ya tiene un pie en el otro mundo. Es tan poco lo que puede hacer para ayudarlas.

Janny siente que también está enferma: las mejillas brillantes, la vista borrosa. Es una carrera contrarreloj, debe continuar. Se apresura de una barraca a la siguiente, trata de mantener a Lien limpia, corta dedos congelados, trae agua para la interminable fila de enfermas, mastica pan duro, pero la vida se escapa como arena entre los dedos. Una mujer en su barraca muere con su bebé en brazos. Es como trabajar en una línea de montaje: cierra los ojos que ya no ven, toma todo lo que otras prisioneras pueden usar y lleva los cuerpos a las fosas. Una tarea similar a la de Sísifo. Los cadáveres se esparcen por el campo como matorrales, miembros que apuntan al cielo. Hay silencio en las barracas y en los terrenos, aunque la población del campo se ha incrementado al tamaño de una pequeña ciudad.

De pronto, Anne aparece ante Janny. No lleva nada más que una manta envuelta alrededor de sus huesudos hombros. Está helando, la nieve apenas comienza a derretirse entre los árboles. Janny la acerca.

—¿Qué estás haciendo aquí? ¿Dónde está tu ropa?

—Margot está muy enferma —la niña apenas si puede hablar—. Y los piojos… —mueve la cabeza y se rasca con los dedos, delgados como las patas de una araña.

—Todos están enfermos, Anne. Ven aquí —dice Janny mientras comienza a recoger la ropa y la pone en las manos de Anne.

Ya casi no hay comida; a veces el personal del campo se niega a darles comida durante días, pero le da a Anne un poco del último pan que había guardado para Lien.

—Toma esto y quédate en tu barraca. Iré a verte tan pronto como pueda. Ahora ve.

Poco después, Margot se cae de la cama y se golpea la cabeza en el piso de concreto; ya no despierta. Anne asume que su padre y su madre están muertos, y con su hermana desaparecida, no tiene más razones para luchar; se deja ir también.

Unos días después, cuando Janny y Lien van a ver a las chicas, su cama está vacía. Buscan entre las pilas de cadáveres afuera y encuentran sus cuerpos sin vida. Con la ayuda de otras dos mujeres, envuelven a las hermanas en mantas y las llevan una a una a las fosas, donde las bajan a la profundidad.

Todo está borroso, como si le hubieran arrancado la retina de los ojos. Los colores han desaparecido y todo lo que ve son siluetas vagando por el campo en tonos de gris. La cabeza de Janny golpea constantemente y se siente demasiado pesada para su cuello. Días y noches se funden en uno, semanas y vidas pasan.

Lien está un poco menos enferma, pero Janny apenas puede tenerse en pie. El campo es una feria de gente loca, enferma y moribunda. De vez en cuando suena la sirena de ataque aéreo, aúlla a través de los árboles del campo, pero no pasa nada, por lo que los prisioneros han dejado de mirar hacia arriba para ver si los Aliados han llegado para salvarlos. Cuerpos muertos en todas partes, nadie tiene la energía para apartarlos. Están tirados en las canaletas, en los caminos, en los barracones; cientos o miles, no hay nadie que lleve la cuenta.

La mayoría de las personas se acuestan apáticamente en sus camas, se recargan contra las paredes o simplemente se sientan afuera en el suelo frío. Casi no hay comida, a veces un poco de nabo en agua: caliente, frío, a menudo podrido. Las húngaras le cuentan a Janny las historias más locas. Que los británicos ya están aquí, pero tienen demasiado miedo de entrar al campo por todas las enfermedades. Que los alemanes han puesto explosivos bajo el campo para explotar a todos con ellos. No pasa nada.

Hace menos frío afuera, o tal vez es la fiebre que calienta sus huesos. Janny roba aspirinas de la farmacia y se las toma todas; debe permanecer de pie para conseguir agua para Lien y para sí misma. Lien es su única oportunidad de sobrevivir; sin su hermana, ella no quiere volver a casa.

Otra sirena de ataque aéreo, aviones disparando desde todos los lados, no saben si proviene de los alemanes o los aliados. Los guardias huyen y de pronto todo está en silencio en el campo. Una pareja de prisioneros echa un vistazo en el cuartel de las SS y pronto reaparecen en la puerta: ¡se han ido! La gente comienza a gritar, correr, arrancan los retratos de Hitler de las paredes. Janny apenas puede moverse, mira todo desde la distancia. Descubren dos montañas imponentes de nabo, las prisioneras hambrientas se abalanzan sobre ellos y todas las verduras se esfuman en minutos. La noción de que realmente están a punto de ser liberadas desata una furia brutal en algunas. Se encienden fuegos por todas partes, llamas rojas que se disparan en un paisaje gris. Las prisioneras se ponen chaquetas de las SS para calentarse y son atacadas de inmediato por otras.

De pronto, más disparos, alguien grita: los *Krauts* han vuelto. El silbato para pasar lista, seguido de los gritos habituales de guardias, instándolas a darse prisa. En un estado de ensueño, Janny se arrastra al lugar donde pasan lista. La cabeza le da vueltas; siente como si estuviera flotando.

El comandante del campo, Josef Kramer, está allí. Él y sus hombres de pronto usan bandas blancas alrededor de sus brazos y actúan de manera amable, muy extraño. Las prisioneras se acercan de todos lados, desconfiadas, y tratan de escuchar lo que tiene que decir. Kramer se sube a una plataforma, les hace señas, haciendo una mueca: *«Kommen la sie, Kommen sie, meine Damen»*. «Vengan aquí, vengan, mis damas». Se escuchan gritos: «¡Esto no es para pasar lista, los británicos están en las puertas, dejen de escucharlo!».

Janny se queda parada, la gente la pasa corriendo por todos lados. Kramer es golpeado y pateado por personas en uniforme, su banda blanca es arrancada y lo arrojan a un todoterreno. A medida que Janny ve lo que sucede, siente un cálido resplandor extenderse por su cuerpo, por su vientre. Hombres con trajes casi espaciales de goma se acercan a ella. Ella se desmaya.

Es el 15 de abril de 1945, los británicos liberan Bergen-Belsen. A lo largo del campo descubren 60 000 prisioneros demacrados y 13 000 cadáveres sin enterrar en varias etapas de descomposición. Se instalan hospitales de emergencia a la velocidad del rayo para comenzar una operación de rescate para los sobrevivientes; en las siguientes semanas otra cuarta parte de ellos morirá.

35

EL VIAJE FINAL

JANNY APOYA LA CABEZA CONTRA LA VENTANA y mira hacia afuera, intenta capturar todo lo que ve y trata de respirar. Entran en Ámsterdam desde el sur. La primavera adorna las calles con colores que casi había olvidado que existían. Violeta, fucsia, verde manzana y un cielo infinitamente azul. Mira hacia arriba, ve los rostros de papá, mamá y Japie aparecer en los cielos, los ladrillos rojos, entre las hojas de los árboles. No hay escapatoria. Esta es la temporada que aman. La ciudad despierta de la hibernación. Las ventanas se abren, las sábanas de algodón revolotean con la brisa, Waterlooplein está lleno de vida. El trabajo siempre fue más fácil para Joseph y Fietje cuando el sol aparecía de nuevo. ¿Estarán en otra parte de esta ciudad, mirando el mismo cielo? Un dolor punzante en la sien, su mirada se vuelve borrosa. Cierra los ojos y ahuyenta la imagen de sus padres y Japie. No pienses en ello. Ahora no.

Noorder Amstellaan, Apollolaan.

Las casas señoriales en Apollolaan, la amplia avenida alrededor, la esquina de la casa de las elegantes hermanas Jansen: ¿estarían vivas todavía? Una sucesión de robustas puertas de madera en ambos lados de los destellos verdes más allá de la ventanilla del automóvil. Bob y Eberhard en sus mejores galas, visitando a las hermanas Jansen para el contrato de arrendamiento del Nido Alto, su vida en los bosques, el trabajo de resistencia en Ámsterdam, la misión fallida en Roelof Hartplein, la traición. Recuerda haber estado parada en la bifurcación de Van Baerlestraat, J. M. Coenenstraat y Roelof Hartstraat. Su rápido andar; Robbie aferrándose a su mano. También fue un día hermoso. Parece como si hubiera sido hace cien años, un instante de una película que alguna vez vio. No era ella, no era su vida, hace menos de un año.

Janny se mira las manos, descansando sobre sus piernas flacas. Venas azules empujan contra la piel traslúcida, en el espacio que se forma entre sus muslos podría caber una pelota de futbol. El auto se acerca. El estómago se le tensa, se siente enferma pero no puede tragar.

El cruce de las avenidas Apollolaan-Stadionweg, el acero y vidrio del Banco de Seguridad Social, el edificio todavía está allí.

La Torre del Trabajo. Reflectores alemanes en la azotea. Janny atrapa la mirada de su hermana, la mira a los ojos y sabe que están pensando lo mismo. Lien se sienta muy erguida a su lado, usa un cálido abrigo de piel de conejo, lo cambió por su ración diaria de cigarrillos en el campo de refugiados en Soltau, cerca de Bergen-Belsen. Sus manos descansan inmóviles en su regazo. Ninguna de los dos puede hablar.

Gire a la derecha, en Beethovenstraat, cruce el canal, segunda a la izquierda.

Se balancean de un lado a otro, junto con el automóvil. Sus hombros se tocan brevemente y ambas retroceden. La ciudad se siente diferente —más vacía, más tranquila—, pero cuando cruzan los puentes parece que nada ha cambiado. El agua ha seguido fluyendo como si nada sucediera. Han oído sobre un crudo invierno que ocasionó una hambruna que cobró la vida de miles de personas. Frío severo, sin calefacción; el oeste del país se separó del resto. Pero el agua en Ámsterdam aún fluye.

Jacob Obrechtstraat. Casas estrechas con ventanas arqueadas dan paso a bloques anchos con marcos rectangulares.

Janny se mueve en el asiento trasero, mueve los pies y frota los dedos con fuerza sobre las palmas. Trata de tragar de nuevo, pero su boca está seca como el polvo. Puede ver la pequeña plaza a la distancia, casi puede distinguir el Concertgebouw.

—A la derecha —escucha a su hermana decirle al conductor, quien gira el volante—. Número 26 —señala.

Johannes Verhulststraat 26. Haakon y Mieke.

El auto se detiene. Casas estrechas, su entrada debajo de un arco, balcones sostenidos por adornos pesados. Janny no puede moverse, mira hacia las escaleras que conducen a la puerta principal, manchas negras bailan frente a sus ojos. La puerta del auto se cierra de golpe, Lien corre por la escalera, baja de nuevo con una nota en la mano, gira un cuarto, corre a toda velocidad por la acera y se detiene unas puertas más adelante. Janny no puede soportarlo más. Después de lo que parece una eternidad, Lien reaparece con una segunda carta en la mano, corre de regreso al auto y se deja caer a su lado. Pone el papel frente a la cara de Janny. Las letras se mueven por la página. Janny lo empuja.

—No puedo.

—Permítame —el hombre detrás del volante voltea y toma la carta.

—Había una nota para nosotros en la puerta —dice Lien—. En caso de que Lientje y Janny vengan aquí; tres puertas más abajo, con Jopie Bennet, hay una carta para ti de Eberhard.

Lien se queda sin aliento mientras habla. No se ha recuperado por completo, hasta ahora, ninguna de ellas lo ha hecho. Pesaban menos de veintiocho kilos cuando llegaron los británicos. El conductor lee:

—Bob vive en Amstel 101 con los dos niños, vivo en Oegstgeest con el señor Blomsma.

Lien toma la mano de Janny y la aprieta. Sus labios tiemblan.

—¿Ya ves, hermana?

Janny intenta devolverle la sonrisa, pero no puede. Su cuerpo se ha cerrado por completo

Amstel 101. ¿Por qué? ¿Dónde es eso? No puede pensar.

El conductor no conoce el camino; no es de aquí. Lo conocieron en Enschede, al otro lado de la frontera alemana, donde estuvieron alojadas, en un antiguo edificio de escuela. No las esperaban ahí y no fueron bienvenidas, otro miserable paso en el largo viaje a casa. Mucha gente en las carreteras. Tantos camiones yendo a todas y a ninguna parte. Solo treinta kilómetros por día. Detente, desparasítate, regístrate. Era como si los Países Bajos no las quisieran de vuelta.

Un día les pusieron la bandera tricolor holandesa en las manos y cuando sus vehículos cruzaron la frontera, todos comenzaron a entonar el himno nacional. Todos en el camión lloraban y finalmente, sí, finalmente, les dieron una cálida bienvenida. Niños animando al costado del camino, ondeando banderas. Pero no era para ellos; era para los soldados que cruzaban la frontera en camiones similares con paletas, chocolate y otros dulces. Los niños se apartaban en silencio con caras largas, solo se pararon en el camión con la bandera en las manos.

En Enschede las desparasitaron y despiojaron por centésima vez y las registraron por enésima vez. Luego, las pusieron en una habitación con mujeres nazis holandesas. Cuando una de ellas comenzó a gritarles a las hermanas, fue la gota que derramó el vaso, y Janny llamó a la gente encargada de poner orden.

—¿Bienvenidas a Enschede? Nos llevan a una escuela vacía y apestosa, nos hacen dormir en la paja, otra vez, y, por amor de Dios, ¿qué nos dan de comer? ¡Nabos! ¡Basta de esto, maldita sea!

Pero no hubo ningún cambio; entrar o salir del norte o el sur de Holanda estaba prohibido debido a las enfermedades infecciosas. Ya eran finales de mayo, pero no se les permitía ir a ninguna parte. Las cosas se aceleraron unos días después cuando se encontraron con un conocido de Jan Hemelrijk. Obtuvieron permiso para irse el domingo y este hombre, un dentista que buscaba un pariente perdido, fue lo suficientemente amable como para llevar a las hermanas y a otras dos mujeres a casa.

Primero dejaron a una señora mayor en Harderwijk, luego a una mujer joven en Hilversum. Era temprano en la tarde cuando llegaron a Harderwijk. La calle estaba en silencio, las cuatro mujeres se sentaron en el auto, tensas, nerviosas por la bienvenida. Pero cuando la familia vio a la señora mayor, la calle explotó de alegría. Próxima parada: Hilversum. En la dirección de la segunda mujer todo estaba oscuro, su casa estaba vacía. Marido, hijos, se habían ido. Mirarla a la cara era insoportable, pero las hermanas querían continuar y llegar a Ámsterdam. Janny con un oso blanco y una funda de almohada llena de pasas y mazapán en su regazo, con la mandíbula trabada. Lien a su lado con sus mejores galas. Le da instrucciones al dentista desde Johannes Verhulststraat.

—Primero regresas al puente Berlage, luego podemos conducir por el Amstel desde allí.

El hombre acelera. La casa de Mieke y Haakon se desvanece fuera de la vista.

Siga el mismo camino de regreso, cruce el agua, Apollolaan, derecho, Noorder Amstellaan. Más allá hay una banca. Se sentó allí con Bob una vez.

Bob. Había tratado de no pensar en él y los niños, temerosa de caer en un pozo sin fondo. Pero en las últimas semanas las imágenes de los niños y Bob seguían apareciendo. La cara de Liselotte bajo un sombrero de lana con cintas para atarse bajo la barbilla. Robbie riendo a carcajadas, saltando entre las hojas en el bosque. Bob cuando volvía a casa del trabajo, andando en bicicleta o cuando se sentaba frente ella en su silla, leyéndole por la noche. ¿La reconocería? La mano de Janny se dispara para aplanar los cabellos rebeldes. «¡No!

¡No lo cortes!», había gritado cuando la enfermera suiza encontró otro piojo. Tan débil como estaba, al menos logró evitar eso. Ya no tiene la cabeza afeitada.

Qué enferma estuvo. Inconsciente por más de catorce días; había abierto todas las puertas entre la vida y la muerte. Pero cada vez había algo por lo que valía la pena volver. Sábanas limpias sobre su piel rota, huesos calentados por un rayo de sol que brilla a través de la ventana. La dulce voz de una enfermera. El doctor Jim, el pelirrojo irlandés, que emanaba una sensación de «todo estará bien». Le hacía la misma pregunta todos los días, pero ella estaba demasiado débil para responder:

—¿De dónde eres? —Ojos brillantes, una sonrisa pícara.

—Ámsterdam —logró decir por fin.

Sin sonido, tuvo que leerle los labios.

—Iré a buscar a tu hermana —le dijo—. Si prometes comer, yo iré a buscar a tu hermana.

Pero Janny no podía comer, tenía tantas llagas en la boca que no podía tragar. Tenía una soga alrededor del pecho, no podía respirar… Tenía que comer, o el doctor no buscaría a Lientje. En medio de su coma escuchaba fragmentos de conversaciones entre las enfermeras sobre cadáveres en descomposición, innumerables personas enfermas, todavía cientos de muertes por día, fosas comunes. Tenía que encontrar a Lientje a tiempo, pero no podía moverse, su mente estaba desconectada de su cuerpo.

Daniël Willinkplein, donde se conectan las tres avenidas Amstel en una Y, *su pieza central llamativa: el edificio de doce pisos.*

Janny levanta la vista cuando pasan por el edificio. El rascacielos de concreto con sus balcones de hierro. Ella y Lien solían reír, preguntándose quién demonios querría vivir ahí. *Esa Lientje debe estar muerta.* Escucha a la enfermera susurrarle al doctor Jim; era como si alguien inyectara agua helada directamente en sus venas. Su cuerpo estaba frío y entumecido, los pies caían sin fuerzas a un lado, las palmas de sus manos apuntando impotentes hacia el techo, pero por dentro estaba desbordada. Las lágrimas fluían a través de sus mejillas, seguían llegando y no podía hacer nada para limpiarlas.

El rascacielos en su espalda, cruzan Rijnstraat. Muy poca gente en la calle. El tranvía 8 dejó de funcionar en 1942. Hacia Amstellaan, el puente en la distancia.

Lien le hace un gesto al buen hombre: todo recto. Janny soñaba con ella por las noches, caminaba descalza por el campo en su camisón, buscaba en los montones de cuerpos, buscaba entre las extremidades y siempre despertaba con la cara de la enfermera sobre su cama, una mirada de disculpa en sus ojos; no hay noticias. Veía la silueta de Lientje en todas partes; la vio por la ventana al final de la sala, la vio caminando entre las camas, escuchó su voz, tan familiar que parecía salir de su propio cuerpo y levantó la mano. Un grito primitivo, un abrazo como si pudieran disolverse la una en la otra y nunca volvieran a separarse.

—Te voy a sacar de aquí, no te dejaré otra vez. ¡Te llevo conmigo! —Lien le susurró al oído.

Lien consiguió que dos mujeres fuertes la ayudaran a sacar a Janny de la enfermería, de prisa, antes de que alguien las viera, y llevarla a los cuarteles donde se alojaba Lien. Pero estaba tan débil que no podía comer. Lien premasticaba la comida, la presionaba suavemente en la boca de su hermana. Pero no funcionó. Janny estaba acostada en la cama inferior y todo lo que podía hacer era llorar. Tan enferma. Lien la alimentó como a un pajarito, vamos, tienes que comer, el avión a Holanda se va pronto, vamos, pero Janny casi se ahoga y se apresuraron a regresarla a la enfermería.

El avión se fue sin ellas.

Puente Berlage. El umbral a Ámsterdam.

Los holandeses en el camino les dijeron que las tropas canadienses habían entrado en la ciudad por el puente Berlage unos días después de la liberación. Qué espectáculo debió haber sido. A medida que se acercan al puente, Janny nota la torre en el pilar central, sobresaliendo por encima del resto del puente. Cuando te acercas al puente desde el centro de la ciudad, a través de Amsteldijk, ves la escultura en la parte superior de la torre: Genio de Ámsterdam. La figura se levanta del agua, el sol de la tarde brilla en su corona. De jóvenes, su padre les señaló esos detalles; debe haber prestado mejor atención de lo que se acordaba.

Cruzar el puente. Golpes rítmicos de las vías del tranvía debajo de los neumáticos, como rieles.

Janny contiene la respiración y aprieta las nalgas, trata de no sentirlas juntas, no escucharlas.

Lejos de ese puente.

Después de una semana obtuvieron permiso para irse, con un tubo de pastillas para los dolores en el pecho. El doctor Jim estaba preocupado, pero su corazón seguía latiendo y eso era todo lo que importaba. Se sentaron en bancos de madera en la parte trasera de camiones con extraños, todos sintiéndose igualmente miserables y emocionados, preocupados por lo que podían encontrar en casa, quién seguía vivo, si sus casas todavía estaban ahí. Cubrieron treinta kilómetros por día, no más, pero era suficiente, porque habían sobrevivido de donde venían y no estaban seguras de si podrían soportar lo que les esperaba. Lientje se mostró valiente, pero se sentía miserable; tomó secretamente las pastillas para el corazón de Janny y casi la matan. Al hospital de emergencia, le lavaron el estómago, pero estaban en un tren de carga al día siguiente. Todos querían que las puertas permanecieran abiertas, pero eso no era una opción.

—Dobla a la izquierda —le dice Lien al dentista.

Weesperzijde. Amstel 101: ¿por qué están allí? Nieuwe Achtergracht está en ángulo recto de Amstel, tal vez, todos ellos juntos… Bob, los niños, papá, mamá y Japie, ¿en un nuevo hogar?

El cuerpo de Janny presiona fuertemente sobre el asiento, como si quisiera parar el auto, disminuir su velocidad. La orilla del río y el agua se mezclan, tal vez conducirán hacia el agua. Se sumergirán de a poco. Ve a Bob, Liselotte y Robbie con el agua hasta las rodillas, los ve desde la colina, justo detrás del bosque, donde el IJsselmeer se abre como un libro ilustrado a tus pies. Quizá no la reconocerán sin cabello. Sin carne en los huesos. Unas cuantas vidas más grande. Se da vuelta como si huir fuera una opción. La Genio con su corona de sol las está mirando desde el puente de Berlage, con la mano levantada como si las saludara y animara.

Janny estalla en llanto. Solloza con fuerza, con mocos y lágrimas. No puede parar. El dentista mira ansiosamente sobre su hombro; continúan en Weesperzijde y Janny berrea en el asiento trasero. Lien se pone furiosa.

—Alégrate, *mensch*, ¡ya casi llegamos! Yo todavía tengo que ir a Oegstgeest, maldita sea.

Pero Janny sigue llorando y Lien se enoja más. Se da la vuelta con su costoso abrigo y echa un vistazo a su hermana.

—¿Estás loca? ¡Por fin vamos a ver a Bob y los niños, y tú solo te sientas aquí a llorar! ¿Qué es todo esto? En verdad te perdimos, ¿eh?

Ella maldice y se enoja como Janny hizo tantas veces en el pasado.

—¡Estúpida tonta! Ahora mismo detienes esto, ¿me oyes?

A través de sus lágrimas, Janny comienza a reír. El dentista maneja a toda velocidad y finge interés en el majestuoso Hotel Amstel mientras las hermanas discuten en la parte de atrás.

El automóvil tiene que reducir la velocidad por la parte estrecha de la calle, el agua a su izquierda, las casas del canal a su derecha. Justo antes del Teatro Carré, su hogar de la infancia se encuentra en Nieuwe Achtergracht, a su derecha. A medida que el automóvil pasa despacio por la estrecha calle, ambas miran, como si hubiera algo que ver. Como si Joseph esperara allí, con los brazos abiertos, el pecho inflado. Nadie. La calle está vacía. Pasan el Teatro

Carré, el auto se desliza por el puente. Entonces Lien agarra el brazo de Janny.

—¡Mira! ¡Esas son tus cortinas de La Haya! —Señala la casa de la esquina, al otro lado del puente—. ¡Puedo ver a Bob!

El dentista ni siquiera se ha detenido cuando Lien sale volando del auto. Janny no se atreve a mirar hacia arriba, simplemente se queda ahí sentada, baja la cabeza, con las manos en el regazo; su cuerpo ha dejado de funcionar. Bob sale corriendo, abre la puerta, la levanta como una pluma y la lleva adentro. Robbie está bailando a su alrededor, gritando de alegría.

—¿Ven? ¡Mi madre ha vuelto! —Los sigue adentro, corre de vuelta a la calle—. Todos, vengan a ver, ¡tengo a mi madre otra vez! ¡Mi madre está de vuelta! —El niño tropieza con sus propios pies en la puerta principal, cae en los brazos de su madre y mira a su padre—. Papá, te lo dije; mamá me prometió que vendría.

Todos están de pie en el pasillo, llorando, abrazándose unos a otros. El dentista, Bob, Lien y Janny. Robbie sostiene la funda de almohada de su madre y reparte pasas a los transeúntes.

—¡Mi madre está en casa! ¡Vengan a ver, todos, mi madre está en casa! —grita al otro lado del río.

Janny se ha recuperado un poco y está buscando a Liselotte.

—¿Dónde está mi hija?

Encuentra a la niña perpleja escondida en una de las habitaciones, los ojos bien abiertos. Janny la levanta de debajo de la cama y suavemente presiona a su hija contra su pecho. Robbie también se acurruca y así los tres se sientan juntos en el piso de su nueva casa en Amstel 101.

—¿Por qué no te quedas aquí esta noche? —Bob sugiere a Lien, pero ella sacude la cabeza.

—Quiero ir a Oegstgeest, con Eberhard —dice ella, y mira al dentista con un gesto inquisitivo.

—Vamos —dice él sin dudarlo.

Piet Verhoeve y Haakon Stotijn afinan sus instrumentos y se preparan. Es uno de sus últimos conciertos en casa de la familia Blomsma en Emmalaan, Oegstgeest, y lo esperaban con ansias. Haakon tocará primero un concierto de oboe, luego Piet interpretará un concierto de piano de Beethoven, luego habrá una sonata para piano y oboe y terminarán con la cantata de boda de Bach. No es una pieza rígida y religiosa llena de tristeza y expiación, sino letras ligeras cantadas por una soprano que compara el florecimiento del amor con la llegada de la primavera. La señora Kramer cantará las arias.

La casa está llena de invitados, el ambiente es alegre. Los conciertos se han vuelto populares en Oegstgeest y sus alrededores; en un invierno lleno de hambre, han sido un consuelo para muchos. Nadie sabe que Piet, como lo conoce esta gente, se ha escondido con la familia Blomsma desde hace casi un año.

Tocan maravillosamente y casi han llegado al final del concierto. La señora Kramer comienza a cantar sus últimas arias, acompañada tanto por Haakon como por Piet. Su voz clara gira a través de las calles liberadas en las alegres notas de la cantata:

Und dieses ist das Glücke,
Daß durch ein hohes Gunstgeschicke
Zwei Seelen einen Schmuck erlanget,
An dem viel Heil und Segen pranget.

Y esta es buena fortuna,
Cuando a través de un alto regalo del destino
Dos almas obtienen una joya,
Resplandeciente con salud y bendición.

Un automóvil atraviesa Emmalaan, despacio, vacilante. Caras curiosas aparecen detrás de las ventanas; no han visto un automóvil de pasajeros en meses, solo hubo vehículos militares en los últimos años. Los altos silbidos del oboe de Haakon llegan mucho más allá de la casa en este silencioso domingo por la tarde. El auto se detiene abruptamente. La puerta se abre y alguien corre por el camino.

Piet deja que sus dedos bailen sobre las teclas; la parte superior de su cuerpo se balancea junto a la música folklórica de Bach. Mira con satisfacción la sala de estar llena de gente disfrutando de la música con los ojos cerrados. De pronto aparece una cara detrás de la ventana. Dos grandes ojos marrones, cabello negro parado. La señora Kramer canta, pero sus manos se congelan encima de las teclas. Salta de su taburete, se abalanza sobre el gran piano, a través y sobre la audiencia, corre hacia la puerta principal y toma a Lientje en sus brazos. Se besan y lloran y casi se exprimen mutuamente hasta la muerte. Lien están tan flaca; Eberhard puede sentir sus huesos. Regresan adentro, juntos, mano en mano. Todos se han levantado y están parados allí, con ojos brillosos, pañuelos, entusiasmados con esta reunión milagrosa. Lien es recibida con una ovación de pie. Haakon también presiona a Lien contra su pecho; el concierto ha terminado.

—¡No, no, continúa! —Lien toma su lugar en uno de los asientos y mira a su marido, expectante—. Ha pasado tanto tiempo desde que escuché buena música. Por favor, continúa.

Miradas curiosas se posan sobre Eberhard; un breve movimiento de la cabeza y todos reanudan sus posiciones. La señora Kramer está tan desconcertada que sigue husmeando entre notas, pero cuando Haakon introduce el aria final con su solo, su voz no flaquea y los dedos de Eberhard no fallan una tecla. Un aplauso ensordecedor llena la casa y la calle; todos se levantan y aplauden hasta que les duelen las manos. Solo Lien se queda en su silla, demasiado exhausta como para levantarse. Eberhard se arrodilla ante ella y acuna su carita entre sus manos.

—Mañana recogeré a Kathinka con Cilia y Albert en Wassenaar, y todos estaremos juntos de nuevo.

Afuera, un auto se pone en marcha y sale de la calle. A Lien le habría encantado agradecer al dentista todo lo que hizo por ellas, pero se fue en silencio. Nunca descubrieron quién era.

EPÍLOGO

EL TRÁFICO EN LA CARRETERA ZUMBA a la distancia, hojas marchitas crujen bajo mis pies; salvo este sonido, todo está tranquilo y desierto. La luz entre los árboles cae sobre una tumba que parece una cama antigua de niño, barrotes oxidados, una lápida como cabecera. La hierba crece entre los barrotes. Camino hacia ella, trato de ver un nombre, parte de una fecha, nada. Siguiente. Una lápida hundida con un joven pino que crece delante de ella. Lo aparto para ver las letras. Borradas. Continúo a lo largo de ángeles decapitados y pilares desmoronados recortados contra el cielo. Camino con cautela a través de la gruesa capa de hojas, levantándolas con cada gran paso que doy. Parece otoño, pero este es el día más caluroso del año: 37 grados. Ola de calor en los Países Bajos.

Pasé la primera media hora buscando en el cementerio católico romano. Llegué por la vía principal, pasé por el concurrido cruce y caminé directo a este vasto campo; las tumbas son visibles desde la calle. El cementerio se veía bien cuidado, con lápidas brillantes y senderos enmarcados. Una anciana con una regadera cuidaba de la tumba de su esposo; iba una mañana cada semana, me confió más tarde. Había pocos árboles allí, el sol golpeaba en mi cabeza y el sudor corría por mis sienes. Con el rabillo del ojo vi a la mujer pasar de un lado a otro, hacia el grifo.

Caminé y leí, fila tras fila, lápida tras lápida. Años que me recordaron a los abuelos y años que me recordaron a amigos. Me salté los años que me recordaban a mis hijos. Después de un rato me quedé parada en medio del cementerio, dando la vuelta lentamente. Todo me parecía demasiado nuevo, recién muerto. Recordé un artículo sobre la escasez de espacio para cementerios en los Países Bajos y la reutilización de tumbas. El corazón se me hundió. La anciana me había estado vigilando todo el tiempo y ya no podía soportarlo.

—¿A quién buscas, hija?

Nos paramos una frente a la otra, separadas por diez hileras de tumbas. Le expliqué y se quedó pensativa, mirando a lo lejos mientras la regadera llena le estiraba el brazo. Me sentí mal. Por supuesto que la mujer no sabía dónde tendría que estar buscando, pero ya la había hecho mi cómplice.

—¿Ya has estado en el cementerio viejo? —Me sobresalté—. No, ¿verdad? —ella se rió y sacudió la cabeza—. Este es el cementerio católico, *allá* es donde los protestantes y los judíos están sepultados —señaló un lugar detrás de nosotras, entre los árboles.

—¿El viejo cementerio de Naarden?

Ella asintió y cuando le di las gracias, comencé a caminar, emocionada por esta nueva posibilidad. Aunque no esperaba encontrar mucho en ese pequeño punto ciego, atrapado entre una zona residencial y el cruce del Hotel Jan Tabak.

—Caminaré contigo.

Un poco más adelante, la mujer caminó en la misma dirección, paralela a mí, la regadera todavía en su mano. Nos encontramos en la reja de entrada.

—Mira… —señaló un camino que desaparecía entre los árboles—. Cuando vayas por ese camino verás una cerca a tu izquierda. Ese es el antiguo cementerio de Naarden. No sé si te dejen entrar.

Le di las gracias de nuevo y seguí por el camino, hacia la espesura. Los árboles se cerraron a mis espaldas y de pronto me encontré rodeada de follaje. Una gran puerta de acero entre pilares hundidos.

Cerrado. Una puerta más pequeña a su izquierda. Un empujón, el sonido del raspado acero y ya estaba dentro.

Es enorme, quizá tres veces el tamaño del lugar donde yo estaba antes, y es hermoso. Una avenida central bordeada de limoneros se extiende frente a mí. Una mezcla de maleza crece en los monumentos a ambos lados. Piedra azul rodeada de hierba salvaje, cruces de madera decoradas con guirnaldas de hiedra. Lápidas de mármol roto cubiertas con musgo aterciopelado. Caos organizado, dividido en bloques por setos de tejo.

Camino entre cercas corroídas y arbustos salvajes, me detengo en una capilla neogótica, en una tumba familiar, descubro minicapillas y adornos atemporales. Se siente como si hubiera descubierto un lugar secreto en uno de los cruces más concurridos de esta área.

No recuerdo haber estado tan sorprendida por un lugar en estos alrededores antes. Sí, de repente me doy cuenta de que ya había experimentado esta emoción: la primera vez que conduje por el sendero del bosque hacia el Nido Alto, cuando la casa y el jardín aparecieron frente a mis ojos.

La forma en que se alzaba la casa en esa colina, majestuosa y atemporal, con la espalda vuelta hacia el frente de la zona residencial que se había construido alrededor de ella, la vista hacia el bosque y el agua, imperturbable por el ajetreo cotidiano, me quedé sin palabras. Un refugio seguro, un lugar que te invita a escalar y reír, o sentarte en silencio en un banco, avivando el fuego. El plan espontáneo de ir a buscar la tumba de este viernes por la tarde fue inspirado por el aburrimiento y el cansancio por el calor. No era un paso indispensable para mi investigación, pero de pronto tuvo mucho sentido.

La tumba que estoy buscando pertenece al prodigio musical Dirk Witte, un compositor nacido en 1885 que escribió una de las canciones más conocidas en los Países Bajos, muy popular en todos los sectores de la sociedad e interpretada por distintas voces de cada generación: «Mensch, durf te leven» («Recuerda, la vida es para vivirla»). Dirk compuso la canción durante su tiempo en el servicio militar y aunque nunca peleó, fue camillero, y la guerra y la afluencia masiva de refugiados deja una profunda huella en él. La canción tiene un espíritu de resistencia, alienta el pensamiento crítico y se desarrolla de manera genial; la balada se convierte en un gran éxito en la Holanda de la posguerra.

Poco después de su lanzamiento, Dirk da el paso definitivo y abandona su trabajo para dedicarse por completo a la vida artística con su compañero artístico del cabaret holandés, Jean-Louis Pisuisse. Se casa con la hermosa y acomodada heredera Doralize «Jet» Looman de Bussum, y en 1920 comisionan a un arquitecto de Zaandam para construir la casa de sus sueños. En un sitio de cuento de hadas en medio de una reserva natural en Naarden, donde el brezal se encuentra con el bosque, erigen una casa de campo robusta. Los grandes ventanales ofrecen vistas sin obstáculos en todas las direcciones, incluso hasta el Zuiderzee. Vista desde el cielo, la casa se funde con su entorno. El gran jardín está rodeado de robles que se mezclan con el bosque y el techo está cubierto con los tallos entrelazados de la misma caña amarilla que crece a lo largo del arroyo cercano.

En un brillante día de verano, en 1921, Dirk, Jet y su hija recién nacida, Doralize, en una carriola, posan orgullosamente delante de su nuevo hogar: el Nido Alto. Witte no tenía forma de saber que veinte años después, cuando otra guerra mundial pone a la humanidad a prueba y muchas personas en los Países Bajos se preguntan qué hacer, su grito de guerra literalmente vendrá a vivir a su casa, como si el alma de la canción estuviera incrustada en las paredes.

Ahora, me encuentro buscando la tumba de Dirk Witte, la pieza final, pero también la primera, de mi rompecabezas para reconstruir la historia del Nido Alto. La esposa de Dirk, Jet Looman, hizo que grabaran el primer verso de la canción «Recuerda; la vida es para vivir (*memento vivere*)» en la lápida de su marido.

> La vida está llena de belleza y cosas maravillosas.
> No te escondas en una jaula, sino que extiende tus alas
> Recuerda: ¡la vida es para vivir!
> Mantén la cabeza alta, la nariz en el aire
> Lo que otros piensan, ¿por qué te importaría?
> Mantén tu corazón cálido, con amor cantará
> Donde quiera que vayas, serás el rey
> Este regalo para ti sigue dando
> Recuerda: ¡la vida es para vivir!

Se dice que la tumba fue descuidada hasta tal punto que el texto ya no era legible en 1971. En 2005, Dirk Witte fue enterrado en la tumba familiar de los Loomans, con el amor de su vida, Jet. He estado buscando esta tumba por más de una hora, pero sin ninguna suerte.

Me siento en un banco a la sombra de los árboles y pienso en el largo camino que me llevó hasta aquí. Después de mudarnos al Nido Alto, en 2012, estudié la persecución de los judíos, los campos de concentración y la situación política de esa época. Investigué individualmente cada año de guerra y seguí la ruta de la familia Brilleslijper. Traté de hacer mi propio «mapa con puntos» de los nazis holandeses alrededor de Naarden, aprendí más sobre el papel de la élite holandesa y busqué patrones en la resistencia. Cada año, el 4 y 5 de mayo, Día del Recuerdo y la Liberación, coloqué una mesa delante del Nido Alto, con un libro de visitas, en el que describí brevemente la historia de la guerra y solicité información sobre aquel periodo.

En los archivos de la Fundación USC Shoah de Steven Spielberg encontré fotos de niños escondidos en el Nido Alto, jugando en nuestro jardín. A través de universidades estadounidenses encontré anécdotas sobre la casa y las actividades clandestinas. Me puse en contacto con expertos, biógrafos, parientes y amigos, que tuvieron una relación estrecha con los hijos de Janny y Lien, y les contaron historias que ningún escritor o guionista podría haber imaginado. Tuve acceso a los documentos personales de Janny en los archivos de Anne Frank, donde encontré cartas de las hermanas y sus seres queridos, y la declaración escrita de Janny en donde notifica que Anne y Margot Frank habían muerto en Bergen-Belsen.

Viajé por Israel y encontré más información sobre el Nido Alto que en los Países Bajos. Pero, sobre todo, la gente que conocí allí tenía un mensaje urgente para mí: cuenta esta historia, porque es diferente de las muchas historias que el mundo conoce. Los judíos no fueron a su muerte voluntariamente, de hecho, había judíos en la resistencia. Muchas mujeres también.

Los niños que se escondieron en el Nido Alto, ahora en sus setenta, regresaron a la casa desde varios rincones del globo para ver los lugares donde habían jugado durante la guerra y donde mis hijos ahora juegan en libertad. El escritorio donde he escrito este libro está justo sobre la escotilla donde ocultaron todos los papeles importantes cuando los cazadores de judíos rodearon la casa.

Me doy cuenta de que la verdadera restauración del Nido Alto no fue reparar sus paredes, sino reconstruir los excepcionales eventos que tuvieron lugar entre estos muros.

El sol ya casi se ha ido. Las tumbas están hundidas en la oscura sombra, el aire cálido se cierne entre los árboles. Me levanto y reanudo mi búsqueda. A pocos kilómetros de aquí, el cernícalo y una cerveza fría me esperan, pero no me iré antes de encontrar a Dirk.

Entre las hojas, de pronto noto una superficie gris brillante que sobresale del suelo, no está en ruinas, ni está cubierta de maleza; es como si alguien me estuviera esperando y acabara de pasarle un trapo. Me acerco y ahí está, en la cripta familiar de los Loomans: Dirk Witte, 1885-1932. El resto de la piedra está vacío: su famoso grito de batalla se ha ido.

No importa. Me gustaría decirle a Dirk cómo Janny y Lien le dieron vida a la casa que construyó. El recuerdo de la guerra parece desvanecerse, pero su valentía está grabada en las piedras del Nido Alto para siempre:

Lo que otros piensan, ¿por qué te importaría?
Recuerda: ¡la vida es para vivir!

DESPUÉS DEL NIDO ALTO

- Joseph Brilleslijper, nacido el 27 de febrero de 1891, llegó a Auschwitz-Birkenau el 6 de septiembre de 1944, seguramente fue llevado a la cámara de gas a su llegada.
- Fijtje «Fietje» Brilleslijper-Gerritse, nacida el 14 de enero de 1891, llegó a Auschwitz-Birkenau el 6 de septiembre de 1944, seguramente fue llevada a la cámara de gas a su llegada.
- Rebekka «Lien» Rebling-Brilleslijper, nacida el 13 de diciembre de 1912, murió el 31 de agosto de 1988. Se mudó a Berlín Oriental en 1952 y, por lo tanto, perdió su nacionalidad holandesa. Cuando vino a Holanda para la boda de su sobrina Liselotte, en 1964, la policía de extranjeros la encerró. Janny estaba furiosa y llamó a todas las personas influyentes en su círculo de amigos para liberar a su hermana traumatizada. La ayudó a obtener un pasaporte holandés. Lien actuó en todo el mundo con un repertorio de canciones en yidis y de la resistencia, a menudo acompañada por Eberhard y sus hijas, Kathinka y Jalda.
- Marianne «Janny» Brandes-Brilleslijper, nacida el 24 de octubre 1916, murió el 15 de agosto de 2003. Janny, Bob y los niños se quedaron en la casa de Amstel 101. Después de la guerra, Janny, al lado de Bob, siguió luchando ferozmente contra el antisemitismo público en los Países Bajos. Dedicó su vida al reconocimiento de las víctimas de la guerra. Estuvo involucrada con el Comité de Auschwitz, la Fundación Anne Frank y la Fundación 40-45, entre otras. Cada

año durante la conmemoración de la huelga de febrero, Janny tenía una gran olla de sopa de lentejas en el fuego para la gente en su frío camino de regreso, a la vuelta de la esquina de su casa, donde aún se encuentra el monumento del trabajador portuario.

- Jacob «Jaap» Brilleslijper, nacido el 7 de junio de 1921, llegó a Auschwitz el 6 de septiembre de 1944 y murió allí ese mismo año. Aunque se desconoce la fecha exacta, se estima que murió entre el 16 y 30 de septiembre.
- Eberhard Rebling, nacido el 4 de diciembre de 1911, falleció el 2 de agosto de 2008. Eberhard fue uno de los primeros alemanes en recibir la ciudadanía holandesa después de la guerra. Se convirtió en editor musical del periódico de corte comunista *De Waarheid* (*La Verdad*). Se mudó a Berlín Oriental en 1952, por lo que perdió su ciudadanía holandesa de nuevo y se convirtió en director del conservatorio allí. Fue reconocido como Justo entre las Naciones por Yad Vashem.
- Bob Brandes, nacido el 20 de febrero de 1912, falleció el 27 de septiembre de 1998. Bob trabajó en el Banco Municipal Giro, entre otros lugares. Hasta su muerte, fue un gran apoyo para Janny para lidiar con los efectos de por vida de los años de guerra y la pérdida de tantos miembros de la familia. Bob sufría de una forma severa de epilepsia y necesitaba mucha medicación. Janny a menudo decía: «Si tan solo Gerrit [Kastein] estuviera vivo; lo ayudaría después la guerra».
- Kathinka Rebling, nacida el 8 de agosto de 1941. Kathinka se mudó a la República Democrática Alemana (RDA) con sus padres cuando niña. Recibió clases de violín desde muy joven. Fue al conservatorio de Moscú a los dieciocho años y obtuvo su doctorado en Musicología, al igual que su padre. Kathinka regresó a Berlín para enseñar, dar conciertos y clases magistrales en todo el mundo.
- Jalda Rebling, nacida el 13 de febrero de 1951 en Ámsterdam, se mudó a la RDA con sus padres y su hermana, Kathinka, un año

después. Fue a la escuela de teatro de Berlín, se convirtió en actriz y cantante, se especializó en música judía europea. Es una *jasán*[18] y líder espiritual de la Congregación Ohel Hachidusch en Berlín.

- Robert Brandes, nacido el 10 de octubre de 1939. Artista visual. Vive en los Países Bajos. Un tema principal de sus acuarelas, pinturas y grabados es la ciudad de Ámsterdam y sus canales, inspirado en la vista desde su casa en Amstel 101, donde ha vivido la mayor parte de su vida.
- Liselotte Brandes, nacida el 6 de septiembre de 1941, vive en los Países Bajos.
- Jetty Druijf, nacida el 16 de enero de 1919, fue deportada a Theresienstadt el 31 de julio de 1944 y a Auschwitz el 28 de septiembre 1944, donde murió el 3 de octubre del mismo año.
- Simon Isidoor van Kreveld, nacido el 27 de enero de 1921, fue deportado a Theresienstadt el 31 de julio de 1944 y a Auschwitz el 28 de septiembre de 1944, donde murió el 3 de octubre de ese año.
- Pauline (Puck) van den Berg-Walvisch (a veces escrito como Paulina o Walvis), nacida el 26 de mayo de 1924, fue deportada a Auschwitz-Birkenau el 3 de septiembre de 1944 y el 27 de octubre de 1944 al campo de Libau, que fue liberado por los rusos el 8 de mayo de 1945. Regresó a los Países Bajos el 11 de junio de 1945. Situación actual desconocida.
- Abraham «Bram» Teixeira de Mattos, nacido el 31 de mayo de 1888, llegó a Auschwitz-Birkenau alrededor del 6 de septiembre de 1944, seguramente murió en las cámaras de gas casi de inmediato.
- Louise «Loes» Teixeira de Mattos-Gompes, nacida el 12 de agosto de 1890, llegó a Auschwitz-Birkenau alrededor del 6 de septiembre de 1944, seguramente murió en las cámaras de gas casi de inmediato.

---

[18] Jasán, jazán o Hassan (en hebreo *chazzan*) es el nombre que recibe la persona que guía los cantos en la sinagoga. [N. de la T.]

- Rita (Grietje) Jaeger, nacida en 1920, se quedó en Westerbork como personal de limpieza hasta que el campo fue liberado en abril de 1945. Murió el 30 noviembre de 2015.
- Chaim Wolf (Willi) Jaeger, nacido el 17 de marzo de 1914, se quedó en Westerbork como panadero hasta que el campo fue liberado en abril 1945. Murió en 2006.
- Jan Hemelrijk, nacido el 28 de mayo de 1918, fallecido el 16 de marzo de 2005, fue profesor de Estadística en la Universidad de Ámsterdam después la guerra. Los personajes de Herman y Lidia en *Los atardeceres*, de Gerard Reve, están basados en Jan y Aleid Hemelrijk. Junto con Bob van Amerongen, Jan fundó el famoso «Grupo de resistencia PP», llamado así por las bestias fantásticas Porgel y Porulan del poema «Blauwbilgorgel» de Cees Buddingh. Loes Gompes y Sander Snoep hicieron el documental *Fatsoenlijk Land* (*Tierra decente*) acerca de este grupo. A la muerte del padre de Jan, Jaap Hemelrijk, en 1973, el camino en el bosque que conduce a Buerweg, donde Janny y el resto de la familia se escondía, se nombró het Hemelrijklaantje, Carril de Hemelrijk.
- Aleid Hemelrijk-Brandes, nacida el 16 de diciembre de 1914, falleció el 28 de noviembre de 1999.
- Leo Fuks, nacido el 29 de diciembre de 1908, murió el 12 de julio de 1990. Leo enseñó hebreo moderno y yidis en la universidad después de la guerra.
- Louise Christine «Loes» Fuks-de Betue, nacida en 1905, falleció en 1962.
- Maarten «Mik» van Gilse, nacido el 2 de junio de 1916, fue ejecutado por un pelotón de fusilamiento el 1° de octubre de 1943.
- Jan Hendrik «Janrik» van Gilse, nacido el 5 de junio de 1912, recibió un disparo de los oficiales del SD mientras intentaba huir de ellos el 28 de marzo de 1944.
- Jan van Gilse, nacido el 11 de mayo de 1881, murió el 8 de septiembre de 1944.

- Gerrit van der Veen, nacido el 26 de noviembre de 1902, fue ejecutado por un pelotón el 10 de junio de 1944. Después de la guerra, la oficina central del SD y la Euterpestraat en Ámsterdam fueron nombradas en su honor Escuela Gerrit van der Veen (ahora Colegio Gerrit van der Veen) y Gerrit van der Veenstraat.
- Dirk Uipko Stikker, nacido el 5 de febrero de 1897, fallecido el 23 de diciembre de 1979. Fue director de Heineken de 1935 a 1948. Después de la guerra, se convirtió en el primer presidente del partido político conservador-liberal VVD (Partido Popular por la libertad y la democracia).
- Frits Reuter, nacido el 19 de febrero de 1912, murió el 8 de noviembre de 1985. Después de la guerra fue miembro de la Cámara Baja para el Partido Comunista Holandés y un líder sindical.
- Rhijnvis Feith, neurólogo en La Haya, fechas de nacimiento y muerte son desconocidas.
- Gerrit Kastein, nacido el 25 de junio de 1910, murió el 21 de febrero de 1943. La habitación en la Plaza del Parlamento (Binnenhof, La Haya) donde Gerrit saltó por la ventana lleva su nombre desde el 20 de junio de 2017: la sala Gerrit Kastein.
- Karel Emanuel Poons, nacido el 14 de agosto de 1912, murió el 12 de marzo de 1992. Después de la guerra fue cofundador de National Ballet y director de la Academia de Danza Scapino.
- Marion Pritchard-van Binsbergen, nacida el 7 de noviembre de 1920, murió el 11 de diciembre de 2016. Después de la guerra trabajó para la ONU en los Estados Unidos, donde continuó viviendo, ejerció como psicóloga y dio conferencias sobre el Holocausto hasta su muerte. Reconocida como Justa entre las Naciones por Yad Vashem.
- Fred Lodewijk Polak, nacido el 21 de mayo de 1907, falleció el 17 de septiembre de 1985. Después de la guerra se convirtió en director del Centraal Planbureau (Ministerio de Planeación Eco-

nómica), miembro del senado holandés, profesor universitario y fundador de la empresa de radiodifusión educativa Teleac.

- Grietje Kots, nacida el 7 de enero de 1905, murió el 13 de mayo de 1993. Trabajó como fabricante de máscaras, marionetas y títeres, pintora y escultora después de la guerra.
- Anton Mussert, nacido el 11 de mayo de 1894, fue condenado a muerte el 12 de diciembre de 1945 y ejecutado el 7 de mayo de 1946 en Waalsdorpervlakte.
- Eduard «Eddyy» Moesbergen, nacido el 26 de junio de 1902. Fue procesado después de la guerra y condenado a muerte en noviembre de 1948. Más tarde indultado por la reina Juliana en 1949; su castigo se convirtió en cadena perpetua. Perdonado nuevamente en 1959; acortaron su condena a veintitrés años (el castigo más largo de todos los miembros de la Columna Henneicke). Liberado en 1961, emigró a Nueva Zelanda, junto a su esposa y cuatro hijos. Murió el 8 de noviembre de 1980.
- Willi Lages, nacido el 5 de octubre de 1901, falleció el 2 de abril de 1971. Fue procesado después de la guerra y condenado a muerte, luego se le concedió un perdón, que se convirtió en cadena perpetua. Su sentencia se cumplió por un máximo de tres meses, en 1966 fue indultado por «motivos humanitarios» (tenía quejas intestinales). Partió a Alemania, se sometió a cirugía y desde ese momento vivió como un hombre libre porque no podía ser extraditado.
- Harm Krikke, nacido en 1896, fue procesado después de la guerra y condenado a muerte; luego se le otorgó el perdón, que fue convertido en cadena perpetua. Fecha de fallecimiento desconocida. Un obituario familiar en el periódico *Friese Koerier* del 15 de julio de 1969 menciona la muerte de un Harm Krikke el 12 de julio de 1969.
- Willem Punt. Un detective de la policía de Ámsterdam durante la guerra; posteriormente fue acusado y condenado. Fechas de nacimiento y muerte desconocidas.

- Annie Bochove, nacida el 9 de julio de 1913. Inmediatamente después de la guerra, a principios de 1946, la pareja Bochove solicitó la emigración; pretendían mudarse a los Estados Unidos. Sus documentos llegaron hasta el 16 de julio de 1949. Annie murió ese mismo día. Ella fue reconocida póstumamente como Justa entre las Naciones por Yad Vashem.
- Bert Bochove, nacido el 1 de octubre de 1910, emigró a los Estados Unidos después de la guerra, donde murió en California el 13 de agosto de 1991. Reconocido como Justo entre las Naciones por Yad Vashem.
- Eva Besnyö, nacida el 29 de abril de 1910, murió el 12 de diciembre de 2003. Hizo una carrera como fotógrafa después de la guerra.
- Mieke Stotijn-Lindeman, luego Riezouw-Lindeman, nacida el 15 de diciembre de 1914, murió el 23 de abril de 2009. Fue políticamente activa después de la guerra (Partido Comunista de Holanda y más tarde PvdA, el Partido Laborista holandés) y una de las fundadoras del Centro comunitario Vondelpark-Concertgebouw, en Ámsterdam.
- Haakon Stotijn, nacido el 11 de febrero de 1915, murió el 3 de noviembre de 1964. Fue oboísta solista en la Orquesta Concertgebouw después de la guerra.
- Kurt Kahle, nacido el 18 de octubre de 1897, murió en un accidente automovilístico en 1953. Fue cineasta y documentalista después de la guerra.
- Marianne Gerritse-Lootsteen (madre de Fijtje), nacida el 28 de mayo 1858, murió el 23 de diciembre de 1916.
- Jacob Gerritse (padre de Fijtje), nacido el 19 de agosto de 1858, murió el 27 de diciembre de 1936.
- Isaäc Gerritse (hermano de Fijtje), nacido el 5 de mayo de 1882, murió en Auschwitz, el 27 de agosto de 1943; cinco de sus seis hijos murieron en campos de concentración.

- Mozes Gerritse (hermano de Fijtje), nacido el 15 de agosto de 1895, fallecido en el campo de trabajo de Jawischowitz (mina de carbón), cerca de Auschwitz, el 1 de enero de 1944. Su esposa y sus dos hijos murieron en campos de concentración.
- Debora Beesemer-Gerritse (hermana de Fijtje), nacida el 7 de enero de 1898, murió en Sobibor el 21 de mayo de 1943. Su esposo y tres de sus cuatro hijos murieron en campos de concentración.
- Alexander Gerritse (hermano de Fijtje), nacido el 10 de noviembre de 1900, murió en Auschwitz en 1942 o 1943. Su esposa y sus tres hijos murieron en campos de concentración.
- Trees Lemaire, nacida el 15 de enero de 1919, murió el 10 de diciembre de 1998. Después de la guerra, dirigió su propia galería de arte en Ámsterdam, fue jefa del departamento documental de la radiodifusora socialista VARA y miembro de la Cámara Baja del Partido Laborista Holandés, PvdA. Trees y Janny fueron amigas mientras vivieron.
- Carolina «Lily» Biet-Gassan, nacida el 20 de julio de 1913, murió el 14 de octubre de 1975.
- Anita Leeser-Gassan, nacida el 17 de septiembre de 1935, fue abogada y juez de menores después de la guerra y vicepresidente del tribunal de distrito de Ámsterdam.
- Edith Frank-Hollander, nacida el 16 de enero de 1900, murió el 6 de enero de 1945. Cuando Anne y Margot fueron enviadas a Bergen-Belsen a finales de octubre de 1944, creyeron erróneamente que su madre fue enviada a las cámaras de gas. Poco después Edith murió de enfermedad y agotamiento en Auschwitz.
- Otto Frank, nacido el 12 de mayo de 1889, murió el 19 de agosto de 1980. El 27 de enero de 1945, los rusos liberaron Auschwitz. Otto regresó a los Países Bajos, donde buscó información sobre el destino de sus hijas día y noche. La Cruz Roja lo refirió con las her-

manas Brilleslijper. En julio de 1945 visitó a Lien y Janny, quienes le dijeron que Anne y Margot murieron en Bergen-Belsen.

- Margot Frank, nacida el 16 de febrero de 1926, falleció en febrero o marzo de 1945 en Bergen-Belsen.
- Anne Frank, nacida el 12 de junio de 1929, falleció en febrero o marzo de 1945 en Bergen-Belsen.
- Ida (Simons-)Rosenheimer, nacida el 11 de marzo de 1911, falleció el 27 junio de 1960. Fue deportada a Westerbork en septiembre de 1943, donde tocaba en la orquesta del campo como pianista. Fue deportada a Theresienstadt en 1944, llevada a Suiza en febrero de 1945, y regresó a los Países Bajos en el verano de 1945. Después de la guerra se hizo de fama como escritora; su novela *Een dwaze maagd* (Una virgen tonta), publicada en 1959, se convirtió en un éxito de ventas.
- Alexander de Leeuw, nacido el 15 de mayo de 1899, se escondió durante la ocupación hasta que fue arrestado en 1941 y enviado a Auschwitz en julio 1942, donde fue gaseado el 4 de agosto de 1942.
- Kees Schalker, nacido el 31 de julio de 1890. Fue arrestado en una reunión comunista clandestina a finales de 1943 y ejecutado por un pelotón de fusilamiento en Waalsdorpervlakte el 12 de febrero de 1944.

AGRADECIMIENTOS

ESTA EXTRAORDINARIA HISTORIA solo se pudo contar con la ayuda de otros y estoy en deuda con muchos. Gracias a los residentes de los pueblos vecinos que buscaron entre sus memorias y dejaron documentos e imágenes antiguos en mi buzón, llamaron a mi puerta, o me enviaron correos electrónicos llenos de historias personales.

A los familiares de las víctimas de la guerra que tuvieron el coraje de buscar en el pasado y seguir animándome a pesar de su propio dolor y tristeza.

A los autores e historiadores cuyo conocimiento pude extraer y quienes me inspiraron, incluida la fallecida Evelien Gans, a quien debo mucho y hubiera querido dar una copia de este libro.

A los archivistas de periódicos, bibliotecarios y encargados de los archivos de los campos de concentración, tanto en casa como en el extranjero, que con gran entusiasmo me ayudaron en mi búsqueda y proporcionaron más información por iniciativa propia.

A todos los vecinos del Nido Alto que con amor aceptaron a nuestra familia, me proporcionaron fotos, información y anécdotas, y, de vez en cuando, echaron un vistazo a las cosas: Fransje Sydzes-Westerman, Frans Bianchi, Randi y Alois Stas, Oma Aartje y Opa Lambert Kruyning, Maria Wesselius, las familias Kos y Westland, Marijke y Nico Buijs, y muchos otros más.

A la Fundación Holandesa para la Literatura, los empleados de la Fundación Anne Frank y los empleados de Yad Vashem, entre los que se encuentran Loes Gompes, David Shneer, Co Rol, Sylvia Braat, Louise Paktor, Buck Goudriaan, Marise Rinkel Bochove y Paul Schiffers.

A Willy Lindwer y Ad van Liempt, maestros artesanos, que me animaron en los momentos críticos.

A todo el equipo de Lebowski Publishers y Overamstel, al gran Oscar van Gelderen, «mi editor alegre con una sonrisa traviesa».

A mi editor y amigo Jasper Henderson, un hombre que, cuando estás a punto de tirar todo tu trabajo por la ventana, te dice que te sientes, te relajes y comas un plátano primero.

A los hijos de Janny y Lien, que me dieron la bienvenida a su familia con tanto amor, y me dieron su confianza, sus recuerdos y acceso a todos los documentos personales de sus madres. Solo puedo esperar haberles hecho justicia.

A mi querida familia y amigos, que me han brindado tanto apoyo y comprensión durante mi ausencia física y, a menudo, mental.

Y finalmente, a mi primer y, con suerte, también último amor, Joris, el Marlin de mi Dory y a veces también el Creed de mi Rocky. A mi pequeña hija, Anne, y mis hijos Josephine, Duc y Cees que, en tiempos difíciles, me colman de besos, abrazos, omelettes con mayonesa y bolsas llenas de dulces; me hacen más feliz de lo que nunca se darán cuenta.

Sumergirse en los detalles del Holocausto durante un periodo de tiempo largo cambia profundamente a una persona, pero del inmenso manantial de fuerte voluntad, coraje y humor de las hermanas Brilleslijper puedo beber por el resto de mi vida. Para terminar, tomo prestadas las palabras de ese otro gran luchador de la resistencia, Albert Camus: «Me di cuenta, a pesar de todo, de que en medio del invierno había dentro de mí un verano invencible».

REFERENCIAS

ESTA HISTORIA SE BASA EN NUMEROSAS FUENTES, parte de ellas son historias orales. He podido verificar casi todas las historias con múltiples fuentes o contra documentos oficiales. Hay incertidumbre sobre una cosa: Janny Brilleslijper siempre ha dicho que vio por primera vez a la familia Frank en la Estación Central de Ámsterdam, aunque ella no los conocía personalmente en ese momento. Sin embargo, la familia Frank y Janny Brilleslijper no aparecen en la misma fecha en las listas de transportes Ámsterdam-Westerbork de la Cruz Roja Holandesa. Esto puede significar dos cosas: o Janny no los vio o no lo recordó correctamente, o hubo un error administrativo en las listas, lo que sucedía con bastante frecuencia. Como sigo los recuerdos de Janny a lo largo de la historia y ella siempre fue muy consistente y detallada, elegí seguir la segunda versión.

DOCUMENTACIÓN PERSONAL Y ENTREVISTAS

Brandes-Brilleslijper, J. *Voltooid en onvoltooid verleden tijd; memoires voor besloten kring* (Pasado y presente; memorias para un círculo privado), 1986.

Brandes-Brilleslijper, J. *Eberhard Rebling: 90 jaar! memoirs voor besloten kring* (Eberhard Rebling: ¡90 años! memorias para un círculo privado), 2001.

Jaldati, L. y Rebling E. *Sag nie, du gehst den letzten Weg, memoirs van Lin Jaldati en Eberhard Rebling* (Sag nie, du gehst den letzten Weg, Memorias de Lin Jaldati y Eberhard Rebling), Berlín, Buch- verlag Der Morgen, 1986.

Documentación personal de Eberhard Rebling y la familia Brilleslijper en los archivos de Yad Vashem.

Documentación personal de Janny Brandes-Brilleslijper y la familia Brilleslijper, en los archivos de Anne Frank.

Conversaciones personales con Kathinka Rebling, Jalda Rebling, Rob Brandes, Willy Lindwer, Ad van Liempt y muchos otros involucrados.

Conversaciones grabadas con Janny Brandes-Brilleslijper, Lien Rebling-Brilleslijper, Eberhard Rebling, Karel Poons, Marion Pritchard, Bert y Annie Bochove, Jan Hemelrijk y muchos otros involucrados.

Testimonio filmado de Janny Brandes-Brilleslijper, USC Shoah Foundation, Instituto de Historia Visual y Educación, 1996.

Testimonio filmado de Janny Brandes-Brilleslijper, *De laatste zeven Maanden van Anne Frank* (Los últimos siete meses de Anne Frank), documental de W. Lindwer, 1988.

Testimonio filmado de Jalda Rebling, Yiddish Book Center, 11 de marzo de 2014.

Slesin, A., *Secret Lives: Hidden Children and Their Rescuers During World War II (Vidas secretas: niños ocultos y sus rescatadores durante la Segunda Guerra Mundial)*, documental, 2002.

Entrevistas policiales, declaraciones de testigos, listas de transporte, etc., Archivos nacionales.

Correspondencia y documentos de la Cruz Roja Holandesa.

Planos de construcción, solicitud de permiso y actas notariales del arquitecto durante la construcción del Nido Alto, 1920.

Archivos y sitios web

Testimonio de Adolf Eichmann en Jerusalén sobre la Conferencia de Wannsee, Haus der Wannsee-konferenz, Gedenk- und Bildungsstätte.

100 years Joods Bussum, Joodse Gemeente Bussum, archivo en línea (*100 años de Jewish Bussum,* Jewish Community Bussum, archivo en línea).

Anne Frank Stichting (Fundación Anne Frank); fuente de información: <https://www.web.annefrank.org>.

Archief *De Vrije Kunstenaar,* Vakbeweging in de oorlog (Archivos *The Free Artist,* sindicatos en tiempo de guerra); fuente de información: <www.vak-bewegingindeoorlog.nl/documenten/vrije-kunstenaar>.

Archief Eemland (Archivos de Eemland); fuente de información: <www.archiefeemland.nl>.

Archieven.nl, afdelingen erfgoedgids, kranten, personen (Archieven.nl, secciones, archivos, asociaciones históricas y museos, periódicos, personas); fuente de información: <www.archieven.nl>.

Artistiek Bureau, revista en línea de Nick ter Wal, información sobre Gerrit van der Veen, Mik van Gilse y otros; fuente de información: <https://www.artistiekbureau.com>.

Auschwitz Bulletin, Nederlands Auschwitz Comité (*Boletín de Auschwitz,* Comité de Auschwitz holandés); fuente de información: <https://www.auschwitz.nl/nederlands-auschwitz-comite/onze-activiteiten/auschwitz-bulletin/>.

Beeldbank WO2, NIOD (Image Bank WW2, NIOD; Instituto para Estudios de Guerra, Holocausto y Genocidio); fuente de información: <www.beeldbankwo2.nl>.

Beleidsnota Bestuur Gooise Meren, Beheervisie Oude Begraafplaats Naarden, 2004 (Memorando de políticas, Consejo de Gooise Meren, Bitácora de Gestión Antiguo Cementerio de Naarden, 2004).

Biblioteca virtual judía, empresa cooperativa estadounidense-israelí (AICE); fuente de información: <jewishvirtuallibrary.org>.

Centro Mundial de Recordación del Holocausto Yad Vashem, El Holocausto Autoridad para el Recuerdo de Mártires y Héroes; fuente de información: <https://www.yadvashem.org/>.

Conferencia de Wallenberg 1996, Marion P. Pritchard, 16 de octubre de 1996.

De Theaterencyclopedie, Bijzondere Collecties (UVA) en Stichting TIN (*The Theatre Encyclopedia*, Colecciones especiales [Universidad de Ámsterdam] y Fundación de Teatro en los Países Bajos); fuente de información: <www.theaterencyclopedie.nl/wiki>.

Documentos históricos, krantenarchief van Wits University (Documentos históricos, archivo del periódico de Wits University); fuente de información: <http://www.historicalpapers.wits.ac.za>.

Dodenakkers.nl, archief van de Stichting Dodenakkers, Funerair Erf- goed, o.a. over de dood van Jan Verleun en luitenant-generaal Seyffardt (Dodenakkers.nl, Archivos de los Dodenakkers (Cementerios) Fundación, Patrimonio Funerario, entre otros sobre la muerte de Jan Verleun y el teniente general Seyffardt).

Drenthe en oorlog, Lourens Looijenga en rtv Drenthe, <www.drentheindeoorlog.nl> (*[La provincia de] Drenthe en tiempos de guerra*, Lourens Looijenga y rtv [radio/televisión] Drenthe); fuente de información: <www.drentheindeoorlog.nl>.

El arte es mi arma: la vida musical radical de Lin Jaldati, performance de David Shneer; fuente de información: <https://www.davidsh-neer.com/art-is-my-weapon.html>.

Enciclopedia Británica, Inc. 2010; fuente de información: <www.britannica.com>.

Herinneringscentrum Kamp Westerbork, archief en collectie van Kamp Westerbork (Memorial Center Camp Westerbork, archivo y colección de Camp Westerbork); fuente de información: <www.kampwesterbork.nl>.

Het 'Illegale Parool'-archief 1940-1945 (La «Palabra clandestina» [periódico de la resistencia] archivos 1940-1945); fuente de información: <www.hetillegaleparool.nl>.

Het Verzetsmuseum Ámsterdam, collectie en bibliotheek van het museum (Museo de la Resistencia de Ámsterdam, colección y biblioteca del museo); fuente de información: <https://www.verzetsmuseum.org/>.

Humanistische Canon, Humanistisch Verbond i.s.m. Humanistisch Historisch Centrum (Canon Humanístico, Asociación Humanística en colaboración con el Centro Histórico Humanista); fuente de información: <www.humanistischecanon.nl>.

Joods Monument, Joods Cultureel Kwartier (Monumento judío, Barrio Cultural Judío); fuente de información: <www.joodsmonument.nl>.

Kranten Archief Regional Alkmaar, Archief Regional Alkmaar (Periódicos Archivos Regionales Alkmaar); fuente de información: <www.kranten.archiefalkmaar.nl>.

Krantenviewer Noord-Hollands Archief (Visor de periódicos Archivos del Norte de Holanda); fuente de información: <https://nha.courant.nu/>.

Nederlands Instituut voor Oorlogsdocumentatie (NIOD), Instituut voor oorlogs-, holocaust- en genocidestudies (Instituto holandés para la documentación de guerra [NIOD], Instituto de Estudios de Guerra, Holocausto y Genocidio); fuente de información: <www.niod.nl>.

Nederlandse vrijwilligers en de Spaanse Burgeroorlog, database van der Institute Internationaal Voor Sociale Geschiedenis (voluntarios holandeses en la Guerra Civil Española, base de datos del Instituto Internacional de Historia Social); fuente de información: <www.spanjestrijders.nl>.

Notulen van de Wannseeconferentie, d.d. 20 januari 1942, Haus der Wannsee-konferenz, Gedenk und Bildungsstätte, en Yad

Vashem, Centro Mundial para el Recuerdo del Holocausto (Minutos de la Conferencia de Wannsee del 20 de enero de 1942, conferencia de Wannsee).

Onderzoeksgids oorlogsgetroffenen WO2, terugkeer, opvang, nasleep. Het Nederlands Instituut voor Oorlogsdocumentatie (NIOD) en het Huygens Instituut voor Nederlandse Geschiedenis (Huygens ing) (*Guía de investigación para víctimas de la guerra de la Segunda Guerra Mundial, retorno, alivio, secuelas*, Instituto Holandés de Documentación de Guerra [NIOD] y el Huygens Institute for Dutch History [Huygens ing]); fuente de información: <www.oorlogsgetroffenen.nl>.

Parlementaire enquête regeringsbeleid 1940-1945 (Política Parlamentaria Gubernamental de Investigación 1940-1945); fuente de información: <www.parlement.com>.

Proyecto de Ensayos de Nuremberg, Biblioteca de la Escuela de Leyes de Harvard; fuente de información: <https://nuremberg.law.harvard.edu>.

———, Museo Conmemorativo del Holocausto de los Estados Unidos, archivos y entrevistas; fuente de información: <www.ushmm.org>.

Sobrevivientes del Holocausto y Proyecto de Recuerdo, Rescatadores del Holocausto; fuente de información: <www.isurvived.org>.

Stichting Joods Erfgoed Den Haag (Jewish Heritage Foundation, La Haya); fuente de información: <www.joodserfgoeddenhaag.nl>.

Stichting Oneindig Noord-Holland (Fundación «Infinite North-Holland»); fuente de información: <www.onh.nl>.

The Holocaust Education & Archive Research Team, h.e.a.r.t.; fuente de información: <www.holocaustresearchproject.org>.

Toespraken van Reichsführer-SS Heinrich Himmler in Poznan op 4 en 6 oktober 1943 (Discursos del Reichsführer-SS Heinrich Himmler en Poznan los días 4 y 6 de octubre de 1943), Biblioteca de la Escuela de Leyes de Harvard.

Libros

De laatste getuigen uit concentratie- en vernietigingskampen, een educatief vredes-project, Bruselas, Uitgeverij Asp, 2010.

Agamben, G., *Remnants of Auschwitz*, trad. D. Heller-Roazen (Nueva York: Zone Books, 2002).

Block, G. y Drucker, M., *Rescuers: Portraits of Moral Courage in the Holocaust* (Nueva York: Holmes & Meier Publishers, 1992).

Braber, B., *Waren mijn ogen een bron van tranen: Een joods echt para in het verzet, 1940-1945* (Ámsterdam: Amsterdam University Press, 2015).

De Jong, dr. L., *Het Koninkrijk der Nederlanden in de Tweede Wereldoorlog* (La Haya, Sdu, 1969-1991).

Enzer, H. A. y Solotaroff-Enzer, S. (eds.), *Anne Frank: Reflections on Her Life and Legacy* (Illinois: University of Illinois Press, 1999).

Fischel, *J.*, *The Holocaust* (Westport, Conn.: Greenwood Press Guide, 1998).

Fournet, C., *The Crime of Destruction and the Law of Genocide; Their Impact on Collective Memory* (Farnham, Surrey: Ashgate Publishing, 2007).

Hoeven, L., *Een boek om in te wonen: De verhaalcultuur na Auschwitz* (Dissertation, Hilversum: Verloren, 2015).

Keller, S., *Günzburg und der Fall Josef Mengele: Die Heimatstadt und die Jagd nach dem NS-Verbrecher* (Múnich: Oldenbourg, 2010).

Kershaw, I., *Hitler*, trad. M. Agricola (Ámsterdam: Spectrum, 2011).

Klemperer, V., *Tot het bittere einde. Dagboeken 1933-1945* (Ámsterdam: Atlas, 1997).

Land-Weber, E., *To Save a Life: Stories of Holocaust Rescue* (Illinois: University of Illinois Press, 2006).

Lee, C. A., *Anne Frank 1929-1945: Het leven van een jong meisje, de definitieve biografie*, trad. M. de Bruijn (Ámsterdam: Uitgeverij Balans, 2009).

Lee, C. A., *Anne Frank 1929-1945: Pluk rozen op aarde en vergeet mijniet*, trad. M. Benninga *et al.* (Ámsterdam: Uitgeverij Balans, 1998).

Levi, P., *If This is a Man*, trad. S. Woolf (Londres: The Orion Press, 1959).

Liempt, A. van, *Aan de Maliebaan. De kerk, het verzet, de NSB en de SS op een strekkende kilometer* (Ámsterdam: Uitgeverij Balans, 2015).

Liempt, A. van, *Frieda: Verslag van een gelijmd leven* (Hooghalen: Herinneringscentrum Kamp Westerbork, 2007).

Liempt, A. van, *Kopgeld* (Ámsterdam: Uitgeverij Balans, 2003).

Lindwer, W., *De laatste zeven maanden van Anne Frank* (Meppel: Just Publishers, 2008). (El documental de Lindwer se estrenó en 1988 con el mismo nombre).

Minney, R. J., *I Shall Fear No Evil: The Story of Dr. Alina Brewda* (Londres: Kimber, 1966).

Pollman, T., *Mussert & Co: De NSB-Leider en zijn vertrouwelingen* (Ámsterdam: Boom, 2012).

Presser, J., *Ondergang. De vervolging en verdelging van het Nederlandse jodendom, 1940-1945* (La Haya: Staatsuitgeverij, 1965).

Rol, C., *En nu een gewoon Hollandsch liedje. Leven en werken van Dirk Witte (1885-1932)* (Zaandijk: Stichting Vrienden van het Zaantheater, 2006).

Romijn, P., *Burgemeesters in oorlogstijd: Besturen onder Duitse bezetting* (Ámsterdam: Uitgeverij Balans, 2006).

Schütz, R., *Achter gesloten deuren: Het Nederlandse notariaat, de Jodenvervolging en de naoorlogse zuivering* (Ámsterdam: Amsterdam University Press, 2010).

Schütz, R., *Kille mist: Het Nederlandse notariaat en de erfenis van de oorlog* (Ámsterdam: Boom, 2016).

Seymour, M. y Camino, M., *The Holocaust in the Twenty-First Century* (Londres: Routledge, 2017).

Went, N., *Hoe de Leider voor volk en vaderland behouden bleef* (Bussem: Autonic, 1942).

Würzner, H., *Österreichische Exilliteratur in den Niederlanden 1934-1940* (Ámsterdam: Rodopi, 1986).

Zee, S. van der, *25 000 Landverraders, de SS in Nederland / Nederland in de SS* (La Haya: Kruseman, 1967).

REVISTAS/PERIÓDICOS/ARTÍCULOS

Bruggeman, H., «In memoriam: Jannie Brandes-Brilleslijper (1916-2003), Verzetsvrouw», *Auschwitz Bulletin*, núm. 3, septiembre de 2003.

Flap, H. y Tamme, P., «De electorale steun voor de Nationaal Socialistische Beweging in 1935 en 1939», *Mens & Maatschappij*, vol. 83, núm. 1, 2008, p. 23.

Gompes. L., «Fatsoenlijk land», *Rozenberg Quarterly Magazine*, 2013.

Meyers, *J.*, «Mussert in mei veertig», *Maatstaf*, vol. 30, 1982.

s. a., «Mensch durfte leven», *De Omroeper*, vol. 19, núm. 2, 2006, pp. 75-80.

Rolfs, D. W. y Schaberg, «The Treachery of the Climate: How German Meteorological Errors and the Rasputisa Helped Defeat Hitler's Army at Moscow», *Special Topics in History; World War II*, 2010.

Shneer, D., «Eberhard Rebling, Lin Jaldati, and Yiddish Music in East Germany, 1949-1962», Oxford University Press, 2014.

Artículos de D. *J.* Zimmerman (miembro de la Military Writer's Society of America), Defense Media Network, Military History.

Delpher (archivos del periódico regionales y archivos en línea).

De Huizer Courant (periódico).

De Jacobsladder (publicación trimestral de la Sociedad Histórica «Otto Cornelis van Hemessen»).

De Typhoon, Dagblad voor de Zaanstreek (periódico).

De Zuidkanter (periódico).
De Groene Amsterdammer (revista semanal).
De Omroeper, Stichting Vijverberg.
Historisch Nieuwsblad (revista).
Leeuwarder Courant (periódico).
Maatstaf (revista).
The New York Times (periódico).
Nieuw Israëlietisch Weekblad (revista).
Ons Amsterdam (revista).
Over Oegstgeest (revista semestral).
Vrij Nederland (revista holandesa).